面向汉语国际教育的框式介词类型学研究

王　磊◎著

九州出版社
JIUZHOUPRESS

图书在版编目（CIP）数据

面向汉语国际教育的框式介词类型学研究 / 王磊著
. -- 北京 ：九州出版社，2022.11
ISBN 978-7-5225-1338-6

Ⅰ．①面… Ⅱ．①王… Ⅲ．①汉语－介词－对外汉语
教学－教学研究 Ⅳ．①H195.3
中国版本图书馆CIP数据核字（2022）第206681号

面向汉语国际教育的框式介词类型学研究

作　　者	王磊 著
责任编辑	赵恒丹
出版发行	九州出版社
地　　址	北京市西城区阜外大街甲 35 号（100037）
发行电话	(010) 68992190/3/5/6
网　　址	www.jiuzhoupress.com
印　　刷	北京市北方华天彩色印刷有限公司
开　　本	787 毫米 ×1092 毫米　16 开
印　　张	11.5
字　　数	210 千字
版　　次	2022 年 11 月第 1 版
印　　次	2022 年 11 月第 1 次印刷
书　　号	ISBN 978-7-5225-1338-6
定　　价	78.00 元

前　言

　　框式介词是由前、后置词共同构成、使它们所支配的成分夹在中间的一种特殊介词类型。从类型学角度看，汉语框式介词是一种重要的类型现象，是构成汉语类型学特征的重要参数，它们大多是临时性的句法组合而非固定词项，其句法功能和表意功能同介词短语基本一致。框式介词在现代汉语中被人们广泛使用，它们形式多样、意义灵活，但一直未能作为一种语法形式类型引起汉语学界的足够重视，这种忽视势必影响汉语其他方面的研究，也会妨碍对汉语句法特点的准确把握，成为汉语语法研究中的一大缺憾。目前在框式介词问题上的研究无论在广度还是深度上，都还有广阔的空间可以开拓和挖掘，对于现代汉语语法研究的进一步深入也有着重要意义。

　　在研究方法上，本书主要从语言类型学的角度对现代汉语的框式介词研究进行了有益的尝试。作为当代语言学的一大流派，语言类型学研究的是同一语系或不同语系的语言和方言的共同特征，并据此对这些语言进行类型上的分类。当代类型学已由形态主导转向句法主导，语言学界逐渐意识到句法的核心地位，形态是为句法服务的。在句法现象中，语序是最普遍存在的现象。因此在句法中，语序现象得到了最多的关注和最深入的研究，并且语序的类型学研究还进一步由句法类型拓展到语用类型。从语序类型学的视角来探讨现代汉语里的框式介词，有利于挖掘出汉语介词同其他语言之间在多个方面的共性特征以及自身独有的特点。

　　与此同时，本书将从普通语言学、认知语言学、语言类型学、语料库语言学、应用语言学等多角度考察汉语框式介词的特征。全书取材来自于多个语料库以及实际调研，能够反映丰富和鲜活的语言使用情况。在研究过程当中，全书尽可能做到多角度、多侧面地考察现代汉语框式介词。除了借鉴语言类型学理论之外，还利用了语法化和三个平面、二语习得等理论和方法，对介词框架的句法、语义和语用功能进行了一番全面系统的考察，并重点探讨现代汉语框式介词的产生背景、形成动因、隐现机制以及它所体现出的类型学特征。在此基础上，力求对框式介词的形成机制以及它与语序类型和语序演变的关系做出合理的解释。

　　本书共分为七章。第一章主要阐述研究背景、研究现状、目前研究中存在的问题、本书的研究方法以及研究价值。现代语言学的研究证明，介词在语言学，特别是语言

I

类型学中占据有重要位置。从类型学角度看，汉语框式介词是一种重要的类型现象，是构成汉语的类型学特征的重要参数。当代语序类型学的创始人约瑟·哈罗德·格林伯格（Joseph H. Greenberg）最早关注并论述框式介词现象，但由于国内语法学界对框式介词的定性存在许多分歧，因此相关研究一直缺乏系统性。近年来，汉语语法学界对框式介词所做的研究主要集中在两个方面：一方面针对个别格式进行单独的细化研究；另一方面就框式介词这一语法现象进行总体研究，并不拘泥于某一种特殊形式。在以上两方面尽管已经取得了一些进展，但总体而言仍只处于起步阶段，还有很多问题需要更加深入的细化研究。

第二章首先梳理现代汉语介词的界定过程及情况，对现代汉语的介词系统做出概述，并由此引出框式介词的定义和分类。国内语言学界长期以来关于汉语介词的研究主要局限于前置词，并没有设置后置词这一概念，一直忽略或否认后置词的存在。对前置词的研究在深度和数量上都远远超过后置词，对后置词的研究相当零散，即使有也常常被冠以其他名目，这不利于解释汉语中许多与其他后置词语言一致的语序现象。肯定和认识后置词，以及框式介词的存在和作用，对于正确认识现代汉语介词系统，有着重大的理论和指导意义。本章将前、后置词以及框式介词都归入了现代汉语介词系统。

第三章是对现代汉语框式介词的界定和详细分类。框式介词现象是汉语介词类型学中最突出的特征，前置词和后置词由于各受句法限制，组成框式介词后就在句法上自足，不再受限。介词的语序类型在当代语序类型学中占有重要地位，从语序类型学的角度来探讨汉语框式介词的形成原因，语法化过程以及句法、语义、语用各方面特征等具体问题，需要从前、后置词的发生发展以及位置演变等方面来考虑。在框式介词的分类问题上，以后置词的分类为参考，便于弄清后置词在构成框式介词时所起的作用，也便于分析由位置移动引起的虚化过程，以及特殊隐现情况发生时的具体原因。以此为参照，汉语框式介词可以分为两大类：由前置词和名源后置词构成的框式介词，以及由前置词和非名源后置词构成的框式介词。其中，第一类里又包含方所类框式介词和其他含有名源后置词的框式介词；第二类涵盖了言说义、被动义、起讫义、目的／动机义、比较／比喻义、跟随义和连接义等七种框式介词。每种不同的框式介词都有各自的历时演变特点、语法化轨迹，以及句法语义等特征。

第四章首先讨论的是框式介词的演变过程，然后分别探讨其形成动因和形成机制。框式介词并非现代汉语所独有，汉语早在先秦时期就已经出现了框式介词。对框式介词的研究不能仅限于共时层面，还需要通过研究汉语发展过程中前置词短语由动词后移到动词前这一历史性的移位，逐步证明方位和其他来源的后置词填补了介词前移的空位并由此产生了框式介词。根据这一结论，可以进而考察框式介词形成时的语法化动因和机制。框式的演变与汉语发展过程中一个重要的语序变化直接相关，即前置词短语从动词后向动词前的历史性移位。在经历了前置词短语的移位之后，介词的中介地位不复存在，这就违背了联系项居中的原则。在此条件下，方位后置词和其他来源的后置词填补了介词前移后遗留的空位。通过长期的日常使用和逐渐发展，不断虚化，最终介词与方位词联合成方位性的介词框架。联系项居中原则是语序研究中的一条重要准则，汉语中介词短语的语序变化对介词类型的影响，需要从联系项的语序特点去理解。

第五章讨论框式介词在句法、语义和语用三个平面上的特征。在句法特征方面，本章首先从历时发展的角度总结了框式介词所具有的几个显著句法特征，其中包括：框式介词中的方位词在句法强制性上经历的历时演变和其他类别后置词的从无到有，汉语语序的改变以及由此带来的介词短语语序的改变，联系项居中原则在框式介词的历时演变中起到的重要作用，以及框式介词中的前后置词在句法强制性上的差异。其次，本章通过论述，认为框式介词构成的短语最主要的句法功能是充当句子中的定语、状语和补语这样的修饰性成分，而不能充当句子的主干，如主语、谓语和宾语。此外本章还提到了框式介词的辖域问题，正因为框式介词只是前、后置词的临时性组合，因此不同的框式介词有着不同的辖域切分。框式介词辖域的模糊不清或在辖域上的理解差异会造成对句子分析的不同结果，也会影响分析的准确性。第二节讨论框式介词的语义特征，本节参照格语法理论，以及以介词为标记的格的分类，将框式介词短语所担任的语义角色划分为了六大类，分别是：标记主体、标记客体、标记邻体、标记伴体、标记时地，以及标记根由的框式介词。第三节探讨框式介词的语用特征，具体来讲，分别是其标记话题的功能、凸显焦点的功能以及篇章功能。

第六章主要讨论框式介词的隐现特征以及它所体现的句法、语义、语用等几方面的制约机制。介词是汉语标识论元角色的重要手段，但介词的使用只是标识论元角色的充分条件而不是充要条件，也就是说，它的使用拥有一定弹性，有时自由有时强制，都不会对句子的表达造成影响。介词可省略是汉语语法的一个显著特点，框式介词自然也不例外。已有不少研究特定框式介词的文章讨论过它们的隐现问题，本章尝试透过不同框式介词的隐现来发掘其中的隐现规律或机制。框式介词的隐现只是一种语言表象，但这一现象受到了来自不同层面的多种因素的共同制约。由于这些因素十分复杂且来自不同的层面，加之它们相互联系或相互交叉，因而很难截然分开。简而言之，框式介词的前、后置词部分最终在实际句子中是否出现，其规律不是绝对的。这是由多重因素共同作用的结果。其中最根本的是语义层面的制约，这是变化得以产生的基础。句法层面是显性制约因素，它在受到其他各层面影响的同时也对这些层面形成反制约。当句法、语义因素不能强制性制约框式介词隐现时，语用因素能够起到决定性作用，而音节上的制约只有在句法条件的允许下才能产生作用。

第七章是结语。本章总结全书讨论的主要问题，概括现代汉语框式介词的主要特点和研究价值，并指出本研究的局限和不足。框式介词研究从总体来讲仍只处于起步阶段，还有很多问题需要深入和细化。比如首先，对框式介词研究的广度还不够，目前所涉及的只有很少一部分结构，还有很多结构未经深入探讨。其次，虽然对框式介词的定义已经有了共识，但对其种类和层次的划分等问题还存在分歧。最后，对框式介词这一语法现象还缺乏系统的认识，研究角度也还不够多元化，这些都是以后可以继续挖掘的问题。

本书力图从语序类型学角度来丰富汉语框式介词的研究，在一定程度上丰富了框式介词的理论系统，对揭示汉语介词的特征和功能、推动汉语的介词的研究具有积极的意义。同时，研究成果对语言教学，尤其是对外汉语教学，具有实践价值。本研究一方面希望可以从新的视角推动汉语介词的本体研究、二语习得研究以及类型学研究，另一方面希望能够实际指导对外汉语教学，推进教材相关内容改革，制定有针对性的方案，帮助学生掌握介词学习的重难点，促进其汉语学习的积极性。

目　录

第一章　序　　论

第一节　理论源起

　　介词在汉语语法体系中占有很重要的位置，是汉语中最复杂、最常见的多义词类之一。汉语没有严格意义的形态变化和词类标志，主要借助语序和虚词等语法手段来表示一定的语法意义，介词就是虚词中很重要的一类。介词并没有实在的词汇意义，只有语法意义，这一点与一般虚词相同。在句法上介词主要起介引作用，主要通过附着于其他词语前面构成介词短语，介词短语主要作状语，用以介绍和动作行为或性质状态有关的范围、时间、方式、目的、时间等。汉语中的介词主要由动词虚化而来，其中相当一部分仍兼有动词的用法。由于虚化程度不同，有些介词跟动词的界限并不分明。同时，介词的句法位置具有多样性，语法意义比较难以掌握。正是由于介词在意义、作用、来源、分布等方面所具有的复杂性，因此它在汉语语法体系中拥有独特的价值。无论是古代汉语、近代汉语还是现代汉语，介词都起着十分重要的作用——具有句法、语义、语用上的介引、衔接和标记功能。《马氏文通》[①]中关于介词的论述揭开了汉语介词研究的序幕，自从马建忠（1898）[②]第一次将"介词"从汉语词汇中分离出来开始，介词研究就一直受到众多学者的重视。特别是近二十年来，介词研究逐渐成为汉语研究的一个热点，以介词为标记形成的一些特殊句式如"把"字句、"被"字句等也一直被广泛关注。20世纪90年代以来，介词研究更是呈现出多元化的特点，层次分析、变换分析、语义特征分析、配价语法和格语法等都被广泛地引入汉语介词和介词短语的研究，可谓成绩斐然。虽然在这个过程中关于介词的研究取得了丰硕的成果，但对于汉语介词的定义、介词的范围、介词与其他词类的界限、介词的语法地位等问题的认识，一直都存在着分歧，其中有些问题，至今仍未有定论。

　　框式介词作为介词中的一种特殊类型，是汉语的一个重要语法现象，有的学者也称之为"介词框架"。当代语序类型学的创始人约瑟·哈罗德·格林伯格（Joseph

---

① 《马氏文通》由马建忠（1844-1900）著于1898年，是我国第一部用现代语言学理论研究中国语法的著作，在我国语言学史上具有划时代的意义。

② 马建忠. 马氏文通 [M]. 北京：商务印书馆，1983.

H. Greenberg）（1995）[①]最早关注并论述框式介词现象。他在研究埃塞俄比亚闪语族和伊朗语族部分语言的语序类型演变时提出了这一术语，起初他将其称为"框缀"（circumfix，Greenberg 1980）。[②]由于这些框缀在功能上具有介词性，因此他后来将其改称为框式介词（circumposition）。框式介词与前置词（preposition）和后置词（postposition）一样，都为介词（adposition）的一种类型。由于语法学界对框式介词的定性存在许多不同意见，因此国内关于汉语框式介词的研究还比较少见。直到最近一些年才有一些学者开始注意到这种结构的大量存在，通过他们的研究逐渐形成了框式介词的整体概念，并且研究成果主要集中在少数几位学者的专著中。汉语框式介词从先秦起源，经过中古以及近代的发展，到了现代实际上已经相当丰富。刘丹青（2002）[③]将汉语中的框式介词界定为"汉语中前置词加后置词、使介词支配的成分夹在其中的一种介词类型"，如古代汉语中的"以……以、及……而"，近代汉语中的"因……上、似……也似"，以及现代汉语中的"自/从……以来、在……上/里/外、跟/用……来"，等等。

框式介词大多是临时性的句法搭配，不属于固定词项，它的句法功能和表意功能同介词短语基本一致。虽然框式介词是构成汉语的类型学特征的重要参项，然而这一类型现象却一直未能作为一种语法形式而受到汉语语法学界足够的重视。刘丹青（2002）[④]认为原因可能来自两方面：其一是受英语语法学等的影响，对前置词重视而不熟悉后置词。实际上汉语的亲、邻语言，如藏语、日语、蒙古语等都不乏后置词的存在。但在传统教学与研究中这类后置词常常被冠以诸如助词（particle）之类的含糊名称，从而使得这类词作为介词的性质被掩盖，也使得汉语学界难以从中反观到汉语中后置词和框式介词的存在。其二是在历时方面，汉语学界普遍认为介词由动词虚化而来，却忽视了从类型学上讲介词虚化的来源还有动词、名词甚至副词，从而就忽略了汉语中大量存在的框式介词。另一名学者陈昌来（2002）[⑤]也认为，现代汉语中的框式介词表现复杂，形式多样，意义灵活，过去没有进行过系统研究，很值得进一步挖掘。

---

① GREENBERG J H. The Diachronic Typological Approach to Language[M]//SHIBATANI M, T. Bynon, eds., Approaches to Language Typology. Oxford: Clarendon Press. 1995.

② GREENBERG J H. Circumfixes and typological change[M]//E. C. Traugott, et al. eds. Papers from the International Conference on Historical Linguistics. Amsterdam: John Benjamins. 1980.

③ 刘丹青. 汉语中的框式介词 [J]. 当代语言学，2002（4）.

④ 同上。

⑤ 张斌，范开泰，陈昌来. 介词与介引功能 [M]. 合肥：安徽教育出版社，2002.

第二节　语言类型学概述

作为当代语言学的一大分支，语言类型学研究的是同一语系或不同语系中语言的共同特征，并据此对这些语言在类型上进行划分。在整个语言学领域中，不同于语法学、语音学、词汇学、心理语言学和社会语言学等其他分支学科，语言类型学必须存在于跨语言的比较当中，而其他的分支学科可以在单一的语言环境内产生和发展。它从本质上讲就是给语言分类的学问，而分类的标准或方法各异，有发生学的、地域的、语言结构类型的（语序的）等等。一般语言研究的对象主要只集中在一种或少数几种语言上，通常致力于描写和解释该语言的某种或几种现象，抑或在此基础上进行理论升华。语言类型学不同，它并不拘泥于某种语言，而是以整个人类语言作为其研究对象。其目的是从跨语言（甚至跨方言）的角度研究探讨人类语言，通过比较探寻或求证语言共性，然后再以语言共性为背景更为深刻地挖掘具体语言的特点，并将这些特点归纳为若干类型。语言类型学的研究特点弥补了单一语言研究的不足，对世界上现有语言的描写达到了前所未有的深度和广度。同时，它还为观察人类语言的本质提供了单一语言研究所不能提供的视角，也为单一语言的研究提供了在语言内部所达不到的视角。

语言类型学同时也被视为当代语言学的一大流派。从语言学理念来看，形式学派的理论基础是关于语法能力的先天性假说，它是通过假设、演绎以及测试说母语者语感等方法来探寻人们与生俱来的一种普遍语法；功能学派的理论前提是认为语言具有满足不同交际和认知需要的功能，它试图从语言的使用和理解规则中去寻求语言结构和演变的解释；而语言类型学的主要特色就在于其研究方法，这些方法涵盖了调查、描写、归纳和演绎等。它同样致力于语言学材料范围的不断拓展，通过掌握更多的语言材料将其进行比较，力求以事实说话，以此在更加可信和稳固的基础上构建人类语言的语法理论。语言调查的范围越广，涵盖的语言类型越多，其得出的结论就越可靠。从这个意义上来说，语言类型学更多地保留了语言学作为一门经验性学科的特性。语言类型学的发展大致经历了两个阶段：传统类型学阶段（19 世纪初—1963）和当代类型学阶段（1963 至今）。

第一个有系统的发展起来的语言类型学划分理论是关于形态类型的划分，即关于不同语言中单个词素组成词的方法，因此它又被称为形态类型学。形态类型学把语言分成三种或四种类型：孤立的，黏着的，融合的（fusional）[也称为屈折的（inflectional）]，有时还有第四种类型，多重合成的（polysynthetic）[也叫合并的（incorporating）]。形态类型学在语言类型学的历史发展过程中占有很重要的地位——许多原则是首先在形态类型的划分中被定制的。然而这并不能掩盖形态类型学的狭隘性，其弊病至少体现在两个方面：一是某一种语言可以表现出不止一种类型的特点，在归类上难以确定。二是这样的分类对语言研究帮助甚微，这仅仅是为分类而分类，没有和语言的其他结构特点建立联系，因此也就无法建立语言结构规律的系统性和相关性。单单从某种语言是某种形态类型这个事实出发，人们几乎无法预测其结构的其他方面特征。正是从这个意义上说，形态类型学无法将语言结构真正有重大意义的方面分离出来。

Greenberg 把语序作为核心课题，创立了区别于形态类型学的语序类型学。在 1963 年发表的经典论文《某些主要跟语序有关的语法普遍现象》[①]里，Greenberg 基于对三十多种语言的调查，提出了 45 条语序的普遍性原则，并且考察了一些逻辑上相互独立的词序参数，其中特别包括了：①动词相对于主语和宾语的语序；②修饰性形容词相对于它们的中心名词的顺序；③带所有格的词语相对于它们的中心名词的顺序；④介词相对于从属于它们的名词的顺序，即一种语言具有前置词或是后置词。当代语言类型学的全称是"语言共性和语言类型学"，它的目标、宗旨和研究方法等都已不同于传统类型学。为语言进行简单的分类不再是其唯一目的，它的最终目的是要通过跨语言的比较来挖掘人类语言中的共性特征。当代类型学对传统类型学的延伸和拓展是多方面的，除了发展了"蕴含共性"这个功能强大的形式描写工具之外，还有非常重要的一点就是，在研究重点上，从以形态分类为主到以语序为主。其原因主要有三个方面：其一，形态并非必须，然而没有一种语言会完全不依赖于语序；其二，就分类观点来讲，形态类型学较为狭隘，即形态很难和其他重要句法现象建立关联，因此它不具有很高的参考价值；其三，相对于形态的千变万化，语序是最能把握和量化的因素。

这里所关注的当代类型学，尤其是语序类型学，即由 Greenberg 所开创的当代语序类型学。他的研究引发了语言学界对于语序问题的极大关注，同时也奠定了此后关于语序普遍性的研究基础。与传统类型学相比，它在许多方面都有了飞跃性的发展。首先是在研究目的上，类型学已不再满足于对人类语言做出简单的分类，而是致力于通过跨语言比较探求人类语言的共性，由此它也成为"语言共性和语言类型学"的简称。其次，类型学的研究范围得到了很大的拓展。语言学界逐渐意识到句法的核心地位，形态是为句法服务的，因此当代类型学已由形态主导转向句法主导。在句法现象中，

---

① 格林伯格. 某些主要跟语序有关的语法普遍现象 [J]. 陆丙甫，陆极致，译. 国外语言学，1984（2）.

语序是最普遍存在的现象。因此在句法中,语序现象得到了最多的关注和最深入的研究,并且语序的类型学研究还进一步由句法类型拓展到语用类型。再次,当代类型学也逐步发展出了更加完善的研究规范和方法。传统语言类型学的研究在方法上具有较大的统计性质,但现代语言类型学的研究方法已经从统计分析走向逻辑验证和认知解释。Greenberg 通过抽样统计,以蕴含性命题和四分表为表述的做法也已成为类型学的经典样板。此外,当代类型学家在建立共性和语言类型的基础上还不断寻求对共性的解释,使类型学与人类语言交际功能、认知功能等多角度的研究相互结合,并以自己特有的跨语言研究方法和材料的优势,审视形式语言学和功能语言学的理论成果,使得类型学在推动当代语言学发展的过程中起到了重要作用。

相对于传统类型学,当代语言类型学在我国的影响小得多,它引起学者的关注也是近 20 年的事。从八十年代起,当代语言类型学开始为中国大陆的语言学界逐步了解,其中最为著名和重要的当属陆极致、陆丙甫翻译的 Greenberg 的经典论文《某些主要跟语序有关的语法普遍现象》(Greenberg1963,陆译 1984),以及沈家煊翻译伯纳德·科姆里(Bernard Comrie)的《语言共性和语言类型》(Comrie1981,沈译 1989)。[①]虽然有这些重要作品,但对于语言类型学的介绍相较于其他学派还是薄弱得多,对汉语语法的直接影响也就相当有限了。因此,尽管语言类型学在国外当代语言学里是一门显学,但在我国语言学界却影响甚微。虽然在 20 世纪 80 年代之前我国对语言类型学的研究几乎是一片空白,而且直到现在它所带来的影响也还不广泛,但它还是给我国的语言研究,尤其是语法理论方面的研究带来了新鲜的视角,并且在这方面的探索所带来的影响也正在不断扩大。比如直接关注汉语的类型学地位的就有徐烈炯、刘丹青(1998)[②],以及刘丹青(2003)[③]对于话题、语序类型和介词类型的研究,等等。我国拥有丰富的少数民族语言和方言,因此可以说丰富的语言资源使得语言类型学所需的跨语言研究在我国具有天然的优势,如果能够善于利用这些语言资源,并将其同世界上其他语种的语料结合起来进行研究,一定会取得更有普遍意义的研究成果。可以预见的是,语言类型学将会在国内语言研究的诸多领域获得更多的发展,同时也将为挖掘人类语言的共性特征做出越来越大的贡献。

---

① 科姆里. 语言共性和语言类型 [M]. 沈家煊,罗天华,译. 北京:北京大学出版社,2010.

② 徐烈炯,刘丹青. 话题的结构与功能 [M]. 上海:上海教育出版社,1998.

③ 刘丹青. 语序类型学与介词理论 [M]. 北京:商务印书馆,2003.

第三节　介词在语言类型学中的重要位置

通过跨语言的研究，介词类型在语序类型学中占有核心地位。Greenberg（1963）的重要论文《某些主要跟语序有关的语法普遍现象》正是围绕语序展开的。在语序问题中，介词的语序类型又至关重要，这是由于如果同其他结构的语序相比较，介词类型比它们更具有从一种结构预测另一种结构语序的类型学预测力。Greenberg 奠基之作的重要贡献之一就是把语序问题提到语言学的显著位置，其中介词的语序类型，即前置词后置词问题，被置于前所未有的重要位置。尽管不同语言中的介词数量和语法化程度大不相同，但都不影响介词在语法系统中占据的重要地位。介词和形态格（morphological case）、一致关系（agreement）一起构成最核心句法（clausal syntax）的几种主要形式手段。

在句法现象中，语序是最普遍存在的现象，Greenberg 把语序作为核心客体，创立了区别于形态类型学的语序类型学。他所提出的语序类型学，从严格意义上来说是成分词序类型学（constituent order typology）。Greenberg 以 30 多种语言为研究基础，提出并总结了 45 个语序共性现象。[①] 在这些语序共性现象中，有一些是绝对共性（absolute universals），但绝大多数都是倾向共性（tendency）。语序不仅是句法手段，同时也是语用或话语手段。在各种语序中，最受 Greenberg 重视的是小句的基本成分，也就是主语 S，宾语 O 和动词 V 的相对语序；其次受重视的就是介词的语序。在 Greenberg 所提出的 45 条语言共性中，与主动宾相关的有 15 条，占首位，与介词相关的有 7 条，占第二位。在语序类型学中，一种语序能够被重视并被作为类型学参项，均因为它与其他许多句法结构乃至形态结构有关系，或作为蕴涵前件，或作为蕴涵后件。主动宾位置之所以向来被语言学家所注意，是因为它是小句的主干成分。而介词的语序类型，在 Greenberg 之前还未被如此重视。Hawkins（1983）[②] 则明确将介词的类型看作比 S、O、V 语序更可靠的语序指标，原因是有些 SVO 语言的语序表现各异，难以据此预测其他结构的语序。

Tsunoda 等计算语言学家（Tsunoda，Ueda & Itoh 1995）[③] 借助计算机软件调查了

---

① 格林伯格. 某些主要跟语序有关的语法普遍现象 [J]. 当代语言学，1984（2）：45-60.

② John Hawkins, Word Order Universals[J]. Academic Press，1983.

③ Tsunoda T, S Udea, Y. Itoh.Adpositions in word-order typology[J].Linguistics Vol. 33, 1995: 741-761.

130 种语言的 19 个语序参项，介词参项也被涵盖其中。其研究目的是探讨根据何种参项划分出来的类型最能反映语言之间的类型差别。他们通过大规模调查统计发现，人类语言语序类型的最大差别在于前置词语言和非前置词语言，而非前置语言又涵盖了后置语言和无介词语言。130 种被调查的语言里共有 19 种无介词语言，这些语言多用格助词或格后缀来介引间接题元，而这些成分都是具有后置词性质的，其实也就是后置词弱化或独立性较弱的后置词语言。从介词到格标记是极为常见的语法化过程。这一研究有力证明了介词使用前置词还是后置词是人类语言语序类型最重要的分界线，同时进一步强调了介词参项在语序类型学中的重要地位。正因为介词在语序类型学中有重要的研究价值，因此本书以语言类型学，尤其是当代语序类型学为理论平台，力图采用类型学的研究手段和成果来探讨现代汉语中的框式介词这一语法现象。

第四节　汉语框式介词研究回顾

在《马氏文通》出现以后，汉语的介词研究才开始受到专门的关注和重视。当时对于介词的研究焦点主要集中在它的性质、来源、分类标准、语法特征、句法功能、介词与其他词类的划界、介词的具体用法、与介词相关的句式的研究等方面上，成绩较为显著。然而，现代汉语中有许多特殊的介词性结构却未获得学者们足够的重视，如"在……里/上、到……为止、为了……起见、对……来说、比……来得"等等。这些介词结构都是由介词和某些方位词、助词、连词等词语相搭配而形成的固定格式。在相当长的一段时间里，汉语学界都没有系统地考察过这类结构，也没有给它们一个特定的称谓。

虽然没有被"正名"，但这类结构并未被前人完全忽略。从 19 世纪末到 21 世纪，我国语法学者在研究介词的过程中对框式介词给予了说明。马建忠在《马氏文通》中首先注意到了"自……至……""自……以下/以上/以南/以来/以往"一类的前置词与其他词类的搭配。章士钊（1907）[①]引申了马建忠的观点，并区分出了前置介词和后置介词。在黎锦熙（1924）[②]看来，时地介词跟其所介引的词有时连着他词而成一种副词语，来表示一定范围的充实性（如"在……以内/以后"）、表自"所从"而"所经"的连续性（如"从……以/而……"）、表自"所从"至"所到"的起讫关系（如 "从……到……"）。高名凯（1948）[③]认为"在……上、于……之上"等

① 章士钊. 中等国文典 [M]. 北京：商务印书馆，1907.

② 黎锦熙. 新著国文语法 [M]. 北京：商务印书馆，1924.

③ 高名凯. 汉语语法论 [M]. 北京：商务印书馆，1948.

是受导词加名词功能的词，并分析出介词框架的层次。张寿康（1978）① 则在《说"结构"》一文中将类似的这种结构命名为"复合的介词结构"。崔希亮（1996）也曾把并不属于介词性结构的"在……呢"称作"框架"。詹卫东（1998）② 在研究"N 的 V"结构时，将"介词槽"这一名称赋予了"在……下 / 上 / 中"这样的结构。由此可见，当时的学者已经开始关注这种特殊的前后搭配的结构，并且其中一些人已经提到了框架这一概念，只是还缺乏深入细致的研究。

21 世纪以来，汉语框式介词逐渐引起了一些语言学家的密切关注。国内语法学界对于框式介词的研究体现在对框式介词这一语法现象进行总体概括论述的文章及专著中。《新编现代汉语》（张斌主编 2002）③ 中提到"在……上 / 中 / 下"是一种固定格式，但没有明确说明其为汉语框式介词。此外，近年来在借鉴语言类型学和格语法等国外语言学理论的基础上，有学者开始重视汉语介词的语义和语用功能、介词的语法化、与介词相关的语言类型学等问题的研究。陈昌来（2002）④ 并未使用"框式介词"这一术语，而将其称之为"介词框架"。他认为：介词框架是介词在前，其他词语在后，介词所介引的对象被夹在中间，形成一个框架的固定格式，他对不同介词框架的句法和语义和语用功能进行了系统的分类考察。张谊生（2002）⑤ 从后部词的角度入手，对后部词是准助词的框式介词进行了描写和分析。

刘丹青（2002）⑥ 比较系统地对框式介词的形成动因和基本性质进行了说明，而后他（2003）⑦ 还对框式介词的语法化途径及先秦时期汉语中的框式介词进行了分析，并比较了吴语和普通话中的框式介词。刘丹青认为汉语里的框式介词源起于先秦，在历经中古和近代的不断发展演变之后，演变成了如今现代汉语中的框式介词。上古汉语前置词短语原本位于动词后，然而在经过中古及近代的发展之后，前置词短语转移到了动词之前。介词不再居于中介位置，这自然违背了联系项居中原则。正因为如此，方位后置词以及其他来源的后置词慢慢在日常语言使用中得到发展，并逐渐发生虚化，并最终形成了由介词与方位词搭配组成的表方位的框式介词。而到现在，框式介词的形式已经相当丰富。除了这些对框式介词进行总体概括和论述的文章或专著，针对框式介词的个别格式或结构进行单独的细化的，如句法、语义方面研究的文章也不断涌现：

① 张寿康．说"结构"[J]．中国语文，1978（4）．
② 詹卫东．关于"NP+ 的 +VP"偏正结构 [J]．汉语学习，1998（2）．
③ 张斌主．新编现代汉语 [M]．上海：复旦大学出版社，2002．
④ 张斌，范开泰，陈昌来．介词与介引功能 [M]．合肥：安徽教育出版社，2002．
⑤ 张谊生．助词与相关格式 [M]．合肥：安徽教育出版社，2002．
⑥ 刘丹青．汉语中的框式介词 [J]．当代语言学，2002，4(4):13．
⑦ 刘丹青．语序类型学与介词理论 [M]．商务印书馆，2003．

邓永红（1998）[①] 从结构类型、表意功能以及介词"在"的隐现等方面对"在 X 上"格式进行了多角度考察，而后她（1999）[②] 又对"在 X 下"格式的结构类型和表义功能进行了分析，并根据"X"的结构类型对"在 X 上"和"在 X 下"两种结构进行了比较。崔希亮（2002）[③] 从认知语言学角度对"在……里"结构进行了考察。李正花（2003）[④] 探讨了"（在）＋X＋上"结构作主语时的句法、语义、语用特点。吴福祥（2003）[⑤] 提到"用……来"是一个可以填入有限词语构成逻辑关系的框架。葛婷（2004）[⑥] 在尝试从隐喻角度说明和解释"X 上"和"X 里"框架格式相通交叉现象。通过深入考察各种文本，作者发现了两者不仅在单纯的空间方位上有相通之处，而且在隐喻的概念范畴中也有相通之处。兰英（2004）[⑦] 对介词结构"在 X 上"从语法意义上进行了分类，并从语义上分析了它的结构特点。刘兵（2005）[⑧] 探讨了汉语中介词的隐现以及介词省略时所采取的功能替换手段问题。通过研究他发现：能够隐去的一般都是框式介词的前项；不过当某些框式介词的前项省略之后，其标识功能将全部转移到后项上，这些框式介词通常都标识的是诸如时间、处所、源点、终点、原因、目的这样的论元。曾传禄（2005）[⑨] 谈到：汉语方位词"里、中、内、外"能够标识时间和范围，其中"里""中"还能指示状态，而"内""外"还能指示数量及地位关系。他认为是隐喻过程中的容器图式在这几个词的抽象认知中发挥了重要作用，而这种现象也反映了人们的认知习惯和模式。吕兆格（2005）[⑩] 同样针对"里—外"的容器图式做了隐喻研究，他指出：介词与"里""外"组成的框式介词短语是汉语中常见的两个固定格式，它们的用法灵活多样并表现出不对称性。杨丽姣（2006）[⑪] 认为介词能够标志的主体除了语域式的，还有论元共指式的和论元式的。她提出介词激活其附着言语成分主题性共有四种不同情况，并在此基础上讨论了介词主题标志功能

① 邓永红．"在 X 上"格式的多角度考察 [J]．湖南教育学院学报，1998（6）．

② 邓永红．"在 X 下"格式及与"在 X 上"之比较 [J]．湖南教育学院学报，1999（4）．

③ 崔希亮．空间关系的类型学研究 [J]．汉语学习，2002（1）．

④ 李正花．作主语的"（在）+X+ 上"之结构 [J]．语文学刊，2003（1）．

⑤ 吴福祥．汉语伴随介词语法化的类型学研究：兼论 SVO 型语言中伴随介词的两种演化模式 [J]．中国语文，2003（1）．

⑥ 葛婷．"X 上"和"X 里"的认知分析 [J]．暨南大学华文学院学报，2004（1）．

⑦ 兰英．介词结构"在 X 上"结构特点分析 [J]．乌鲁木齐成人教育学院学报，2004（2）．

⑧ 刘兵．汉语介词的隐现与论元标志功能的转换 [J]．云南师范大学学报，2005（4）．

⑨ 曾传禄．"里、中、内、外"方位隐喻的认知分析 [J]．贵州师范大学学报（社会科学版），2005（1）．

⑩ 吕兆格．方位词"里""外"的语义认知基础与对外汉语教学 [J]．云南师范大学学报，2005（5）．

⑪ 杨丽姣．汉语介词的主体标志功能研究 [J]．云南师范大学学报，2006（4）．

的三个平面的动因。陈昌来、段佳佳（2007）[①] 探讨了介词框架"在 N 的 V 下"与主句的语义联系及语义特点。李卫中（2007）[②] 在已有研究成果的基础上，运用介词框架的理论，对介词"由"与方位词以外的成分构成的介词框架进行了考察。黄芳（2007）[③] 认为：汉语方位标"里""内""中"的用法功能是逐渐丰富发展起来的，方位标"里""内""中"使用的纠结现象在不同的时期表现出不同的历时演变特征。而造成这种使用上纠结的原因，语体和文体的影响只是外在的因素，其内在的因素是受到了与人类语言表达密切相关的认知心理的影响。张志连（2008）[④] 依据三个平面理论，运用计算机语言学原理和统计学方法，考察了《儿女英雄传》中"方位式"介词框架的句法意义和功能。其后张（2012）[⑤] 又探析了《儿女英雄传》中"连动介词"介词框架的句法与语义功能。李红梅、曹志希（2008）[⑥] 阐述了汉语方所框式介词的句法推导。付琨（2008）[⑦] 探讨了由言说义后置词构成的介词框架，同时（2008）[⑧] 对介词框架"P……来说"的标记和话题化功能进行了详细的研究，而后（2008）[⑨] 又研究了由感官动词做后置词的介词框架结构的分布特征。杨子琴（2008）[⑩] 研究了前置词"从"加介词宾语"X"加后置词"起"构成的介词框架及"起"的隐现规律，同时（2008）[⑪] 从类型学角度对汉德介词类型及框式介词进行了初步的考察，并对其异同点进行了一番对比和探讨。王晓平（2008）[⑫] 用三个平面的理论，对现代汉语介词框架"P＋X＋看来"的研究概况进行了梳理和评述，总结了教材、专著、论文等各种类型、各个角度的研究成果。包文静（2009）[⑬] 从时间隐喻的角度出发，解释了方位词在"前""后"、时间关系介词框架中的隐喻运用。陈昌来、朱峰（2009）[⑭]

① 陈昌来，段佳佳. 介词框架"在 N 的 V 下"与主句的语义联系及语义特点 [J]. 云南师范大学学报（对外汉语教学与研究版），2007（2）.

② 李卫中. "由"与方位词以外的成分构成的介词框架 [J]. 和田师范专科学校学报 .2007（4）.

③ 黄芳. 方位标"里"、"内"、"中"的历时考察 [J]. 甘肃联合大学学报（社会科学版），2007（1）.

④ 张志连.《儿女英雄传》中"方位式"介词框架的句法意义和功能 [J]. 连云港师范高等专科学校学报，2008（4）。

⑤ 张志连. "连动介式"介词框架的句法及语义功能探析：以《儿女英雄传》为例 [J]. 淮海工学院学报（人文社会科学版），2012（1）.

⑥ 李红梅，曹志希. 汉语方所框式介词的句法推导 [J]. 四川外语学院学报，2008（3）.

⑦ 付琨. 由言说义后置词构成的介词框架考察 [J]. 内江师范学院学报，2008（11）.

⑧ 付琨. 后置词"来说"的篇章功能与词类归属 [J]. 江西社会科学，2008（7）.

⑨ 付琨. 由感官动词做后置词的介词框架结构的分布特征 [J]. 青海师专学报，2008（5）.

⑩ 杨子琴. "从 X 起"介词框架及"起"的隐现规律 [J]. 内蒙古农业大学学报（社会科学版），2008（6）.

⑪ 杨子琴. 汉德框式介词类型学的对比考察 [J]. 井冈山大学学报（社会科学版），2008（2）.

⑫ 王晓平. 现代汉语介词框架"P+X+看来"研究综论 [J]. 现代语文（语言研究版），2008（12）.

⑬ 包文静. 方位词"前、后"在时间关系介词框架中的隐喻运用 [J]. 语文学刊，2009（6）.

⑭ 陈昌来，朱峰. "除"类介词及"除"类介词框架的产生和发展 [J]. 上海师范大学学报（哲学社会科学版），2009（2）.

对"除"类介词及"除"类介词框架的产生和发展进行了历时考察。陈昌来、杨丹毅（2009）[①]探究了介词框架"对 / 对于……来说 / 而言"的形成和语法化机制。陈全静（2010）[②]探讨了介词框架"PP 上"的形成，句法位置变化及原因，以及该结构所表语义的历史演变。陈红燕（2011）[③]考察了基于对外汉语教学的"用"字介词框架之间的差异及其在三个平面上体现出的特点。

近年来，在对框式介词的细化研究方面，除了上述文章外，也涌现出了不少专门探讨此方面的硕士或博士论文。如付琨（2004）[④]主要研究由不同的介词和准助词"来说"构成的介词框架"P + x + Au（来说）"（PpAu）。作者首先通过比较 PpAu 和 Pp 在内部结构层次和外部句法分布等方面的差异，考察了 PpAu 的基本句法功能，继而讨论了 PpAu 的语义功能和介引方式，最后还考察了 PpAu 的标记功能和话题化功能。

陈全静（2006）[⑤]从介词框架"PP 上"的形式入手，从历时和共时两个角度探讨了"PP 上"的语义演变、句法位置变化及其原因，理清了"PP 上"的发展脉络。在此基础上作者讨论了现代汉语中介词框架"PP 上"的句法功能，专门对该结构中介词"P"和"上"的隐现及隐现机制进行了研究，并运用不对称和隐喻理论对介词框架"PP 上"和"PP 下"的使用不对称进行了解释。

朱峰（2006）[⑥]对介词框架"除了……以外"进行了考察。作者首先探讨了"除了……以外"的历时发展与演变，认为"除"和"外"连用形式介词框架直到唐代才出现。第二部分考察了"除了……以外"在共时平面的句法分布与语义模式。第三部分文章讨论了"除了……以外"的隐现规律与语用功能，最后作者还从语体色彩、音节差异、产生时期等几个方面分析了"除了"介词内部的差异。

王萌（2006）[⑦]主要研究了由前置介词和方位后置词"里"构成的介词框架"PX 里"。作者讨论了"PX 里"的构成与性质，并考察了"PX 里"的基本句法功能和句法分布；同时通过对"PX 里"中"里"和"X"的语义分析，总结出了"PX 里"的语法意义。其后作者还考察了"PX 里"和"PX 中""PX 上"在语义上的联系和区别，并最后总结出了"PX 里"的隐现规律。

[①] 陈昌来，杨丹毅 . 介词框架"对 / 对于……来说 / 而言"的形成和语法化机制 [J]. 华东师范大学学报（哲学社会科学版），2009（1）.

[②] 陈全静 . 介词框架"PP 上"的形成及其所表语义的历史演变 [J]. 常熟理工学院学报，2010（3）.

[③] 陈红燕 . 基于对外汉语教学的"用"字介词框架分析 [J]. 安徽广播电视大学学报，2011（3）.

[④] 付琨 . 介词框架"PpAu（来说）"研究 [D]. 上海师范大学硕士学位论文，2004.

[⑤] 陈全静 . 汉语介词框架"PP 上"研究 [D]. 上海师范大学硕士学位论文，2006.

[⑥] 朱峰 . 介词框架"除了……. 以外"考察 [D]. 上海师范大学硕士学位论文，2006.

[⑦] 王萌 ."里"类介词框架的句法、语义及隐现规律研究 [D]. 上海师范大学硕士学位论文，2006.

李卫中（2007）[①]对"由"字句和"由"字介词框架进行了研究，他先是从句法、语义、语用方面考察了"由"字句的常规格式和变化格式，继而研究"由"和后置方位词、连词、准助词等词语前后搭配而形成的介词框架。作者考察了这些框架在句法、语义方面的特征，以及"由"字框架的形成动因，并从共时和历时的角度对介词"由""从""自"进行了比较。

杨丹毅（2007）[②]选取了介词框架"对、对于……来说／而言"进行研究，解释了介词和框架后部"来说、而言"的虚化历程，并对该结构在句中的句法分布及其功能做了探讨，同时从框架的话题功能角度进行了讨论并分析了介词框架的隐现机制。

段佳佳（2007）[③]以介词框架"在 N 的 V 下"为研究对象，首先对它的结构特点以及句法分布进行分析，继而通过对比位于介词框架中的与非框架中"N 的 V"来解析这个介词框架中"N 的 V"结构的特点。随后，作者考察了"在 N 的 V 下"介词框架与主句的语义关系和特点，并将此结构分别同"被"字句和兼语句比较从而挖掘出该结构的诸多语义特征。

孙剑（2007）[④]选择现代汉语中使用频率较高的介词框架"在 X 前"进行研究，通过大量语料进行描写分析，概括出该结构的句法语义特点及其在句中的分布模式，并对"在 X 前""在 X 之前""在 X 以前"三种形式进行了对比分析，此外着重讨论了该结构的两种隐喻特征和结构中"在"的隐现规律。

陈红燕（2008）[⑤]专门探讨的是"用"字介词框架，她对该框架的下位类型做出了界定。作者不仅对个体框架之间，还对个体框架与"用"字短语之间做了对比研究，从三个平面的角度将框架内部及与短语之间的不同点做了规律性的总结，其目的是为了深入了解"用"字框架内部的个体差异性，以及它与"用"字短语的差异性。作者在此基础上对"用……来"框架与"用"字短语以及"拿……来说"框架之间的异同做了详细比较。最后文章从历时角度出发，考察了"用"字框架的形成机制及形成时间。

黎氏月草（2008）[⑥]对"为 X 而 Y"介词框架进行了多角度的研究。作者先从"为 X 而 Y"中 X 和 Y 的结构类型入手，考察了该框架的句法及语义特征。然后作者探讨了"为 X 而 Y"里"为"与"而"的隐现规律，并通过对"为 X 而 Y""为了 X 而 Y"和"为着 X 而 Y"这三种格式进行了比较研究，考察了"为了"中的"了""为着"中的"着"的属性。

① 李卫中 ."由"字句和"由"字介词框架研究 [D]. 苏州大学硕士学位论文，2007.

② 杨丹毅 ."对于"类介词框架及相关研究 [D]. 上海师范大学硕士学位论文，2007.

③ 段佳佳 ."在 N 的 V 下"介词框架考察 [D]. 上海师范大学硕士学位论文，2007.

④ 孙剑 . 介词框架"在 X 前"的考察 [D]. 上海师范大学硕士学位论文，2007.

⑤ 陈红燕 . 现代汉语"用"字介词框架考察 [D]. 上海师范大学硕士学位论文，2008.

⑥ 黎氏月草 ."为 X 而 Y"介词框架的多角度考察 [D]. 华中师范大学硕士学位论文，2008.

顾振立（2008）[①]对介词框架"在 X 中"进行了考察分析。作者先从对该结构的句法特点和分布模式的分析入手，考察了哪些名词或动词可以进入"在 X 中"这一结构，既而讨论了"在 X 中"的"在"的隐现的一些基本规律，并对"在 X 中"和"在 X 里"这两个相似的结构进行了对比，最后作者还考察了"在 X 中"的隐喻问题。

张志连（2008）[②]主要运用了三个平面理论，对《儿女英雄传》中的介词框架进行了全面考察。根据统计与分析，作者从《儿女英雄传》中抽检出介词框架的存在数量和相关用例，对照现代汉语介词框架的分类标准进行了分类和定型，由此确定了四种类型并计算出各种类型所占比例。随后作者每个章节分析一种类型，并且考察和比较了《儿女英雄传》中的介词框架和古代汉语、现代汉语介词框架的差异。

杨子琴（2009）[③]对"从 X 起"介词框架及相关问题进行了研究，该论文除了讨论"从 X 起"的语义与句法特点外，还比较了"从 X 起"与"从 X 开始"和"从 X 以来"的异同，并同时考察了该介词框架中后置词"起"的隐现情况。

综观近年来汉语语法学界对框式介词所做的研究，主要集中在两个方面：一是针对个别格式进行单独的细化研究；二是就框式介词这一语法现象进行总体研究，并不拘泥于某一种特殊形式。对于个别框式介词格式进行细化研究的成果，从研究数量和研究深度上来看都主要集中在前置词为"在"与后置词"上、下、里、内、中"搭配构成的表方位的框式介词，以及可以表示时间或者空间的"自 / 从 / 由……到"这样的框式结构中。这类框式介词之所以最容易引起关注，主要原因在于时间和空间都是人类对于事物的体验，是人类从具体的事物及其运动中分解和抽象出来的认识对象，哲学家们也通常将它们视为世界的本源或者物质存在的基本形式。空间实际上就是物质，而时间本来就是物质存在和运动的一种过程。任何语言都会不可避免地涉及时间关系和空间关系的表达，因此这也就顺理成章地成了语言学家会优先关注到的问题。

作为一种抽象概念，时间是难以被人们感知和把握的。戴浩一（1988）[④]曾通过汉语的词序论证出汉语的时间顺序原则，即两个句法单位的相对词序决定于它们所表示的概念领域里的状态的时间顺序。时间顺序与汉语的语序具有很高的象似性，例如事件往往会按照发生的先后顺序来讲述，逐步深入。汉语在描写空间概念时，具有由大到小，从整体到局部，先综合后分析的语言特点，这正好体现了汉语语序对于现实时间结构的一种临摹，这种临摹是空间性的一种体现。抽象的时间概念可以通过具象

① 顾振立. 介词框架"在 X 中"考察 [D]. 上海师范大学硕士学位论文，2008.

② 张志连.《儿女英雄传》介词框架考察 [D]. 上海师范大学硕士学位论文，2008.

③ 杨子琴."从 X 起"介词框架及相关问题研究 [D]. 上海外国语大学硕士学位论文，2009.

④ 戴浩一. 时间顺序和汉语的语序 [J]. 黄河，译. 国外语言学，1988（1）.

的空间概念而变得形象和具体，时间的表示主要通过空间的隐喻来得以实现，或者说将空间概念映射到事件域为人们对事件概念的把握提供了捷径。人类认知客观世界的顺序说明，时间和空间在人类认知和语言表达当中的地位是不平衡的，空间域总是先于时间域。

汉语里的空间维度关系"上—下、前—后、左—右"都是在认识"人"这一空间事物的结构特点之后，通过经验积累和隐喻得来的。其中对"上—下"的认识源于人体自身躯干的垂直纵向发展，以及人对于万有引力的经验获取，而"前—后"和"左—右"的认识同样始于人自身的经验积累。此外，方位词"里、中、内、外"都来源于意象图式中的容器图式。容器隐喻的物质基础是，人将自身视为一个容器，在吸入营养的同时，也能够排出废物。这种类比映射到人的日常生活或是具体空间领域当中，就逐渐被概念化，因此，可以说是人的生活体验衍生出了很多意象图式和方位隐喻概念。现代汉语中的空间方位表达，除了使用前置介词和方位后置词这两种手段之外，还有框式介词的运用也十分普遍。前置介词包含在、从、到、往、向、朝等，方位词主要有上、下、内、外、里、中，以及在这几个单音节方位词后加上"边 / 面 / 头"构成的双音节方位词。在由它们组成的框式介词中，方位词能够很好地确定方位关系或者说空间关系的具体位置，而前置词则会起到确定空间关系具体类型的作用。实际上空间关系的类型也就是体现出空间关系的时间类型。例如，"在"所表示的位置是固定的，是事件发生时的具体位置，属于现在时；"从"和"到"所表示的位置是事件发生前和事件结束时的位置，分别属于相对的过去时和将来时；同样的，"向"和"朝"所表示的是事物即将到达的位置，应该属于将来时。

虽然从比例上讲对上述表方位和表起讫义的框式介词的研究较为丰富，但也不乏其他种类框式介词的研究。随着对框式结构存在普遍性的认可和认识的不断深入，越来越多的框式介词进入了学者们的视线，例如表言说义的"对于……来说 / 而言"、表目的义的"为了……起见"、表比较义的"比……更 / 来得"、表比喻义的"像……一样"、表连接义的"为……而"等等，这些都属于对于具体某一个或某一类框式介词研究的成果。相对于此类针对个别框式介词的研究，在这一语法现象的总体把握方面成果偏少，只有张谊生、陈昌来和刘丹青几位学者做过较为详细的统计或研究。

在上述细化研究和总体研究这两方面尽管已经取得了一些进展，但可以说依旧只处于起步阶段——有了一些有价值的发现，但仍存在很大的有待深入研究的空间。首先，对框式介词的个别研究范围依然不够广，目前所涉及的只有很少一部分结构，大部分的结构还未经深入探讨。第二，虽然对框式介词的定义已经有了共识，但对其种类和层次的划分等问题还存在有比较大的分歧。第三，对框式介词这一语法现象还缺乏系统的认识，高屋建瓴地深究框式介词这一语法现象的成果太少。第四，讨论的视角偏单一，不够多元化，研究也主要着眼于对框式介词句法方面的考察，如它的意义、用法、构成以及句法功能等，往往重句法而轻语义。这些都是值得以后继续深入挖掘的问题。

第五节 本书的研究思路及理论依据

本书的研究思路为：第一，搜集大量实际语料，根据不同的功能及特征，对现代汉语框式介词做出类型的划分。语料可以通过北京大学 CCL 语料库、厦门大学语料库、人民日报检索系统等渠道进行搜集。关于框式介词的类型，本研究将以语序类型学为支撑，从句法的角度出发，更关注世界各种语言中框架的形成、框架的整体功能和题元功能，对其做出分类。

第二，从历时研究的角度对框式介词的产生背景及演变过程做出阐述，并由此探讨其产生动因和机制。框式介词并非现代汉语所独有，汉语早在先秦时期就已经出现了框式介词。对框式介词的研究不能仅限于共时层面，需要通过研究汉语发展过程中前置词短语由动词后移到动词前这一历史性的移位，逐步证明方位词和其他来源的后置词填补了介词前移后留出的空位并由此产生了框式介词。根据这一结论，可以顺理成章地考察框式介词形成时的语法化动因和机制。

第三，逐步分析框式介词句法、语义、语用三方面的特征。三个平面的语法观早在 20 世纪 80 年代就已经提出，并很快成为语言学界的研究热点，迅速得到普遍的认同，如今已成为语法研究的主要理论与方法论。在对现代汉语框式介词的深入分析过程中，如果能够将这三个方面有机结合起来，必定能够为全面解释框式介词这一语法现象夯实基础。

第四，探寻框式介词所体现出的语序类型学特征及其对对外汉语教学的促进作用。汉语框式介词是一种重要的类型现象，是构成汉语的类型学特征的重要参数。通过对框式介词的全面分析，本研究将挖掘出它所反映的语序类型学特征和它所体现的类型学共性。在对外汉语教学方面，如何将此项研究结果合理应用到教学中，避免由于对框式介词理解和使用不当而产生的偏误，是同样需要考虑的问题。

本研究主要参考语言类型学理论、刘丹青的介词理论、语法化理论以及三个平面的语法理论，明确汉语介词系统的基本构成，对框式介词的句法、语义和语用功能进行一番全面系统的考察，并力求对介词框架的形成机制以及它与语序类型和语序演变的关系做出合理的解释。本书希望能在前人研究的基础上，在还没有涉及或还未深入涉及的领域做一些探讨，从而深化对框式介词的了解。

一、语言类型学

如前文所述,语言类型学的总目标是根据语言的结构特征来对语言进行分类,也就是用概括性但又有启发性的话来回答某种语言像什么的问题。具体而言,它研究的是不同语言已经常规化的形式及其功能,研究的目的是通过了解不同语言之间的类似之处和不同之处,将所挖掘出的类似及不同的现象归类成系统,这些被归纳出来的类别反映出我们对语言的了解。与此同时,研究者可以从语言比较的结果推知哪些语义领域常常受到制约,制约程度一般如何,哪些制约的手段或方式最为常见,哪些是我们较少看到的。

二、刘丹青的介词理论

作为最近几十年发展起来的一种新的语言学思潮,语序类型学的理论和方法都取得了一些重要的进展。近年来国内的语言研究对此也已有反映,但大多局限于介绍和述评,很少有专题性的研究。我国第一本语言类型学方面的专著是刘丹青的《语序类型学与介词理论》,徐通锵评价该书"不仅将国外语序类型学研究的最新进展及其取得的重要成果介绍到国内,更重要的是用这种理论和方法对汉语的介词和语序进行了全面的梳理和分析"。[①]

刘丹青的这本专著指出,介词是人类语言中相当普遍的现象,而不像量词那样是只有少数语言存在的词类。介词的普遍性与介词的赋元作用有关。赋予间接题元的功能是任何语言都需要的功能。根据题元理论,句子中的每个NP都应被赋予一定的题元。大部分题元通常用在句法上的间接格位置,需要用专门的标记表示,这些虚词就是语法上的"介词"。介词是带有普遍性的重要虚词词类。

刘丹青所讨论的"介词",并不等同于汉语语言学文献中通行的"介词"。他认为的介词是类型学里的 adposition。沈家煊(1989)[②]译 Comrie(1981)时曾用"附置词"来对译它,在该书中它包括前置词(preposition)和后置词(postposition)两类。这里的前置词就是位置在前的介词,后置词就是位置在后的介词。目前汉语研究文献中的"介词"其实指的就是"附置词"中的前置词。刘丹青的专著让"介词"作为上义词,指 adposition,它包括前置介词和后置介词,简称"前置词"和"后置词"。之所以作如此区分,就是因为汉语中不但有前置词,而且还有后置词。此外,根据 Greenberg(1995)的观点[③],除了前置词、后置词之外,"介词"里还包含"框式介词",即在前、后的位置都框住所引内容的虚词。框式介词也大量存在于汉语句子中,它

① 刘丹青. 语序类型学与介词理论 [M]. 北京:商务印书馆,2003.

②Comrie,Bernard. 语言共性和语言类型 [M]. 沈家煊,罗天华,译. 华夏出版社,1989.

③ GREENBERG J H. The Diachronic Typological Approach to Language[M].SHIBATANI M, T. Bynon, eds., Approaches to Language Typology. Oxford: Clarendon Press. 1995.

是构成汉语介词类型的显著特点之一。它未必作为一个固定词项（lexical item）存在，而常是句法组合中临时出现的情况，前置词、后置词则一般都是词库中的现成词项。本书将以依据刘丹青对介词中前后置词的区分以及对框式介词的定义为参考，以其介词理论为理论依据，对现代汉语中的框式介词的产生动因，形成机制，及其句法、语义、语用等方面进行详细的探讨。

三、语法化理论

在探讨框式介词的产生动因时，必然需要涉及语法化理论。语法化理论是与类型学关系密切的语言学说，它对汉语介词研究尤其重要，因为汉语中完全虚词性的介词很少，大多数介词还处在由实词向虚词语法化的进程当中。20 世纪 80 年代语法化已经成为语言学，尤其是成为功能主义语言学中的一个研究热点。语法化指的是在某些语言情境下，那些具有实在意义的词项或结构慢慢具有了语法功能，这些语法功能通过不断的使用逐渐固定下来，并且进一步发展出新的语法功能这样的一个过程。语法形式和语法结构产生的根源、使用规律，以及它们对语言的影响是语法化理论重点关注的课题。语法化的研究有利于揭示语言演变的规律，同时也对人类自然语言的共性具有极其重要的意义。语法化理论使语言学家们从一个新的角度看待语言，从这个视角看来，语法不再是一个自足的、不受外界因素影响的系统，而是一个受到认知和语用因素制约的过程。人类语言的演变并不会在某一个阶段终止或结束，它是一个不断前行永不终结的过程。从这个意义上来讲，语法化不光是语言历时演变的过程或结果，同时也是正在语言共时平面上存在并发生着的现象。在语法化框架内对于语言现象进行共时研究，能够提供更符合语言实际情况的描写与解释。

语法化发生的机制主要有两种：重新分析（reanalysis）和类推（analogy）。重新分析是隐性的，而类推是显性的，两者在语法化过程中分别起到的是主导作用和次要作用，并且各自在语言的组合轴（即线性成分结构）和聚合轴（即语言成分的选择）上起作用，前者能够产生新的语法结构，而后者不能产生新的语法结构。在语法化过程中重新分析和类推是交替起作用的。刘丹青（2003）[①]认为，语法化带来的不单是语义上的虚化，还带来了语音上的弱化、语法上尤其是搭配上的泛化和语用上的淡化。

类型学和语法化研究显示，介词的来源并不只是动词虚化而已，最常见的源头其实包含了动词、名词以及副词。那种认为介词特别是前置词必然来源于动词的看法，显然缺少类型学的覆盖性。介词的主要作用是给一些动词所不能直接赋元的名词短语赋予一定的题元，使之成为间接题元。介词的实词来源就与这种赋元作用有关。框式介词的来源跟其他介词是一致的，只是在一个框式介词中其前后两部分可能有不同的

---

① 刘丹青. 语序类型学与介词理论 [M]. 商务印书馆，2003.

实词来源，因此我们在讨论其形成语法化途径及来源时时必须分开而论。根据目前已有的材料，框式介词大多并非固定词项。它是有前置词和后置词在句法中临时同现的，所以框式介词主要是一种句法现象而不是一种词项。

四、三个平面的语法观

三个平面理论的提出实际是受到了西方语言学中"符号学"（Semiotics）理论的影响。现代符号学的创始人之一，美国哲学家查尔斯·莫里斯（Charles William Morris）就曾指出：符号学的三个组成部分分别是语用学、语义学和句法学，当这三种研究被应用到语言上，就构成了语言科学的三个主要部分。汉语里的三个平面语法观早在20世纪80年代就已经提出，并很快成为语言学界的研究热点，迅速得到普遍的认同，如今已成为语法研究的主要理论与方法论。在1981年出版的《现代汉语》[①]教材里，主编胡裕树在谈及语序问题时指出，"必须区分三种不同的语序：语义的、语用的、语法的"，三个平面的语法观理论就始现于此。后来胡附、文炼（1982）在《句子分析漫谈》[②]一文中一步阐释了胡裕树的这种想法，他们将以前提到的"语法"改为"句法"，将句法、语义、语用三者并列起来，表明它们都隶属语法的范围，这样使得这种思想的理论性和逻辑性更加严密了。胡裕树、范晓而后发表于《新疆师范大学学报》1985年第2期的长篇论文《试论语法研究的三个平面》，正式将三个平面作为一种语法理论进行了命名和全面阐释。该文明确提出了"如何在语法分析中，特别是在汉语的语法分析中全面地系统地把句法分析、语义分析和语用分析既界限分明地区别开来，又相互兼顾地结合起来"这样一个新课题，并指出，"要使语法学有新的突破，在语法研究中必须自觉地把三个平面区别开来，在具体分析一个句子时，又要使三者结合起来，使语法分析做到形式和意义相结合，动态和静态相结合，描写性和实用性相结合"。这标志着汉语语法研究的三个平面理论已初步形成。强调在语法研究中要区分句法、语义和语用三个平面，而在具体分析时又要将三者结合起来的这种思想，是80年代汉语语法学理论上的一个杰出贡献。在对现代汉语框式介词的深入分析过程中，如果能够将这三个方面有机结合起来，必定能够为全面解释框式介词这一语法现象打好坚实基础。

---

① 胡裕树. 现代汉语 [M]. 上海：上海教育出版社，1981.

② 胡附，文炼. 句子分析漫谈 [J]. 中国语文，1982（3）.

第六节　研究意义和价值

介词在现代汉语句法系统中占有重要的地位，因其具有抽象的语法意义和灵活的用法成为对外汉语教学中的一个难点。现代语言学的研究证明，介词在语言学，特别是语言类型学中占据有特殊且重要的位置。从类型学角度看，汉语框式介词是一种重要的类型现象。它们形式多样、意义灵活，在现代汉语中大量使用，但汉语学界并未对这种语法形式类型给予足够的重视，这种忽视不利于汉语其他方面的研究，同时也会妨碍对汉语句法特点的准确把握，成为汉语语法研究中的一大缺憾。总的来说，目前在框式介词问题上的研究，无论在广度还是深度上，都还有广阔的空间可以开拓，对于现代汉语语法研究的进一步深入也有着重要意义。因此，本研究打算在前人研究的基础上，借鉴语言类型学、语法化和三个平面等理论和方法，对框式介词的句法、语义和语用功能进行一番全面系统的考察，并力求对介词框架的形成机制以及它与语序类型和语序演变的关系做出合理的解释。本研究希望能通过对前人在这方面还没有涉及或还未深入涉及的领域做一些探讨，从而深化对框式介词的认识。研究涉及的古汉语和现代汉语语料主要来自北京大学中国语言学研究中心语料库（CCL），以及语料库在线（www.cncorpus.org）。

第二章　现代汉语的介词系统

第一节　现代汉语介词研究概述

介词在词类发展历史上是出现得较早的一类词，现有的历史材料证明，汉语的介词早在甲骨文时期就已经出现，金文里就出现了20个介词。介词在古代被冠以"词""助字""语助"等名称。由于当时各方面条件的限制，大家对汉语语法无法做出十分系统的研究，对介词的研究也没有形成较完整的体系。真正将介词作为语法体系中的一个类来进行研究，是从一百多年前才开始的事情。虽然在《马氏文通》以前，虚词研究也曾是汉语语法研究的重要课题，但由于系统语法学体系的缺乏，介词的研究往往跟其他虚词的研究一样，都缺乏系统性和准确性。汉语的介词之名源自《马氏文通》的"介字"。马建忠称"凡虚字用以连实字相关之义者，曰'介字'。'介字'云者，尤为实字之介绍耳"。[①]这是介词最早被作为一个词类提出，可以说马氏对于介词体系的研究具有开创之功。他指出，古汉语常用的五个介词"之、于、以、与、为"，"五字之用，先所介者常也"，也就是说，是以前置为常见用法的。而这其中的第一个介字"之"其实就是后置性的，因此他的"介字"应该更符合现代类型学的adposition，涵盖了前置介词和后置介词，而不是严格意义上的preposition，即仅为前置介词。

第一个使用"介词"这一术语的是章士钊。他在《中等国文典》（1907）[②]中提道："凡介词与名词相结合者，谓之短语，短语者，谓两词以上而不能成句之语也。"他认为："介词者，所以介绍名词、代名词，以与动词、形容词及其他各词相联络者也。唯以介绍之名词，介词有置于其前者，有置于其后者。置于前者谓之'前置介词'，置于后者谓之'后置介词'。"章士钊的贡献就在于将介词分为了前置和后置两种，并把介词研究的对象从词上升到了短语的层次。

刘复的《中国文法通论》（1920）[③]将介词和连词共同归为"形式词"的一种。

---

① 马建忠. 马氏文通 [M]. 北京：商务印书馆，1983.

② 章士钊. 中等国文典 [M]. 商务印书馆，1911.

③ 刘复. 中国文法通论 [M]. 长沙：岳麓书社，1920.

金兆梓的《国文法之研究》（1921）[①]将"系词"与"连词"归并进来合称为"联系虚字"。陈承泽的《国文法草创》（1922）[②]承袭了章氏的理论并有所创新，他认为"介词之范围须取严格的，而于他动字之转成者尤须加以严格限制"，"介字短语离其所介语时，罕得构成独立句，亦以其仅表文章关系之故也"。

上述各书都是以文言文为研究对象的，黎锦熙的《新著国文语法》（1924）[③]对于现代汉语介词研究来说具有划时代的意义，因为自它出版，介词的研究才开始摆脱以前的以文言文为研究对象的局面。黎氏基本继承了马建忠的介词学说，并根据现代汉语的特点提出了自己的介词体系。他认为介词和连词都属于"关系词"，其中"在、从、向、对于、关于、把、被"等是"一般介词"，而"的"和"得"分别属于"特别介词"和"引副介词"。虽然他提出的介词范围很大，但《新著国文语法》中所提供的研究方法及其在汉语语法学史上的地位是不可忽视的。

上述学者们都把眼光放在了介词在汉语语法结构中的作用上，基本是模仿西方的理论框架体系和《马氏文通》的体系，并且常从介词的意义上去界定，这样往往容易造成介词和其他词类的混淆。但也正是在这个阶段，介词的命名和体系也初步形成。

二十世纪三四十年代的学者们对介词有了新的界定。1938年的文法革新论冲击了语言学界的模仿体制，人们开始根据中国文法事实，借鉴外来新知，参照前人成说，以科学的方法、严谨的态度缔造中国文法体系，对旧有的介词进行重新归类和定位。文法革新讨论给汉语词类研究带来了转机，就介词研究来说，围绕着介词的取消和建立，不同的学者发表了各自的观点。

在这次讨论中，持取消介词观点的有吕叔湘、王力、赵元任、高明凯等几位先生。在王力的《中国现代语法》（1943）[④]和《中国语法理论》（1944）[⑤]这两本书的词类体系中，介词是不存在的，因为他认为首先西文的介词不能作谓语而中文的"用、拿、在、比"等可以作谓词；其次这类词由于可以加"着"或"了"这两种动词记号，可见它们原是动词。他将"于、以、与、同"等与连词合并统称为"联结词"，将"在、往、朝、从、把、被"等看作助动词。吕叔湘在《中国文法要略》（1942—1944）[⑥]中把介词和连词、助词一起归入"关系词"。在他与朱德熙合著的《语法修辞讲话》（1951—1952）[⑦]里，介词被归入了动词，定名为"副动词"。在《北京口语语法》

① 金兆梓. 国文法之研究 [M]. 北京：商务印书馆，1921.

② 陈承泽. 国文法草创 [M]. 北京：商务印书馆，1922.

③ 黎锦熙. 新国文教学法 [M]. 师范大学出版部，1950.

④ 王力. 中国现代语法 [M]. 北京：商务印书馆，1943.

⑤ 王力. 中国语法理论 [M]. 济南：山东教育出版社，1944.

⑥ 吕叔湘. 中国文法要略 [M]. 北京：商务印书馆，1947.

⑦ 吕叔湘，朱德熙. 语法修辞讲话 [M]. 北京：中国青年出版社，1952.

（1952）①中，赵元任称介词为"前置外动词"。而高明凯分别在《汉语介词之真价值》（1940）②和《汉语语法论》（1948）③中把介词称为"半动词"和"受导词"，他认为汉语的介词跟西洋语言中的介词有本质的不同。丁声树等《现代汉语语法讲话》（1952—1953）④也倾向于把介词同于动词。这些学者充分注意到了介词与动词的渊源关系，也看到部分动词兼有介词的功能，但如果主张取消介词的词类地位，便忽略了介词的独特语法功能。

同时，主张立介词词类的主要有曹伯韩（《语法初步》，1952）⑤、黎锦熙（《中国语法教材》，1953）⑥、张志公（《汉语语法常识》，1953）⑦等，他们都强调了"介词"作为词类的独立性。其中张志公将介词归为虚词类，他较为全面地分析了介词的语法特点，尤其比较了介词和动词的不同之处，试图解释介词作为词类的独立性。他的介词体系逐渐被人接受，并被稍后的《暂拟汉语教学语法系统》所采用。直到二十世纪五十年代以后，学者们普遍认可了介词作为汉语语法中一个独立词类的地位。

黎锦熙和刘世儒在1957年⑧的论述中，通过大量的材料帮助人们认识介词和解决介词问题。他们首先回顾了汉语介词研究的历史，分析了介词研究中的不同意见，然后指出不能将汉语的介词与西文的介词相等同，并对一般介词的语法特征进行了详细的总结。饶长溶（1960）⑨的论述虽然将介词称为副动词，并未归入虚词之列，但他的文章引导了后人从形式特征上去思考现代汉语的介词问题，并引发了人们对介词（副动词）的讨论。陆志韦、李临定、范方莲、吕继平、曹伯韩、黄盛璋和向若等人都参与到了这场讨论当中。总体来说，二十世纪五六十年代，随着近代汉语语法研究的逐渐起步，人们对介词内涵与外延的认识也逐步清晰，介词和动词、介词和连词之间的区别也被众多学者提取了出来，这些研究成果都被《暂拟汉语教学语法系统》所采纳，并加以进一步巩固和普及。但这一时期的研究还主要停留在介词使用的句法层面上，语义和语用层面较少涉及。这个阶段虽然有激烈的术语之争，但实际上介词的语法性质以及语法特点都得到了进一步的认识。

二十世纪七八十年代以后，汉语语法研究工作取得了较大的进展，汉语介词研究

---

① 赵元任. 北京口语语法 [M]. 上海：开明书店，1952.

② 高名凯. 汉语介词之真价值 [M]. 巴黎：Rodstein 书局，1940.

③ 高名凯. 汉语语法论 [M]. 上海：开明书店，1948.

④ 丁声树. 现代汉语语法讲话 [M]. 北京：商务印书馆，1961.

⑤ 曹伯韩. 语法初步 [M]. 北京：工人出版社，1952.

⑥ 黎锦熙. 中国语法教材 [M]. 北京：商务印书馆，1953.

⑦ 张志公. 汉语语法常识 [M]. 北京：中国青年出版社，1953.

⑧ 黎锦熙，刘世儒. 汉语语法教材 [M]. 北京：商务印书馆，1957.

⑨ 饶长溶. 试论副动词 [J]. 中国语文，1960（3）.

也进入了一个新的阶段。这一时期的介词研究呈现出几个主要特点。

首先，学者们依然关注介词的语法特点以及介词跟动词、连词的区分问题。饶长溶在从 1987 年到 1995 年的一系列论述中，对介词的形式特征和语法意义进行讨论，这对进一步认清介词自身的语法意义、语法特点和分布位置都有重要的意义。金昌吉（1996）[①]在自己的专著中，区分了介词的一般功能和核心功能，并提出介词在句法结构中的四项作用：连缀和标示作用、功能转化作用、句式标记作用、管约和标界作用。此外，赵淑华（1996）[②]总结了介词的形式特征和语法功能，指出介词不能带补语并强调了介词的动态变化不完全性。周小兵（1997）[③]总结了介词的五条语法特点，其中强调了介词"有的可以带'着／了／过'动态助词，有的不行"。邢福义（1997）[④]强调介词的介引作用，并把介引具体化为介入和引合两个方面。张谊生（2000）[⑤]认为介词主要有转化、引介和标记三种作用。陈昌来（2002）在《介词与介引功能》[⑥]一书中以句子的语义结构为落脚点，阐述了介词在三个平面的不同功能，该分析对后来学者的研究起到了一定的启示作用。

其次，一些学者从历时的角度来分析汉语介词的发展与演变并探寻其中的规律。这其中具有代表性的是何乐士[⑦]，她用描写语法学的方法，细致地分析和对比了春秋的《左传》和西汉的《史记》中介词的用法，通过翔实的材料，做出了多项重要的统计。此外，黄宣范、孙朝奋和张赪等引用了多种文献，分别从不同的角度探讨了介词短语历史性前移的事实和原因，由此揭示了介词词组的语序变化，以及这种变化同汉语语序由 SVO 到 SOV 的转变之间的内在联系。

此外，随着认知语言学理论和语法化理论的发展和引入，越来越多的学者开始在新的视角下关注介词的虚化过程及其动因。其中金昌吉在其专著《汉语介词和介词短语》（1996）中，利用了徐通锵先生的"结构的不平衡是变异之源"这一观点来解释动词向介词虚化的原因。齐春红、邱渊（2003）[⑧]则运用认知语言学的相似性理论来分析介词的虚化。张旺熹（2004）[⑨]立足于汉语自身特点，提出"非终结性动词"这一概念，认为语法结构上的变化要从词汇中去找寻原因。而在运用新理论方面，作为

① 金昌吉. 汉语介词和介词短语 [M]. 天津：南开大学出版社，1996.

② 赵淑华. 介词和介词分类 [M]. 北京：北京语言学院出版社，1996.

③ 周小兵. 介词的语法性质和介词研究的系统方法 [J]. 中山大学学报（社会科学版），1997（3）.

④ 邢福义. 汉语语法学 [M]. 长春：东北师范大学出版社，1997.

⑤ 张谊生，张斌. 现代汉语虚词 [M]. 上海：华东师范大学出版社，2000.

⑥ 张斌，范开泰，陈昌来. 介词与介引功能 [M]. 合肥：安徽教育出版社，2002.

⑦ 何乐士. 左传虚词研究 [M]. 北京：商务印书馆，1989.

⑧ 齐春红，邱渊. 谈动词到介词的虚化和介宾短语入句的位置 [J]. 云南师范大学学报，2003（2）.

⑨ 张旺熹. 汉语介词衍生的语义机制 [J]. 汉语学习，2004（1）.

第一个以语言类型学为视角来考察汉语介词的学者，刘丹青的《语序类型学与介词理论》（2003）是国内有关语序类型学方面的第一本重要的专题性论著。他运用语序类型学的理论和方法对汉语的介词和语序进行了全面的整理和分析，并且建立了包含前置介词、后置介词和框式介词的介词体系。他指出现代汉语语法体系不设后置词这一词类是偏指性的介词观理论，给汉语语法学带来了不必要的理论复杂性。在他看来，汉语中专门设立的"方位词"这一词类范畴以及它所对应的特殊短语"方位短语"，在跨语言的研究中属于难以沟通的特设概念，因为它会带来一系列的理论困惑。此外还有一些本来可以用"后置词"来解释的虚词因为缺少后置词这一概念而变成语法系统中的"无家可归者"。刘丹青还提出了支配介词和介词短语的四个原则（联系项居中原则、和谐原则、时间顺序原则和信息结构原则），并对它们之间的主次和相互关系做了进一步研究。

随着一些新理论的引进和新视角的采用，对于介词的研究也得到了不断的丰富和深入，在研究方法论上也呈现出多向、多维和不断更新的可喜局面。大多数学者开始将共时和历时、描写和解释有机结合起来，基于大量的语料来考察汉语介词的来源、句法、语义、语用等各方面的特点，所采用的理论也涉及认知的，类型序的等许多新兴领域。虽然近一个世纪以来，汉语介词和介词短语的研究已经取得了巨大的成就，学者们在一些与介词相关的重大理论和体系方面的问题上的看法也渐趋一致，但对介词存在和运用的理论阐释上，在介词研究的系统性等方面仍然存在很多问题。未来的学者仍需在重视和充分利用前人研究成果的基础上，拓宽视野，多向多维地对介词进行研究，使介词在研究的深度和广度上得到更好的发展。

第二节　现代汉语中的前置介词

一、汉语学界关于前置介词的研究

人类语言中附置词的主要来源有两个：一是连动式或分词结构式（participal constructions）中动词的语法化；二是领属结构式中用作核心语的关系名词的语法化。其中更为常见的是后一种，它也是人类语言介词更重要的来源。附置词究竟前置还是后置是由语序类型来决定的：与动源附置词相关的是动宾语序——动宾短语被重新分析为介词短语，VO语序成就了前置词，如汉语；OV语序成就了后置词，如日语。相对的，与名源附置词相关的是领属结构的语序——领属结构被重新分析为介词短语，NG，即"核心—领属语"语序成就了前置词，如英语、法语、泰语、斯瓦希里语；

GN，即"领属语—核心"语序则成就了后置词，如藏语和芬兰语。

在我国汉语学界，由于缺乏后置词的概念，而只有偏指前置词的介词被看作虚词，因此，对前置词的研究无论从数量还是深度上来说都超越了对后置词的研究。章士钊（1907）是第一个将介词分为"前置"和"后置"两种类型的学者。黎锦熙（1924）在《新著国文语法》中将介词分为四大类，分别是时地、因缘、方法和领摄介词。其中他将领摄介词称作"特别介词"，因为在用法上，前三类都置于所介引的词之前，所以常叫"前置介词"；唯有第四类必须置于所介引的词之后，因此将其称作"后置的介词"。高名凯（1948）也正面讨论了前、后置词的问题。他把"之、的"放到"规定关系"中，作为"规定词"，这或许是汉语学界"之／的"和前置词分家之始。后来，汉语学界关于前置词的研究还涉及了汉语的语序演变问题。从语序类型学的角度来看，介词短语语序演变的研究具有很好的研究价值。孙朝奋（1996）[①]认为，两千年来汉语语序并未发生重大改变，唯一的例外就是前置词短语由动词后向动词前的转移。很多学者，如黄宣范、何乐士、张赪等都从不同角度探讨过这一演变。大家的看法比较一致：这一演变大概在东汉至魏晋期间开始明显发展，至于演变的原因，解释仍然不一。

现代汉语介词中的前置介词也就是位置在前的虚词，是能够独立位于 NP 之前与之构成短语的介词，例如古汉语中的"于、以、自"和现代汉语中的"在、从、到、往、向、为、对、比、给、跟、被、把、用、沿着、为了、对于、关于"等。至今汉语语法学所说的介词均属此类，这些前置介词几乎全部虚化自动词，其中绝大部分仍兼有动词的用法以及动词的某些形态特征。研究前置介词形成的成果很多，比如何乐士（1992）、郭锡良（1997）、马贝加（2001）和赵日新（2001）等。研究前置词语义、句法作用方面的论著也有很多，其中金昌吉（1996）的《汉语介词和介词短语》是第一部系统研究现代汉语前置介词的专著。在他看来，在介词的核心功能与一般功能之间存在着一系列"中间状态"，正是它们导致了介词兼类问题的复杂性。介词的核心功能涵盖五个方面：介词是定位附着词；介词不能单独使用；介词短语不能单独作谓语；介词所附着的词语不能外移或省略；同一个词语上不能附着两个介词。他根据介词内部成员对这些核心功能的适应程度将介词分为了中心介词和一般介词，并将介词的句法功能概括为联缀和标示作用、功能转化作用、句式标记作用以及管约和标界作用。金昌吉对于汉语介词和介词短语某些问题的探讨是较为深入的，并且有一些有价值的发现和概括，例如：他注意到了英语中的 from outside 这样的介词连用在汉语里是不能出现的，他也指出谓语提前时介词短语可以单独接受状语修饰（如"每次发货，他都按照规定的手续"等），此外他注意到介词短语和方位短语在带否定词上具有差别，并且还点明了单双音节介词在句法功能上的差别，等等。

---

① 孙朝奋. 汉语发展史上的词序变化及其语法化 [M]. 旧金山：斯坦福大学出版社，1996.

二、前置介词的多种分类方法

汉语里的前置词都是由动词虚化而来的，前置介词往往与所带的名词、代词或者名词性词组一起组成介宾结构，用于介绍谓语动词所要表示的动作行为的时间、处所、方式、工具、对象、原因等。一般而言，汉语学界对于介词的分类是按照其功能进行的，例如，表示时间或方所的"当、从、往、趁着、沿着"等，表示方式的"以、拿、凭、本着、通过、按照"等，表示目的或原因的"为、为了、因为、由于"等，表示施事或受事的"被、叫、让、由"等，以及表示关涉对象的"和、跟、同、对、对于、关于、除了"，等等。

金昌吉的《汉语介词和介词短语》一书是一部专门研究现代汉语前置词的专著，他认为介词是可以从不同的角度，依据不同的标准来进行下位分类的。在他看来，首先介词可以根据其功能分为中心（或典型）介词和一般介词，这样分类是为了把介词内部的一些差异列举出来，便于同其他词类进行比较。中心介词是与核心功能完全相符的词，它们是现代汉语介词的中心或典型；一般介词也都具有核心功能，只在某一点上稍有游移和偏离。比如"从"能肯定和否定相叠，可以用一问一答的形式提问；"为、为了（着）"等可以在一定的条件下作谓语等。此外还有小部分介词还兼有其他词类的特性，比如"和、跟、同、与"是介词兼连词，"根据、依据、距离"是介词兼名词。金昌吉提到的介词的第二种分类方法是依据介词短语的功能来划分，主要依据的是介词带上"宾语"后充当句子成分的能力以及在句中的分布位置，这样划分是为了更好地认识介词短语的句法功能以及分布位置。第三种介词分类方法是依据介词的音节来划分，可以分为单音节介词和双音节介词两类，这样划分则是因为单、双音介词有着一系列不甚相同的语法表现。关于金昌吉对汉语前置介词的分类可以见下表 2-1 所示 [1]：

表 2-1　金昌吉关于现代汉语前置介词的分类

	中心（或典型）介词
按介词功能分类	把、被、将、自、于、以、管、叫、给、让、对于、为（wéi）、拿、关于、鉴于、由、本（着）、就、据、论、依、照、打从、自打、自从、沿（着）、当、赶、逢、通过、顺（着）、随（着）、乘（着）、趁（着）、连、距离、除（了、去）、按等
	一般介词
按介词短语的功能分类	"把""被"类，只能作状语
	"按""照"类，能作状语、句首修饰语
	"向""往"类，能作状语、句首修饰语、谓词后补语
	"跟""对"类，能作状语、句首修饰语、定语
按介词的音节分类	单音节介词和双音节介词

二十世纪八十年代末，"格语法"的观点和方法被引入国内语言学界，陈昌来根

---

[1] 金昌吉．汉语介词和介词短语 [M]．天津：南开大学出版社，1996.

据语义格理论将汉语句子语义结构的构成成分分为九大类：主事、客事、与事、补事、境事、凭事、因事、关事和比事。同时，他将相应的用于标记这些成分的前置介词分为了 8 个大类 17 个小类 [①]：

（1）主事介词；

（2）客事介词；

（3）与事介词：当事介词，共事介词；

（4）境事介词：处所介词，时间介词；

（5）凭事介词：工具介词，材料介词，方式介词，依据介词；

（6）因事介词：原因介词，目的介词；

（7）关事介词：对象介词，方面介词，范围介词，条件介词；

（8）比事介词。

不同于陈昌来将介词按照功能进行划分，刘丹青（2003）[②] 则按照前置词所构成的介词短语相对于动词的位置来进行划分。虽然大部分前置词所构成的介词短语 PP 都只能位于动词前（包括主语前），但带有如"于、以、自、在、到、向、往、给"等介词的 PP，也可以有条件地置于动词后。此外，还有极个别的前置词短语只能位于动词后，这就是前置词的后置用法，比如普通话口语中念轻声的 de，和中古汉语中曾出现的"着（著）"。因此，刘丹青的前置词体系包含动前、动后和双位前置词。

在绝大多数前置词语言，如英语、法语、俄语中，动词前后使用的是同一批前置词，介词短语的常规位置通常是在动词之后，但必要时也可以置于动词前，尤其是句首。在这些真正的前置词语言中并不存在只能用于动词前的前置词，没有类似汉语的这种限制。汉语中前置词有动前动后的分工和分化，大部分介词短语只能位于动词前，有的能用在动词后的前置词又不能置于动词前，这是汉语和这些语言的不同，它从一个角度反映出了前置词在汉语中的特殊地位和句法限制。另一个关于前置词的句法限制是一些基本前置词不能单独支配 NP，无论语义是否需要都必须和后置词（如方位词、"……似的"等）配合使用才能使整个介词短语在句法上自足，由此可见，前置词的不自足是句法性的。这些句法限制充分说明，仅前置词在汉语中是无法单独构成句法中一个自足的介词系统的。

---

① 金昌吉. 汉语介词和介词短语 [M]. 天津：南开大学出版社，1996.

② 刘丹青. 语序类型学与介词理论 [M]. 北京：商务印书馆，2003.

第三节　现代汉语中的后置介词

一、语序类型学背景下的汉语后置介词

以往的汉语介词研究主要局限于前置词国内汉语学界，对后置词的研究是很零散的。因为并没有后置介词这一概念，所以它一直被忽略，或者被冠以一些其他的名称。当时的汉语语法学研究主要以印欧语言为背景，而这些语言基本都是前置词语言。后置词其实就是位置在后的介词，能够在名词短语后与其构成一个短语。汉语中虚化了的方位词，特别是单音节方位词和带"以/之"的双音节方位词，都具有较为典型的后置词用法。

国内最早从事后置词研究的可能是余志鸿（1983）[①]，他比较注重的是阿尔泰语言对元代汉语后置词出现的影响。海外汉语学界所说的后置词所指的是"方位词"中的部分词项。吕叔湘（1965）曾在《方位词使用情况的初步考察》一文中讨论方位词并揭示了一些重要的现象，其中包括：①单音节方位词除了对举或用在少数前置词后外，主要用在名词性单位之后；②"上、里"的用例和搭配面大大超过其他词，其次是"中"，很多例子没有相对的"下、外"的用法；③很多"上、里、中"的用例和部分"下"都没有"定向性"而只有"范向性"，所以有时"上、下、中、里"等可以替换而不会改变意义；④单双音节方位词的选择跟名词的单双音节选择限制无关。

戴浩一（Tai 1973）[②]等用方位词即后置词的表述来支持他的 SOV 论，而刘凤樨（Liu 1998）[③]则以单音节方位词的性质问题来否定后置词说，此后海外汉语学者对于方位词的性质有所争议。刘丹青（2003）主张后置词存在的绝对必要性，他认为，海外汉语学界所说的后置词限于指国内所称的"方位词"中的部分词项，特别是其中的单音词。方位名词是汉语后置词的重要但并非唯一的来源。他还指出，不仅单音节方位词没有名词性，而且"以内、以外、之上、之下"这些双音节方位词也完全没有名词性，属于纯粹的后置词。文言色彩的"之"、近代的"底"和现代的"的"在介引 NP 时可以看作后置词，但它们只作定语标记。汉语中虚化了的方位词，尤其

[①] 余志鸿. 元代汉语中的后置词"行"[J]. 语文研究. 1983（3）.

[②] Tai James H-Y. Chinese as an SOV Language[J]. Papers from the Ninth Regional Meeting of the Chicago Linguistics Society. Chicago University Press, 1973.

[③] Liu Feng-hsi. A Clitic Analysis of Locative Particles"[J]. Journal of Chinese Linguistics. Chinese University Press, 1998.

是单音节方位词和带有"以/之"的双音节方位词，都具有较为典型的后置词用法。例如"上、下、前、后、中、外、里、间、旁、边、之上、之下、之前、之后、之间、以前、以后、以内、以外"等。除此以外，符合后置词属性的还有"（几周）来、以来、（下个月）起、为止、似的、一样、般"等等。刘丹青是以类型学为背景，从历时角度研究了汉语方位词向后置介词演变的情况，他指出现代汉语语法体系中缺乏后置词的概念，这容易使人误以为汉语是纯前置词语言而使得汉语类型在世界语言大环境中显得更加罕见和难以理解。而李晋霞、刘云（2006）[①]则进一步研究了方位词的语法化问题，认为方位词的语法化情况是有层次的，虚化程度是不一样的。

二、汉语后置介词的类别

虽然由于汉语的动宾结构是 VO 语序，领属结构是 GN 语序，所以理论上来讲前置词应该都是动源介词，而后置词应该都是名源介词，然而通过实际考察，事实并非完全如此。汉语的前置词的确以动词来源为主，但是后置词的情况却较为复杂，既有名词来源的方位后置词，也有其他名词来源的词，如"的话"；有动源的，像"来、去、起见、来说、来讲、起、开始、为止"等词；也有副源的，如"（跟/和/同……）一起/一道、（比……）更、（比……）来得"等；还有助词来源的，如"（像……）一般/一样"，甚至有来源于连词的，如"而"和"以"，例如：

（1）为了自己的利益起见，人类应当控制自然。

这种温暖，对于独自飘零于异乡的人来说，尤为重要。

从昨天开始，他就闷闷不乐了。

到现在为止，他们还企图钻我们的空子。

因为没有什么能比我看到你的成就更让我愉快。

你们要发扬成绩，保持荣誉，同天津人民一道把天津建设得更加美丽。

我像做贼一样匆匆读了一遍，重又照原样放好。

我们是为了生活而学习，还是为了学习而生活？

先谈谈用事实材料以印证和发挥理论观点。

"起、开始、为止"本来就是动词，"来说、来讲"在《现代汉语词典》中还没有作为词条收录，但它们在意义上和结构上都具备了成词的特点，与动词"说、讲"有很大的不同，俞士汶主编的《现代汉语语法信息词典》把它们归入了助词。

后置词的数量肯定不如前置词多，所能标记的题元种类也少，部分后置词还只能充当黏合剂的作用，不能充当题元标记。汉语后置词从大的来源上来讲，如果要细分，主要由上述几大类别组成：名源后置词、动源后置词、副源后置词、助词来源后置词

[①] 李晋霞，刘云. 从概念域看单音方位词语法化的非匀质性 [J]. 语言科学，2006（4）.

和连词来源后置词，由于后面几种较之前两种后置词数量较少且比较分散，以下就仅从名源后置词和非名源后置词这两大角度来加以讨论。

（一）名源后置词

在汉语语言学中，名源后置词本身是个陌生的概念。从来源上来说，它们多发生于汉语的 GN 结构（领属语＋关系名词）。经过语法化，原来充当核心的 N 被重新分析为了介词（在汉语中是后置词，而在其他领属定语后置的语言中就是前置词），而之前的领属定语则被重新分析为了介词的宾语。除了汉语以外，还有不少其他语言，如斯瓦希里语等，介词中往往含有领属标记，就是与这个来源有关。最容易虚化为介词的关系名词是表示空间位置、身体部位和部件名称的名词。

汉语后置词最重要的来源之一就是方位名词，虽然在方位词是否是名词这一议题上一直以来都有争论，但无论如何，大家都认可方位词在句法上与名词有着重要区别，主要是跟前面的名词或名词短语一起构成方位结构或方位短语。方经明（2004）曾系统考察汉语里的方位成分在形式、语义及功能上的内部差异，以及它们各自的语法化特点。他指出，在古汉语中方位成分大都作名词使用，而到了现代汉语这些名词性的成分已逐步分化为方位构词成分和方位词汇成分。这表明其中一部分已经失去了独立成词的功能，而其余的方位词汇成分又再细分为方位名词、方向词、方位区别词和方位词。他所提到的方位成分包含下面几组：[①]

a. 东／南／西／北，前／后，左／右，上／下，里（中／内）／外，中，间，旁，边

b. 之＋前（后，上，下，中，内，间，外）

以＋东（南，西，北，前，后，上，下，内，外）

c. 东（南，西，北，前，后，左，右，上，下，里，外）＋边（面）

东（南，西，北，前，后，上，下，里，外）＋头

d. 面前，跟前，头里，背后，底下，中间，当中，内中，旁边

e. 前后，左右，上下

关于这个分类是否能被统称为方位词，不同学者也发表了不同看法。例如 a 组词除"中／间／旁／边"外，其余都既可前置又可后置。丁声树（1961）[②]认可它们都能被视为方位词，而赵元任（1968）[③]认为前置的就不属于方位词范畴。此外，胡附、文炼（2000）[④]以及张谊生（2000）都认为只有后置黏着的 a，b，e 组才是方位词。而刘丹青（2003）所说的方位后置词主要指的是 a，b 组词。

---

① 方经明. 现代汉语方位成分的分化和语法化 [J]. 世界汉语教学，2004（2）.

② 丁声树，吕叔湘，等. 现代汉语语法讲话 [M]. 北京：商务印书馆，1961.

③ 赵元任. 汉语口语语法 [M]. 北京：商务印书馆，1968.

④ 胡附，文炼. 词类划分中的几个问题 [J]. 中国语文，2000（4）.

除了对方位词的涵盖范畴意见不一以外，关于它的词类地位也存在着不少争议。有的学者将它视为名词的次类，如丁声树（1961）、胡裕树（1980—1982）[①]、范晓（2001）[②]，以及刘月华等（2001）[③]；有的也将它视为名词的附类，是一种具有虚词性的实词，如张志公（1957）[④]以及胡附、文炼（2000）；有的将它与名词、处所词、时间词、区别词并列为体词的一类，如赵元任（1968）、朱德熙（1982）[⑤]；有的同样认为方位词和名词地位并列，但不同的是将其与处所词和时间词一起并称为位置词，如郭锐（2002）[⑥]；有部分学者将方位词直接归入虚词，如钱乃荣（1990）[⑦]、吕冀平（2000）[⑧]和张谊生（2000）；有学者认为汉语的后置方位词只是一种附缀（clitic），如 Liu（1998）；有的学者认为方位词完全可以自成一类，如储泽祥；还有部分学者受到西方语言学，尤其是语言类型学的影响，认为它们本来属于名词范畴，经过语法化以后成了方位后置词，和方位前置词一起都归入介词类，如刘丹青（2003）。

方所后置词又可以分为方位后置词和处所后置词两类。储泽祥（2010）[⑨]在《汉语空间短语研究》中指出，后置方位词是方位词后置使用时的临时聚合，不能算作一种词类。他将后置使用的方位词称作"后置方位词"而不是"方位后置词"。他认为方位词总共有 34 个，可以分为两类：

A.通常后置的：包括"上、下、前、后、里、内、外、中、东、西、南、北、旁、左、右"等 15 个单音节的，其中"左、右"的后置能力较弱。另外"边"和"间"不被看作方位词。

B.只能后置的：包括"之上、之下、之东、之西、之南、之北、之外、之内、之中、之间、以远、以尽、以内、以外、以东、以西、以南、以北、以来"这 19 个双音节的，也叫复合方位词。

储泽祥进一步指出，后置方位词是指位置固定居后的方位词。狭义的后置方位词只包括 B 类只能置于后的 19 个方位词，而广义的后置方位词包括 A 和 B 两类。但 A 类方位词只在后置时才算作后置方位词，因为 A 类方位词后置使用的频率很高，B 类的使用率相对低很多，所以我们平时所说的后置方位词恰恰是指后置使用时的 A 类方位词。

---

① 胡裕树. 现代汉语参考资料 [M]. 上海：上海教育出版社，1982.

② 范晓. 现代汉语名词及其再分类 [J]. 语文论丛，2001（7）.

③ 刘月华. 实用现代汉语语法 [M]. 北京：商务印书馆，2001.

④ 张志公. 关于暂拟的汉语教学语法系统问题 [J]. 语文学习，1957（11）.

⑤ 朱德熙. 语法讲义 [M]. 北京：商务印书馆，1982.

⑥ 郭锐. 现代汉语词类研究 [M]. 北京：商务印书馆，2002.

⑦ 钱乃荣. 现代汉语 [M]. 北京：高等教育出版社，1990.

⑧ 吕冀平. 汉语语法基础 [M]. 北京：商务印书馆，2000.

⑨ 储泽祥. 汉语空间短语研究 [M]. 北京：北京大学出版社，2010.

除了这些单音节和双音节方位词以外，还有三音节方位词（如"左上方""右下角"）和四音节方位词（如"前后左右"）。胡裕树认为，除单音节以外的方位词都是"合成方位词"。朱德熙（1982）指出，单纯方位词，如"上、下、前、后、里、外、内、中、左、右、东、西、南、北"等后面如果加上"边（儿）、面（儿）、头（儿）"等后缀就成为合成方位词。但"内"和"中"不能加"边、面、头"。由"中"造成的合成方位词有"中间儿、当中"；由"后"造成的合成方位词还有"背后"；除此以外还有一个合成方位词"当间儿"。在方所性介词短语中，后置词的句法强制性是大于前置词的，这就是为什么前置词往往可以隐去，而后置词在多数情况下必须出现的原因。

就分类方法来讲，储泽祥所采用的分类其实是和刘丹青的观点不谋而合的。在方经明提到的分类当中，刘丹青认可的是 a、b 类为方位后置词，与前置词一起归入汉语介词类，这与储泽祥所归纳的方位词是一致的。然而关于方位词的性质，储和刘的看法则截然不同，甚至采用的术语也不相同，刘称为"方位后置词"，而储则称"后置方位词"。刘将方位词看作是后置介词，并可以同前置词一起组成框式介词，这也是本书所持有的观点。但储认为后置方位词的作用与前置介词有着本质的区别，其主要语义功能是"范畴方所化"。它们只是一种临时的、动态的聚合，不能看作是一种次类，也不能看作将处所成分介绍给中心动词的后置介词，而只对它所附着的名词性成分起作用，自然也就不是框式介词的组成部分。理由是"在 X 上 / 里"这个结构中，"X 上 / 里"是一个整体，"上 / 里"是这个整体的内部标记，只对名词 X 起到修饰作用。"在"和"上 / 里"所处的层面不一样，如果 X 自身就可以表示处所，那么"上 / 里"是可以不出现的。"从语义、语法功能看，狭义的汉语后置方位词自成一类是没有问题的，它有附缀性质，是可以使范畴方所化的处所标记。"[①]

除了上述方位后置词之外，还有部分带"的"或者"之"的名词性短语也能够充当后置词，比如"当 / 趁……的时候、借……之际、在……的同时"中的"的时候""之际"和"的同时"等，例如：

（2）太阳已经趁人们不注意的时候，躲到山背后去了。

（3）在取得成绩的同时，我们的工作中也存在着一些值得注意的问题。

（4）后来，他俩看见森林的枯木倒树上，生着一丛丛的蘑菇，木耳，便常常借伙伴们吃饭之际，去采摘这些森林的特产。

刘丹青（2003）还指出，用在指人 NP 后的"这儿 / 那儿"等处所代词开始向处所后置词虚化。书面语中的"处"前面可带各种性质的单位构成处所题元，而且不带"的"（在张先生 * 处），也接近处所后置词。对方所性介词短语来说，后置词的句

---

① 储泽祥. 汉语空间短语研究 [M]. 北京大学出版社，2010.

法强制性大于前置词。前置词通常可省略，而后置词在许多情况下不能省。

（二）非名源后置词

非名源后置词主要由动源后置词构成，除此之外还有极少的其他来源，如副词来源的后置词。它们各自有不同的来源并担任着不同的语法功能，根据这些差异，这里将非名源后置词细分为以下几种类型：

1.言说义后置词。这类后置词来源于言语义动词，它们有"来说、来讲、而言、而论、（来）讲、将来"等。

2.被动义后置词。这类后置词来源于给予义动词，例如"被……给"中的"给"。

3.起讫义后置词。这类后置词来源于言语义动词，它们有"起、来、以来、为止"。

4.目的／动机义后置词。这类后置词来源于思考义动词，例如"起见"。

5.比较／比喻义后置词。这类后置词或来源于比况助词，例如"似的、一样、一般"；或来源于比较义副词"要、更"或副词词组"来得"，如"比……要／更／来得"中的"要、更、来得"。

6.跟随义后置词。这类后置词来源于协同义副词，例如"跟……一起"中的"一起"。

7.连接义后置词。这类后置词或来源于趋向动词，例如"来、去"；或来源于并列义连词如"而"；或来源于目的义连词"以"。

前四类后置词都是动词来源，后面三类来源稍复杂。最后这类连接义后置词比较特殊，首先它们来源不同，其次它们基本不具有词汇意义，只是在前置词短语和动词核心之间起连接作用，和前置词构成临时性框式介词。也就是说，它们只连接，不标示题元，句法上基本都能省去，但在话语中的出现频率可以很高。例如古汉语或现代汉语书面语中的"以……以""因……以""以……而""及……而""由……而"等框式介词中的后一部分；普通话中的"用……来""通过……去"中的"来／去"。在句法上这些后置词本来更靠拢后面的动词，但由于经常在介词短语后，经过重新分析才成为后置词（用……|来 V→用……来|V）。《现代汉语词典》对"来"的释义是："用在动词结构（或介词结构）之间，表示前者是方法、方向或态度，后者是目的"；对"而"的释义是："把表示事件或方式的成分连接到动词上面"，例如：

（5）他随即脱下外套来挡住自己的脸。

你又能拿什么来回报你的父母呢？

挺身而出

盘旋而上

方位词仅仅是后置词的重要来源，但绝非唯一来源。有一些后置词只是起到黏合剂的作用，并没有实在意义，也不能用作题元标记。但总的来说，无论是名源后置词还是动源以及其他来源的后置词，本来都是要凸显的核心成分。由于在特定的句法环

境中这种核心地位发生了动摇，因此经历了去前景化的过程。它们逐渐由前景转化为背景，成分本身的性质也随之发生了改变，由名词或动词或副词重新分析成了后置词。在刘丹青看来，"对……来说""把……给""跟……一起""为了……起见"和"比……来得"等框式介词中后面的部分可以被称为辅助性框式介词。原因是这些词虽然本身具有一定意义，但除了跟前面的前置词搭配组成框式介词之外，不能单独用作题元标记。并且这类后置词大多是用于修饰后面动词的，是通过语法化的重新分析以后才变成了框式介词的一部分，如"跟他|一起上班"在语法化以后成了"跟他一起|上班"。

当然，不同后置词所经历的重新分析的情形也是各不相同的。例如，表范围义的动源后置词"来说、来讲、而言、而论"来源于以动词为核心的状中（偏正）结构，"说、讲、言、论"本是结构的核心，表示"论及"。前面出现的是表示范围的题元，而并非言说的具体内容，因此它们具有赋予其他动词简介题元的作用，这些赋元动词（role-assigning verbs）逐渐虚化，与前面的"来"和"而"这样的状中（偏正）结构重新分析为表示范围义的后置词。

又如，表起点终点义的动源后置词"起、止"作为动词使用时是开始和截止的意思，它本身具有赋予相关名词以处所题元的作用，当它们所在的句法结构处于背景位置的时候，它们就逐渐虚化为后置词。再如，目的义动源后置词"起见"，它作为动词本身并无赋元作用，但它虚化为表目的的后置词是吸收的语境的意义。从这个角度来说，它与其他动源后置词及名源后置词的形成机制都有不同。

现代汉语中的后置词如同前置词一样，也无法单独形成一个自足的介词系统。其原因除了题元种类不完整外，后置词也有自己的句法限制。

汉语后置词的分类可以总结在下面的表格中：

表 2-2　现代汉语中的后置词

名源后置词	方所类	单音节的："上、下、前、后、里、内、外、中、东、西、南、北、旁、左、右"等
		双音节的："之上、之下、之东、之西、之南、之北、之外、之内、之中、之间、以远、以尽、以内、以外、以东、以西、以南、以北、以来"；"上、下、前、后、里、外、内、中、左、右、东、西、南、北"等后面加上"边、面、头"等后缀所成就的合成方位词；"中间、当中、背后、当间、正中、跟前、开外"等
		多音节的：如"左上方、右下角、前后左右"等
	其他类别	部分带"的"或者"之"的名词性短语，比如"当/趁……的时候、借……之际、在……的同时"中的"的时候""之际"和"的同时"
		用在指人 NP 后的"这儿/那儿"等处所代词
		书面语中的"处"，前面不带"的"

续表

非名源后置词	言说义后置词。来源于言语义动词，有"来说、来讲、而言、而论、（来）讲、讲来"等
	被动义后置词。来源于给予义动词，如"被……给"中的"给"
	起讫义后置词。来源于言语义动词，有"起、来、以来、为止"
	目的／动机义后置词。来源于思考义动词，如"起见"
	比较／比喻义后置词。或来源于比况助词，如"似的、一样"；或来源于比较义副词"要"或副词词组"来得"，如"比……要／来得"中的"要、来得"
	跟随义后置词。来源于协同义副词，如"跟……一起"中的"一起"
	连接义后置词。或来源于趋向动词，如"来、去"；或来源于并列义连词如"而"；或来源于目的义连词"以"

第三章　现代汉语中框式介词的定义和基本类型

第一节　关于框式介词界定和分类的两种不同观点

框式介词指的是由前、后置词共同构成、使它们所支配的成分夹在中间的一种介词类型。这个概念是由当代类型学的创始人 Greenberg（1995）在研究闪语族和伊朗语族部分语言的语序类型演变时所提出的。汉语里的框式介词现象早已存在，它起源于先秦时期，经过了中古和近代的发展，到了现代已经具有相当的规模。虽然框式介词这一概念在汉语学界一直空缺，但学者们仍然注意到了一些与之有关的特殊现象。与英语的介词相比，现代汉语介词的类别很不同。因为英语中没有方位词，作为前置词的介词不能像汉语前置介词一样和方位后置词搭配使用。而且汉语中的前置介词除了可以和方位后置词搭配以外，还可以跟名词、连词、助词、动词等构成种种固定格式。例如，在现代汉语中，"前置词＋名词短语＋方位词"的结构比比皆是，并且结构中的方位词往往具有句法强制性：

在……下：他在很困难的条件下写完了毕业论文。

从……起：从每年的三月份起，松花江江面上的冰层开始解冻。

到……为止：我就是要一直告到你还给我公道为止。

对于……来说：这对于任何一个部门来说都是很难的事情。

除了……之外：除了守校的老人之外，连做饭的师傅也回老家去了。

为了……起见：为了安全起见，给汽车降温成了司机们夏季行车必不可少的工作。

在翻译一些英语前置词或前置词短语的时候，是无法用"前置词＋名词短语"来翻译的，而必须添加适当的后置词，例如：

On——在……上

At——在……的时候

In——在……里面

Besides——除了……以外

Learn perseverance from his experience——从他的经历中学会坚持不懈

Under the leadership of the president——在总统的领导下

上述现象在一些语法论著中有所提及，比如吕叔湘在《现代汉语八百词》中指出"别的语言里的'介+名'短语，汉语里一般用'介+名+方'来说。"储泽祥（1997）[①]也曾提道："比较英语及藏缅语诸语言，现代汉语方所最突出的特点是与介词的结合问题。汉语方所的表达，不一定完全依赖介词，但印欧语里的英语、汉藏语系里的许多语言，脱离了介词或（结构）助词，根本就谈不上什么方所。"其实现代汉语中的这些固定格式就是框式介词，它们通常由前置词和后置词临时配合构成，多半不属于固定词项。它们是汉语中的一种句法概念，而不是词类概念。汉语介词类型学中，框式介词现象是最突出的一项特征，前置词和后置词本身各自受到句法限制，但在它们组合称为框式介词后，句法上就变得自足，且不再受限。

一、刘丹青对框式介词的分类

关于框式介词的分类，学者们提出了各自不同的看法。其中，对汉语框式介词有深入研究的刘丹青（2003）从句法特点的角度将框式介词分为了四类[②]：

第一类是双重赋元框式介词。在该类别中前、后两个标记都能够赋予题元，因此造成语义冗余，其中至少一方在一定的句法条件下可以省略。这一类框式介词因为前后置词的搭配广泛且数量庞大。隶属于这个类别的有：方所类前置词和方所类后置词的结合，如"在……上"；表示起讫的"从……起""到……为止"等；表比较或比喻的"跟/像……一样/似的"；表动机的"为了……起见"等。

第二类是词汇性框式介词。由于该类别的后置词具有固定的题元意义但不能单独介引题元，因此这类框式介词可以看作固定的词项。虽然其前置词部分可以单独使用，但其意义不同于框式介词整体的意义。属于这个类别的有：表示言说义的"对……来说"和"就……而言"等。

第三类是强化式框式介词。该类别由前置词短语带一个副词成分构成，其中前置词是题元标记，后置词本身不能标记题元，只是修饰后面动词用来强化有关题元的意义，有时可以省略而不影响题元意义。属于这个类别的有：表示比较的"比……来得/要/更"、表示被动的"为……所"以及表示连同的"跟……一起"等。

第四类是连接式框式介词。该类别是四种框式介词中结构最松散的一种，由前置词短语带一个连接性成分构成。属于这个类别的有：表示工具的"用/拿……来"和表示方式的"通过……去"等，另外也包含古汉语及现代书面语中的"以……以""因/以/及/由/为……而"等。

最早注意并提出框式介词这一语言现象的是 Greenberg，开始他称之为框缀

[①] 储泽祥．现代汉语方所系统研究［M］．武汉：华中师范大学出版社，1997.

[②] 刘丹青．语序类型学与介词理论［M］．北京：商务印书馆，2003.

（circumfix），之后在其（1995）一文中改称"框式介词"（circumposition）。刘丹青认为对于具有介词作用的虚词来说，后一种叫法更加贴切，因此他也选用了"框式介词"这个术语。刘丹青关于汉语框式介词的上述分类的主要依据是这些框式介词的句法特点。他认为框式介词并不是汉语中的一种词类概念，而应该只是一种句法概念。前置词和后置词往往临时搭配构成框式介词，因此并不能算作固定的词项。

二、陈昌来对框式介词的分类

陈昌来分别从句法、语义和语用这三个平面系统地考察了介词在前、其他词语在后、介词所介引的对象被置于其中的结构，他将之称为"框架"。由于这种框架是以介词为标志，因此又称为"介词框架"，也就是我们说的"框式介词"。他除了考察不同类型的介词框架的句法功能、语义特征和语用价值，还分析了框架中前置词和后置词的隐现等问题。陈昌来也认为介词框架并非词汇概念，而只是一种句法层面上的概念。它是一种词与词的组合。与刘丹青侧重从框式介词的句法特征来划分不同，陈昌来根据介词框架后部词语的情况将介词框架同样分为了四类（2002）[①]：

第一类是介词与方位词构成的介词框架。单音节和双音节方位词都可以跟介词构成介词框架，其中有的方位词是需要强制显现的，而有的则句法上更加自由。属于这个类别的有下列结构：

除 / 除了 / 除开 / 除却 / 除掉……以外 / 外 / 而外 / 之外

从……起 / 以后 / 以来

从……上 / 中 / 下 / 里

打……起 / 以来 / 以后

当……以前 / 之前 / 以后 / 之后

由……中 / 里 / 上

于……而外 / 之中 / 之外

在……之前 / 之后 / 同时 / 里 / 中 / 上 / 内 / 下 / 之间 / 之外 / 而外 / 外 / 以内

自 / 自从 / 自打……起 / 以后 / 以来

第二类是介词与名词性词语构成的介词框架。名词性词语如"时、时候 / 的时候、期间、方面"等可以跟介词构成介词框架。这种框架绝大部分情况下表示时间，它们本身还是介词短语，功能上还是加词性短语。属于这个类别的结构有：

待 / 等 / 等到 / 待到 / 到……时 / 的时候

当……的时候 / 时 / 之际

在……的时候 / 时 / 同时 / 期间 / 方面

---

① 张斌，范开泰，陈昌来 . 介词与介引功能 [M]. 合肥：安徽教育出版社，2002.

第三类是介词与连词、动词、介词构成的介词框架。除了方位词和名词性词语外，连词"而"、动词和介词"到、往、向"都可以跟部分介词构成介词框架。属于这个类别的结构包括：

自……到 / 向 / 往

自从 / 自打……到……

为……而

连……带

第四类是介词与准助词构成的介词框架。部分"准助词"可以跟特定的前置介词搭配构成介词框架，比如前置词"按、据、依、依着、对、对于、就、论、拿、在、作为"等可以跟"说、来说、说来、看、看来、来看、讲、来讲、想来、起见"等相搭配，往往介引的对象是事理、清理、话题范围、施事或主体、目的等。从层次上来看，这类介词框架是准助词后附于介词短语，也就是介词跟其介引的对象组合成介词短语之后再附着准助词。后附的准助词大多可以自由省去，并且介词框架的后部即准助词不能单独跟介词的介引对象组合搭配。属于这个类别的常见介词框架有：

按 / 按着 / 按照……说 / 讲 / 来说 / 说来 / 来讲 / 来看 / 看来

对 / 对于……来说 / 说来 / 来讲

就……说 / 来说 / 而言 / 看 / 来看

据……说 / 说来 / 看 / 看来 / 来看 / 来说 / 传 / 讲 / 来讲 / 云 / 称

论……来 / 说

论起……来

拿……来说 / 来讲 / 来看

为 / 为了 / 为着……起见

依……说 / 来说 / 看 / 来看 / 想来

在……看来 / 来说

照……说 / 看

作为……来说 / 来讲

综合考量刘丹青和陈昌来二位学者对"框式介词"概念的定义以及分类，不难发现，他们所采用的术语"框式介词"和"介词框架"，无论从名称上，还是其关注的焦点上，都是很不一样的。"框式介词"是依照结构的主要句法特征和功能把它看作是介词性的，然后依据它的形态特点把它看作是框式的。在语言类型学的支撑下，"框式介词"更加关注的是各种语言中此类框架的形成、框架的整体功能和题元功能。而"介词框架"从形态的角度是被看作一个中间要容纳其他成分的框架，它的句法功能相当于介词，它更关注框架的后部、框架的句法语义、框架的介引对象及其语义关系。除了分类以外，两位学者对于框式介词的来源也有不同意见。陈昌来的看法是，汉语的介词框架是汉语介词发展过程中的产物，介词框架在古代汉语，尤其是上古汉语中是没有的。随着介词的发展，直到中古汉语、近代汉语中才逐步出现了介词框架。而刘丹青却认为，先秦时期就已有了框式介词的存在，并且它在中古、近代都得到了发展。中古及近代汉语的演变使得汉语介词短语的语序也发生巨大变化，由居于动词后为主演变为居于动词前为主，直接结果就是汉语的介词不再位于联系项所倾向占据的中介位置。这明显违背了"联系项居中原则"，从而才促使连词、方位词、名词等一些词语发展出了后置词的用法，并与介词一起构成了"前置词＋介引成分＋后置词"的结构。

在当代语序类型学中，介词的语序类型占有举足轻重的位置，因为介词类型比其他结构的语序更具有从一种结构预测另一种结构语序的类型学预测力。语序类型学奠基人 Greenberg（1963）的里程碑式论文《某些主要跟语序有关的语法普遍现象》就是围绕语序问题展开的，他也将语序问题提到语言学的显著位置，其中介词的语序类型，即前置词和后置词问题，也被赋予了重要句法意义。从语序类型学的角度来探讨汉语框式介词的形成原因，语法化过程以及句法、语义、语用各方面特征等具体问题，需要从前后置词的发生发展以及位置演变等方面来考虑，因此采用"框式介词"这一术语更能有助于深入探究这些相关问题。在框式介词的分类问题上，以后置词的分类为参考，便于弄清后置词在构成框式介词时所起的作用，也便于分析由位置移动引起的虚化过程，以及特殊隐现情况发生时的具体原因。

三、后置词的重要地位及本研究分类理由

语言学研究发现，语言的形态并不具备普遍性，它最终是为句法服务，因为某些体现语法范畴的句法是具有普遍意义的。语言类型学通过跨语言的取样考察这些句法在不同语言、不同方言，抑或同种语言在不同时间阶段的表现和分布情况，验证这些句法结构存在于何种语言。研究中模糊了语言的谱系分类，只注重与句法有关的语言要素，将语言的分类和对共性的总结放在重要的语言要素上，这些要素也就是语言参项。

在 Greenberg 对语序共性的研究中，所有 45 条共性中他最关注的是句式中基本成分的语序，共占据了 15 条，其次就是附置词，共占据 7 条。根据这些参详他将自己所观察到的三十多种语言归结为了六种类型，而其中只有三种作为优势语序出现，即 VSO、SVO 和 SOV 语序。除了 S、V 和 O 之间的语序之外，在 Greenberg 总结的 45 条语序共性中，附置词排在了第二重要的位置，它和语序类型一起构成了语言类型学研究中最重要的两个参项，这说明附置词在语序类型中的重要性已被充分认识到了。

　　语言类型学认为，附置词（adposition）所指的是一般意义上的介词，它既包括前置介词（preposition），也包括后置介词（postposition）。Comrie（1981）认为附置词是前置还是后置，跟语序类型有直接的关系。类型学和语法化的研究都显示，人类语言中的附置词的语法化主要有两个来源：其一是跟动宾语序有关，连动式或者分词结构式（participal constructions）中的动词，即 V-adposition，动宾短语经过重新分析成为介词短语，VO 语序促成前置词，如汉语，OV 语序促成后置词，如日语。其二是跟领属结构的语序有关，即 N-adposition，领属结构经过重新分析成为介词短语，NG（核心—领属语）促成前置词，如英语、法语、泰语、斯瓦希里语等，GN（领属语—核心）则促成后置词，如藏语、芬兰语、土耳其语、匈牙利语等。两种相比较而言后一种来源更为常见，是人类语言介词的主要源头。

　　根据 Greenberg 对语言语序共性的基本描述以及现代汉语的普遍语法特征之间的比对，可以得出结论，汉语是以 SVO 为优势语序的，属于前置词语言。然而如果将汉语和其他 SVO 语序相关的参项进行比对，会发现汉语表现出了相当的复杂性，很多语法现象是与 SVO 语序不和谐的。这种不和谐性体现在多个方面，例如 Greenberg 的共性原则 2 认为"使用前置词的语言中，领属语几乎总是后置于中心名词，而使用后置词的语言中，领属语几乎总是前置于中心名词"，然而汉语属于前置词语言，使用前置词，领属语却总是前置于中心名词，如"她的梦"。又如共性原则 9 提到"当疑问句助词或词缀相对于整个句子有专用的位置时，以远超出偶然的频率显示，位于句首时，该语言是前置词语言，位于句末时，该语言是后置词语言"，按照这一原则，作为前置词语言的汉语里的疑问助词理应位于句首，然而汉语的疑问助词"吗"却赫然位于句末。再如共性原则 22 认为"当差比句的唯一语序或语序之一是'基准—比较标记—形容词'时，该语言为后置词语言；如果唯一语序是'形容词—比较标记—基准'时，大于偶然性的绝对优势可能是该语言为前置词语言"，众所周知汉语的差比句语序是"比较标记—基准—形容词"，如"比你高"，比较标记位于形容词前，很矛盾地具有后置词语言的特征。从以上特点可以看出，在对于框式介词做出界定和分类时，不能将汉语简单地视为 SVO 语序的前置词语言，也不能片面地将研究仅仅单限于对前置词的分析。

　　对于汉语而言，动宾结构式 VO 语序，领属结构式 GN 语序，按理前置词应当为动源介词，而后置词应该是名源介词，然而实际情况并非如此。汉语的后置词，除了名源的如"上""中""下""的时候""的期间"等之外，也有相当一部分是动源的，如"来说""来讲""起见""似的""起""为止"等等。正是这些后置词分别同"在、从、到、对、像"等前置词相配合，构成了框式介词，表达时间、空间、目的、范围、比喻等不同的语法意义。除了这些动源后置词之外，汉语还有很多名源后置词，它们主要表示假设、方位等意义，两类后置词在功能上有着不同的分工，这也是它们得以共存的前提。

汉语中的前置词相对于后置词来说，来源更为单一，无论是出现最早的"于"和"以"，还是现代汉语中的其他前置词，几乎都来源于动词。这些由动词虚化而来的前置词，在渐进的语法化过程中，往往都是经历了三个的相似的阶段。首先是普通动词阶段，这时即将虚化的动词往往与另一动词一起出现在连动句当中，由于汉语倾向于把新信息置于句末，因此后一个动词往往逐渐成为句子的中心，而位置在前的会因为其次要语法地位而发生虚化。其次是经常或只出现在次要动词位置的阶段，此时该动词的实在义素小时，且与另一动词之间的相互制约也在退化。再次就是退化掉普通动词的语法特征、句法位置基本固定而转化为介词的阶段。

汉语的前置词的确以动词来源为主，但是后置词的情况却较为复杂，既有名词来源的方位后置词，也有其他名词来源的词，如"的话"；有动源的，像"来、去、起见、来说、来讲、起、开始、为止"等词；也有副源的，如"（跟/和/同……）一起/一道、（比……）更、（比……）来得"等；还有助词来源的，如"（像……）一般/一样"，甚至有来源于连词的，如"而"和"以"。根据后置词语法化的过程和特点可以得出结论，无论什么来源的后置词，都需要经历去前景化的过程。也就是说在特定的句法环境中，本身作为核心成分的词语地位发生了动摇，从前景转化为了背景，成分性质也由此改变，从名词、动词、助词等成分重新分析为了后置词。汉语方位后置词的虚化是汉语语序演变的结果，具体而言，是由于表处所的介词短语逐渐从动词后转移至了动词前。处所词的不断丰富以及方位短语的发展为汉语方位后置词的语法化起到了非常大的推动作用。同时，汉语方位后置词的语法化程度具有很大的不均衡性，这除了体现在各类方位成分虚化过程中的差异，还反映在各个方位后置词的虚化程度也不相同这一层面。正因为现代汉语后置词有着相对更复杂的来源，本研究按照其源头的不同，先分为名源后置词以及非名源后置词。名源后置词主要由方位名词构成，而非名源后置词中，根据它们不同的来源及语法功能的差异，将其划分为了言说义、被动义、起讫义、目的/动机义、比较/比喻义、跟随义以及连接义共七种类别。

综上所述，本书认为，由于汉语并非典型的前置词语言，并且后置词在历时发展过程中有着比前置词更为复杂的来源和演变过程，这种演变过程能更好地阐述说明联系项原则在框式介词的形成过程中所起到的重要作用，也能更好地体现汉语介词语序由动词后往动词前发展的历时趋势，因此在对框式介词的类型进行划分时，采用后置词作为基本参项来进行划分，具有一定的指导意义。

第二节　由前置词和名源后置词构成的框式介词

一、方所类框式介词

所谓方所类框式介词，顾名思义，就是由前置词与方位后置词搭配所构成的框式介词。这类框式介词大多置于句首或句中作状语，亦可置于句末作补语。无论它处于怎样的位置，通常都起到修饰和限定的作用。方所类框式介词是所有类别的框式介词中数量最多，组合形式也最自由的一类。能够与方位后置词搭配的前置词数量很多，包含"在、从、自、自从、自从到、除、除了、到、到了、由、于、就、往、当、等到、直到"等等，可以根据这些前置词的类别和意义将此类框式介词主要划分为以下几类：

（一）"在"类框式介词

"在"类框式介词包含"在……里/上/下/中/外/内/之外/以外/以内/以下/之间/之前/之后/之中/之下/同时"等。"在"是现代汉语中使用频率最高，虚化得很早的一个前置介词。它所处的位置十分灵活，与别的词或词组构成的介词短语既可以位于句首，也可以位于主、谓之间，还可以位于谓语后。"在"在先秦时就已处于萌生过程，《诗经》中用作介词的"在"有 10 余例，表示施事的动作行为或持续状态的处所，位于动词前；《论语》中用作介词的"在"有 7 例，表示所在，均位于动词前。例如：

（1）在泮献功。（《诗经·泮水》）

（2）在邦无怨，在家无怨。（《论语·颜渊》）

（3）子在川上曰："逝者如斯夫！不舍昼夜。"（《论语·子罕》）

（4）子在齐闻《韶》，三月不知肉味。（《论语·述而》）

"在"位于动词之后，引进动作的归结点如"越在草莽"，或引进滞留的场所如"附在我身"，也有少数"在+场所"位于动词后的句子，如：

（5）亡人不佞，失守社稷，越在草莽，吾子无所辱君命。（《左传·昭公二十年》）

（6）衣服附在吾身，我知而慎之。（《左传·襄公三十一年》）

（7）王出，在应门之内。（《尚书·康王之诰》）

《诗经·小雅·鱼藻》里也有"鱼在在藻，依于其蒲"的诗句。大家普遍认为第一个"在"是动词，第二个"在"是介词。在《左传》《国语》中也是动词用法占多数，如此动介／虚实并存的情形一直持续到了现代汉语当中。介词"在"在现代汉语中主要有以下几类用法：

1. 表时间

前置介词"在"表示的时间是某一比较确定或带有模糊性的"点"，如：

（8）小王在去年就通过了毕业论文答辩。

（9）他的研究成果，在今天以至今后，都会从生产实践和科学实验中长久地放出光彩。（时间点模糊）

2. 表处所

前置介词"在"表处所时表示的地点、处所相对固定。后面被修饰限制的动作或行为往往发生在某一平面或空间内，有处所范围感或局限感。如：

（10）秦教授退休以后就在家里搞翻译。

（11）我家住水电二局，就在林荫街那儿。（范围局限感）

3. 表方位

"在"作为介词，虽无实在语义，但它具有涵盖意义，即某种"定位性"，它表方位时表示方向方位比较固定或相对固定。如：

（12）在他的身后是一片郁郁葱葱的树林。

（13）一架银色的飞机在蔚蓝的天空中自由的飞行。（方位相对固定）

值得注意的是，在所有介词和方位词构成的框式介词中，有的方位词在句法上具有强制性，即必须出现；而有的在句法上相对自由，即可以出现，也可以不出现。由于介词"在"有多种用法，因而由它构成的框式介词也可用在不同场合。

"在"类框式介词最主要的用法就是表时间、方所或范围。"在……之前／之后／以前／以后／里／中／之间／之中／以内"表时间时，介绍事情发生特定时间的方位词如"之前／以前／之后／以后"一般必须出现，因为它们如果省略，句子意义就会发生改变。如：

（14）在拍了几张照片之后，他突然走过来要和我合影。

——*在拍了几张照片，他突然走过来要和我合影。

（15）在未和她见面之前，我满脑袋瓜子里已经塞满了关于她的传闻种种。

——*在未和她见面，我满脑袋瓜子里已经塞满了关于她的传闻种种。

而表示在某一特定时间范围以内的方位词如"里／中／内／之间／之中／以内"等的使用则不同，如果位于动词前，它们的使用具有一定自由性，用与不用的情况同时存在，例如（16）与（17）中"里"和"之内"用与不用皆可。但如果位于动词后，一般倾向不使用方位词，除非有特殊的语气或者表义需要。例如（18）中着重强调的是从第一朵花到最后一朵花所经历的一年这段时间，因此"之内"不能隐去。这说明

"在"类框式介词表时间时，后部方位词是否具有句法强制性与句子所要表示的意义有关。如：

（16）他的史学论著，在相当长的一段时间里，对中国史学界起了重要的影响。

——他的史学论著，在相当长的一段时间，对中国史学界起了重要的影响。

（17）他们在三小时之内就筹集到了一万元善款。

——他们在三小时就筹集到了一万元善款。

（18）开花期是指一株植物在一年之内，从第一朵花开放到最后一朵花开毕所经历的时间。

——* 开花期是指一株植物在一年，从第一朵花开放到最后一朵花开毕所经历的时间。

"在"类框式介词的第二大用法是表方位或处所。"在……"如果位于动词后，表示动作或行为涉及某一处所，方位词一般需要出现，才能让表述更为清楚。尤其是当方位词前面的名词是单音节时，方位词的出现更是强制性的，如：

（19）男人们纷纷拜倒在她的石榴裙下。

——* 男人们纷纷拜倒在她的石榴裙。

（20）他让女学生踩在他的双肩上，把她们接上船。

——* 他让女学生踩在他的双肩，把她们接上船。

（21）趴在楼上——* 趴在楼

踩在脚下——* 踩在脚

睡在床边——* 睡在床

放在包里——* 放在包

倒在路旁——* 倒在路

由此可见，"在 + 处所词 + 方位词"位于动词后时，方位词的使用在句法上是有一定强制性的，但这也并非绝对。如果"在 + 处所词 + 方位词"位于动词前，方位词也是一般需要出现的。例如（22）和（23）中，如果没有方位词"之间"和"下"，具体要表示的方位是不完整和不确切的。此外，当位于中间的处所名词是单音节时，方位词的出现更是具有强制性，如（24）所示。

（22）他和当地人在村寨之间修了很多条小路。

——* 他和当地人在村寨修了很多条小路。

（23）孩子们在这位卓越的科学家汉白玉的碑座下放置了许多美丽的鲜花。

——* 孩子们在这位卓越的科学家汉白玉的碑座放置了许多美丽的鲜花。

（24）在山上锻炼——* 在山锻炼

在心中呐喊——* 在心呐喊

在碑前伫立——*在碑伫立

在路旁等待——*在路等待

在林间徜徉——*在林徜徉

"在"类框式介词除了表方所，也可表示范围或者事情处于某种进程或状态中时，此时无论位于动词前还是后，一般都得使用方位词。如：

（25）蔗糖生产在古巴经济中占重要地位。

——*蔗糖生产在古巴经济占重要地位。

（26）他在和不同民族人员的交往中，很注意尊重少数民族的风俗习惯和宗教信仰。

——*他在和不同民族人员的交往，很注意尊重少数民族的风俗习惯和宗教信仰。

（27）在理想与现实之间，他最终还是选择了后者。

——*在理想与现实，他最终还是选择了后者。

（28）她想起了八年前，在千里以外的一个岛上的夜晚。

——*她想起了八年前，在千里的一个岛上的夜晚。

除了表时间、方所和范围，"在……下"还可表条件、状况、影响或前提，此时方位词"下"的使用具有强制性。如：

（29）在好奇心的驱使下，他也跟着人群来到了事发地点。

——*在好奇心的驱使，他也跟着人群来到了事发地点。

（30）在这位严格老师的帮助下，郭伟的网球技术突飞猛进。

——*在这位严格老师的帮助，郭伟的网球技术突飞猛进。

这个框式结构既可以在句首作状语，也可以在句中作状语，通常"在 X 下"中的 X 是像"N 的 V"这样的构成，如上两例的"好奇心的驱使"以及"这位严格老师的帮助"。框架中的名词 N 与主句的主语之间，一般存在着某种源自上下级的，或者是强势和弱势、优势与劣势相对比的某种尊卑关系。例如：

（31）近朱者赤，在其父的熏陶下，王惠莹从小就爱上了体操。

（32）在施拉普纳的率领下，中国队在新加坡举行的鱼尾狮杯足球赛中闯进了四强。

（33）她在同行老前辈的指导下，刻苦自学，绘画技艺不断提高。

之所以会具有这样的尊卑或等级差异，是因为框架中的 V 往往是"带领、率领、指导、熏陶、关心、支持、安排、帮助、鼓励、允许"等本身就蕴含了一种上下关系的词语。"在……下"表条件时，在语义上也有细微的区别，或者说在条件性上有强弱之分。具体来讲，有时"在……下"框架表示很强烈的致使意义或控制意义，框架内容是主句内容得以实现的前提条件，并且与主句之间存在明确的施受关系。例如：

（34）在全连同志的照料下，香蕉苗都成活了。

（35）在这个亲哥哥般的军务股长的帮助下，小王就像变了一个人。

（36）蛋氨酸在人体内某种酶的催化下，可产生一种叫作同型半胱氨酸的物质。

上述各例中，框式介词所介引的成分都对主句中所产生的结果有着直接或明确的致使关系，正是框式介词中的动作行为造成了主句中主语的动作、行为或状态发生了明显的变化，这种是条件性最强的情况。有时框式介词介引的成分与主句之间虽仍存在前提和结果的关系，但却不存在施受关系，相较于前一种情况条件性要弱一些。例如：

（37）在生产技术的迅速变化下，必要的专业知识的数量不断增大和更新。

（38）在黑暗反动的统治下，大批进步的书籍、刊物被封闭、查禁了。

"在……下"框架中成分与主句之间条件性关系最弱的一种情况是，两者之间非但没有施受关系，而且也不存在前提条件和必然结果这样的语义关系。虽然严格来讲也算是一种条件，但框式介词中的内容更像是作为一个背景存在，表示主句主语所处的一种状态。例如：

（39）在夜幕的遮掩下，在寂无一人的绿荫深处，他们心儿咚咚跳着，依偎得越来越近了。

（40）在歌词的配合下，我们会从《让我们荡起双桨》这首歌曲中更深刻地体会到童年时代的欢乐心情。

上两例中的框式介词短语"在夜幕的遮掩下"和"在歌词的配合下"，都与各自主句中的谓语部分没有诸如施受关系或因果关系这样的语义联系，仅仅是作为谓语动词"依偎"和"体会"的背景而存在。

（二）"从"类框式介词

这里所说的"从"类框式介词，概念比较宽泛，主要是表始发、所在、方向或经由的框式介词，包含了"从……里/上/中/下/以后/以来"，"自……以来/以后""自从……里/之后/以后/以来""自从到……里""打/打从……以来/以后""由……上/里/中"以及"从、打、打从……说起"等等。这里使用的前置词首先有着语体色彩上的差异，"自、自从、自打、由"多用于书面语，而"打、打从、从打"多用于口语。此外，它们在功能和搭配上也有一些不同。例如，"从、自、打、由、打从"都能和"到"搭配构成框式介词，而"自打、自从"却不行。又如"从、打、由、打从"还能和动源后置词"说起"搭配，其余则不行。

在这类框式介词所使用的所有前置词当中，功能最齐全、使用范围也最广的是"从"，甚至基本可以用它来替代其他词的各种用法，这也是为什么将它们归为"从"类框式介词的原因。"从"的用法很多，除了可以表示时间和处所的起点，还能表示事物的来源、经由的路线、凭借或依据，以及说话或动作行为的着眼点，等等。

介词"从"的本义是"跟随、跟从",它原是一个典型的动词。"从"在上古汉语中是一个动介兼类词,其介词用法是从动词用法虚化发展而来的。《广韵·至韵》:"自,从也",《尔雅·释诂》亦云:"从,自也。""从""自"互训,可见它们关系密切。

王鸿滨(2007)[1]考察了古汉语多部重要文献中的介词"自"和"从",指出"自"和"从"作介词表示时间和空间的起点或源点,两者从总体上讲都表示一种"范围",即表示动作行为所涉及的,具有上下次序的多个对象的起点;而在适用范围方面,可以表示时间、处所、范围、发展、着眼和状态等起点,以及事物来源、经由路线和事理依据等等。通过描写和统计她发现,表示时间、处所起点的介词"自"和"从"在发展上是不平衡的,"从"代替"自"是从处所的起点开始,萌芽于上古晚期。傅雨贤(1997)[2]也曾考察"从"类介词并重点比较了"自""自从""由""打"的异同。总的来说"从"表示的意义比"自"宽泛许多,而且两者在句法位置上也有不同。例如在表示事物来源时,"自"在用法上是可以位于动词后的(如"我来自四川"),"从"则不行,这类的其他前置词也只能用于动词前或者句首。

张赪(2002)[3]认为介词"从"在先秦就已产生,但用例非常少,主要用于介引场所。东汉时期用例有所增加,主要用于介引场所和对象。魏晋南北朝时期以及唐五代时期,"从"介引场所和对象全部位于 VP 前。到了宋代"从"介引场所可用于 VP 后,仅限 VP 为单音节动词时。到现代汉语中,无论是作为书面语还是口头语,介词"从"在使用上已经基本取代了"自"成为专门表示起点的介词,一些固定说法诸如"出自""来自""取自"等,都恰好可以反映出介词"从/自"的历时变化。

"从"和"在"都可表时间、处所等。两者的区别在于,表时间时,"在"表示某一比较确定或有模糊性的时间点,而"从"表某一时间起点并延续的意思,它与后面的时间名词一起表达出"线段"或时间"射线";表处所时,"在"所表示的地点较为固定,后面被修饰限制的动作行为发生在某一平面或者空间内,有处所范围感或局限感,而"从"所表示的地点会显示某种变迁历程,后面被修饰限制的动作行为以某一平面或空间作为起点迁移运动,有空间距离上的移动感;表方位时,"在"表示的方向或方位相对固定,而"从"表示方向或方位有起点或起止点。如:

(41)他在本科期间就对电影极其感兴趣。(模糊性时间点)

他从本科期间就对电影极其感兴趣。(有起点,止点不明,有时间间隔,类似一条时间射线)

他从本科期间直到踏上工作岗位都对电影极其感兴趣。(有起、止点,有时间间隔,

---

① 王鸿滨. 介词"自/从"历时考 [J]. 上海师范大学学报(哲学社会科学版),2007(1).

② 傅雨贤,周小兵. 现代汉语介词研究 [M]. 广州:中山大学出版社,1997.

③ 张赪. 汉语介词词组词序的历时演变 [M]. 北京:北京语言文化大学出版社,2002.

类似一条时间射线）

（42）这位家长在教学楼下等班主任。（范围局限感）

医生刚从医院动完手术回到家。（移动感）

（43）他把名字签在了文件最后。（方位相对固定）

突然从屋里传来一声尖叫。（有起点和止点）

介词"打"最早介绍的是经由的处所，作介词的用法从元代开始多见，并一直沿用到了现代汉语中，现在它的基本用法是介绍动作行为的方向或处所。在介词"打"开始普遍使用之后，它又与另一个汉语中与其有同义关系的介词"从"组合成了复合介词"打从"。与"打"类似，"打从"也是最先用于表经由的处所，而后才用于表示起始的处所或起始的时间。

汉语中与"以来"类似的结构不少，如"以上""以下""以前""以后"等。这些词或表方位，或表时间，或表范围等，一般归入方位词。方位词中的绝大部分只能表示方位，同时能表示时间和地点的只有如"（之/以）前、（之/以）后、（之/以）内、左右"等少数的词，而似乎只有"以来"一词是只能表示时间的方位词。根据马贝加（2002）[1]的分析，"自……以来"结构早在先秦就有了，基本意义是表示从过去某时到说话时的一段时间，或是从说话时间开始一直延续下去。如：

（44）自有生民以来，未有孔子也。（《孟子·公孙丑上》）

（45）自今以来，有犯此者，勿听治。（《史记·孝文本纪》）

曾有学者如史佩信（2004）[2]和何亮（2007）[3]发现"以来"有时可表"以后"义并从各自观点出发做了系统解释。然而"以来"在发展演变的过程中，逐渐剔除掉了"以后"义，于是在现代汉语中只保留了"以来"这一个意义。

"以来"不能单独使用，经常和词、短语或句子一起构成"X以来"格式。可以与"X以来"搭配的介词主要有"自、从、自从、自打、打从"六个。如：

（46）自地球形成以来，地球上的气候也曾发生过几次大的变迁。

（47）从去年以来，全国图书市场发生了两个明显的变化。

（48）自从发现冥王星以来，已半个多世纪了，但关于它的情况，至今人们知道的并不多。

（49）自打她练气功以来，她的身子骨比从前不知结实了多少。

（50）打从我们结婚以来，这是她第一次看我哭。我们聊天、喝咖啡到半夜，感觉真棒！

---

① 马贝加. 近代汉语介词 [M]. 北京：中华书局，2002.

② 史佩信. 汉语时间表达中的"前后式"与"来去式" [J]. 语言教学与研究，2004（2）.

③ 何亮. 从汉语史角度审视"来去"式时间表达的隐喻方式 [J]. 北方论丛，2007（3）.

所有"从"类框式介词，无论其前置词是"从""自"还是"打"，如果后部是"以后/以来"，那么后置词在使用上是自由的，是否出现与框式介词本身的意义有关。仅表示时间起点时，出现与否都可。此外当需要指明或强调某一时间到说话时的一段时间时一般要用"以来"，但也可以不用。如：

（51）他从五岁就开始练武术了。

——他从五岁以后就开始练武术了。

（52）从他回来以后，不管是风里雨里，黑夜还是白天，人们常会看见他在村里摸索地走着。

——从他回来，不管是风里雨里，黑夜还是白天，人们常会看见他在村里摸索地走着。

（53）自/自从/自打他回国以来，就没找过正经工作。

——自/自从/自打他回国，就没找过正经工作。

框式介词"从/由……上/中/下/里"在表示来源、由来、经由的处所时，一般来说后置词需要出现，尤其是"上/中/下"的使用往往具有强制性，如例（54—56）所示。相比而言"里"的使用有一定的自由性，有时不用也是可以的，如例（57）和（58）。但如果介词后的名词为单音节，"里"也具有强制性，如（59）所示。

（54）这块金牌将从最后五个强队的选手中产生。

——*这块金牌将从最后五个强队的选手产生。

（55）校长一听这话，从椅子上跳了起来。

——*校长一听这话，从椅子跳了起来。

（56）这种反射由大脑皮层下的各个中枢即可完成。

——*这种反射由大脑皮层的各个中枢即可完成。

（57）雾是由低层大气里的水汽凝结而成的。

——雾是由低层大气的水汽凝结而成的。

（58）金伯伯从柜子里拿出一个玻璃瓶给我看。

——金伯伯从柜子拿出一个玻璃瓶给我看。

（59）他兴高采烈地从家里捧来了塑像。

——*他兴高采烈地从家捧来了塑像。

（三）"除"类框式介词

"除"类框式介词包含"除/除了/除去/除开……外/之外/以外/而外"等。学界关于介词"除"产生的具体年代还存在有争议，但可以肯定的是，介词"除"同样是从动词"除"虚化而来的。先秦时期的"除"还是典型的动词，表"清除、去掉、消除"，意义较为单纯和具体，句法位置也很固定，主要用于主语之后作谓语，后面多带宾语。到了两汉时期，"除"开始经常和别的动词连用，它的动词性就慢慢被削弱，意义也开始了虚化，并由此产生了两个结果：一是同其他动词结合形成新词，如"除去"，二是开始向介词转变。三国和两晋时期，"除"作为动词仍主要用于"动词＋除"格式；与此同时另一个重要现象也开始产生，即"除"开始出现在连动句或连动短语中，形成"（主语）＋除＋宾语＋动词＋宾语"这样的固定格式，如：

（60）博士等议曰：陛下除残去贼，兴复祖宗。（《东汉观记·卷五》）

到了这个时期，"除"已经开始出现于连动式的第一个动词位置，表示次要的动作，其意义已经开始虚化，具备了向介词语法化的句法条件。动词"除"经过长期的发展，终于在南北朝时期出现了介词的用法。这一时期，"动词＋除"和"除＋动词"都很普遍，并且"除"同样大量出现在连动句或连动短语中，如：

（61）自古以来，能除民害为百姓所归者，即民主也。（《三国志·魏书·武帝纪》注引《魏氏春秋》）

上句中的"除"并非中心动词，后面的动词才是。"除"位于第一个动词的位置，表示为实现后一动作的某种前提，结构上来讲它是依附于后面的中心动词的，由此它的动词性减弱，词义逐渐抽象化。同时，经过长期的演变，"除"在这一时期产生了介词的用法，如：

（62）若七日不得作者，必须收藏取七日水，十五日作。除此两日则不成。（《齐民要术·卷八》）

到了隋唐五代时期，动词"除"完成了其虚化的过程，介词用法更为突出。介词"除"形成以后，除了可以单独使用外，还能与"外"连用。这种与"外"连用后的格式就和现代汉语中的框式介词一样了，这种结构要么位于句首作状语，要么位于主语之后作状语。标志着"除"正式发展为介词的是它所表达的"排除"义，句子的语义中心位于后面的动词，如果后面没有其他动词则句子意义不完整。"除"发展为介词后，它的动词用法并未消失，而是与之共存。陈昌来（2002）指出，宋元时期介词发展的重要现象是介词后面开始附着"着、了"，这使得双音节介词增多，"除了"即始现于该时期。

在"除"类框式介词中，与"除"的演变相同，后置词"外""之外""以外""而外"等也是经历了语法化过程的。"外"本为处所名词，意为"外面、外部"，本来只表示具体的处所范畴，后来经过虚化搭配面变广，不仅限于和表处所的名词以及表距离、时间的数量词搭配，还能和抽象名词搭配；同时其意义也变得虚化，除了表示具体的处所位置，也能表示时间、范围等抽象的范畴。"之外"和"外"在语义上几乎没有差异，唯一最大的不同在于，本身音节的不同造成了它们与其他词搭配的不同。"外"一般用于单音节词之后，而"之外"往往出现在双音节词之后。"之外"的虚化过程与"外"很相似，本来它只是一个空间范畴，后来随着虚化的进程，逐渐投射到了时间域和范围域。"以外"的使用始于西汉，它的语义和"之外"相同，本属空间范畴。而到了现代汉语中，"以外"不仅能表示范围域，还能表示空间和时间域。"而外"最开始在明清时期出现时，只能单表范围域，并且只能出现在"自……而外"这样的格式中。到了现代，它不但可以单独使用，还可以和"在、于、除"连用，表示排除义。

"除"和"外"开始搭配成为框式介词是从南北朝时期开始的，共同表示排除。隋唐以前，"除……外"的框架中一般只能出现名词或名词性短语，如：

（63）除诸军将士外，应食粮人诸色用度，本司本使长官商量减罢，以救凶荒。（《旧唐书·卷十二》）

（64）除忆文流外，何人更可言。（《全唐诗·卷五百零三·春日山居寄友人》）

这样的限制自隋唐以后就减少了，框架中的成分也可以是动词性的短语甚至小句，如：

（65）自祖宗以来，除委任执政外，仍以侍从近臣为耳目，请间论事，殆无虚日。（《东坡全集·卷五十五》）

（66）除崔立不赦外，其余常所不原者咸赦之。（《金史·列传第五十四》）

（67）谁知道除那管船的人搜刮众人外，又有一种人在那里高谈阔论的言说。（《老残游记·第一回》）

据陈昌来和朱峰（2009）考察，"除……之外"最早出现在宋代，如：

（68）胡三省注云：唐制，六部侍郎除吏部之外，余皆从四品下；王傅从三品。（《旧五代史·卷六十八》）

到了明清时期，"除……之外"的使用趋于普遍，如：

（69）只因平日掌家时，除典田之外，他欺处还多。（《二刻拍案惊奇·卷十六》）

（70）除咱们这么一二家之外，那些世袭穷官儿家，要不仗着这银子，拿什么上供过年？（《红楼梦·第五十三回》）

"除……以外/而外"的出现最晚，到了当代才有了这种用法：

（71）在本区以内，大概除仓库武器库而外，直邮步兵兵器制造厂，小口径弹药制造厂，修理工厂及修械所等。

（72）主要的运输，除运大锡到香港，从香港上海贩来的货物，又由个碧石铁路晕倒个旧而外，便是运送砂丁。

（73）婆媳在家庭生活中除协作以外，也有相互竞争的一面。

"除了……外"出现于宋元以后，"除了……之外"始现于宋代，而"除了……以外/而外"则产生于当代，如：

（74）通滚算着，除了牙税缴计外，也寻了加五利钱。（《老乞大》）

（75）今观孔子诸弟子，只除了曾颜之外，其他说话便皆有病。（《朱子语类·卷第九十三》）

（76）在台湾同胞中，除了汉族以外，还有高山族。

（77）除了母亲还在抚慰着小哈巴狗而外，大家都走进屋里。

至于"除去/除开/除掉/除却……外/之外/而外/以外"的搭配，"除去"和此类后置词的搭配使用是直到当代才出现的，如：

（78）除去剧本外，舞台美术设计者的第二个希望是能与一个开明的有共同语言的导演合作。

（79）除去半音之外，其余的七个音，是普通乐曲中所常用的。

"除却"与"外"的搭配自唐朝便开始了；"除却"和"之外/而外"的搭配直到现代汉语中才出现；而"除却"和"以外"用例极少，如：

（80）除却今年仙侣外，堂堂又见两三春。（《全唐诗·卷五百四十九》）

（81）林中看不清日影的移动，除却从山谷里流出来的溪水外，整个的宇宙都好像随着他凝固了。

（82）他们除却睡觉吃饭之外，把大半的时间都消磨在这个车门底下。

（83）乘客们最初沉默着，除却胖公的鼾声和陈鹏飞的偶发的叹息而外，什么人都不说话。

（84）除却他自己的父兄丈夫以外，便都带着点诱惑的鬼气。

"除掉"和"以外""而外"的连用也是现代才有的：

（85）三年来的诗，除掉几首被删以外，大致都汇在这本小书里。

（86）"生"除掉"生养"这个意思而外，还有"滋生""生长""生成"等等意思。

在现代汉语里，"除"类框式介词里，后置词"外/以外/之外/而外"的出现是自由的，出现与否都不影响句子意思的表达。原因在于前置词"除"或"除了"本身已经能够表达"消除、去除"之义，添加"以外"或"而外"或为了表示强调，或出于固定搭配使用的考虑，如：

（87）除去黑色以外，其他颜色我都喜欢。

——除去黑色，其他颜色我都喜欢。

（88）在建筑方面，除金字塔而外，古代埃及人还修建了许多宫殿和神庙。

——在建筑方面，除金字塔，古代埃及人还修建了许多宫殿和神庙。

（四）其他类框式介词

除了上述几个大的类别以外，方所类的框式介词还有一些值得提及的其他结构，一般都是由前置"到/到了/直到"等词加上方所类后置词构成的，例如"到……之前、到了……之后、直到……之前／以后、等到……之后"。根据马贝加（2002）的研究，先秦时期"到"已有了到达某一时间终点的例子，已见"到于"表示时间的终到点，在这一结构中，"到"为动词，而"于"为介词。如：

（89）管仲相桓公，霸诸侯，一匡天下，民到于今受其赐。（论语·宪问）

（90）伯夷、叔齐饿于首阳之下，民到于今称之。（论语·阳货）

"到"兼动词和介词两类，它作介词时是为动作提供处所或时间位置，而在它逐渐虚化为介词之前这是介词"于"的功能之一。"到"虚化为介词的过程实际就是"到于"结构中的"于"逐渐消失的过程。现代汉语中"到"既指到达某一处所终点，也指到达某一时间终点。因而由"到""等到""直到"构成的框式介词中既可以是表时间或地点的体词成分，如（91）中的"出国"和（92）中的"一个多月"，也可以是小句，如（93）中的"新的理想产生"和（94）中的"经理下了命令"：

（91）到出国之前他才得知爷爷去世的消息。

（92）到了一个多月之后我才把这个程序写完。

（93）直到新的理想产生之前，他都会认为那个理想是至善至美的化身。

（94）等到经理下了命令之后，他们才开始着手准备材料。

在上述结构中，前置词的出现并没有强制性，在与不在一般不会影响句子意思的表达。

其他类别的方所类框式介词还有"当……之前／以前／之后／以后"。在这一组别里，后置词的使用受句子意义的影响：如需要特别指明或强调两件事情发生的先后次序，一般后置词需要出现；反之，如不需要特别强调时间先后关系，后置词也可以不用。如：

（95）当生活尚未安定（之前），她不得不暂时迁就原来的工作。

（96）当她摆脱梦魇醒来（以后），发现自己出了一身冷汗。

（97）当他有了酒意（之后），就老爱发议论。

表示范围的"于……中／之中／之外／而外／之余"的使用频率也比较高。"于"字在甲骨文中已经出现，意思是"来往"的"往"，即《毛传》所说的"于，往也"。动词"于"在甲骨文里虚化为介引动作的处所或动作的时间的介词。介词"于"如果位于动词后，后面可以有方位词，如"印于书中""记于心间""栖居于石下""陶醉于音乐中"等；方位词也可以省略不用，如"生于忧患，死于安乐""铭记于心""藏于民间"等。一般说来，单音节的名词或者处所词对方位词有强制作用。介词"于"如果位于动词前，方位词的使用与否与小句意义有关。若需强调时间的先后范围，则需要方位词，如"我必须于三天后赶回学校"；若不需要强调则可以不用，如"他必须于下个月提交这份报告"。当此类框式介词位于动词前表范围时，后部方位词的使用具有强制性，例如下面（98—101）中，如果"中""之余""而外"和"之外"

不出现，介词短语从结构和意义上来讲都不准确：

（98）于上述四种方案中，我们团队选择了第二个予以采纳。

——*于上述四种方案，我们团队选择了第二个予以采纳。

（99）于片场工作之余，他还专替明星们拍摄照片。

——*于片场工作，他还专替明星们拍摄照片。

（100）于成功而外，其实还有更多的事情需要我们去关注。

——*于成功，其实还有更多的事情需要我们去关注。

（101）于拉大提琴和弹钢琴之外，他还有很多音乐上的爱好。

——*于拉大提琴和弹钢琴，他还有很多音乐上的爱好。

二、其他含有名源后置词的框式介词

古汉语中的"之"和现代汉语中的"的"都是典型的定语标记，当前面是名词或名词短语时，它们便可被分析为定语后置词。部分名词，如"时""期间""之际"，和带"的"或者"之"的名词性短语也能和前置词搭配构成框式介词。框式介词"在/当/趁……的时候"表示的是某一特定的时间或时机。前置词为"在"时，后置词"的时候"需强制出现，否则会造成小句结构不完整，如（102—104）。而当前置词为"当"或"趁"时，后置词的使用没有强制性，如果出现则表示强调，不出现也不会影响小句意义的表达。在"的时候"必现时，这类结构的前置词"在、当、趁"一般可以省略，如（105）。只有一种例外，就是当"趁"位于非句首时，如果省掉，就会造成句子错误，如（108）所示：

（102）我们在评价这件事的时候，应着眼于深远的历史影响。

——*我们在评价这件事，应着眼于深远的历史影响。

（103）在海瑞活着的时候，他的种种故事已传遍朝野。

——*在海瑞活着，他的种种故事已传遍朝野。

（104）在最后告别的时候，他们谁都没能忍住眼泪。

——*在最后告别，他们谁都没能忍住眼泪。

（105）当小辛需要我帮忙的时候，我一定尽最大的努力。

——当小辛需要我帮忙，我一定尽最大的努力。

（106）当太阳从东海面升起的时候，全组人员已经精疲力竭了。

——当太阳从东海面升起，全组人员已经精疲力竭了。

（107）当开会的时候，家长和教师可以共同讨论他们都有兴趣的问题。

——*当开会，家长和教师可以共同讨论他们都有兴趣的问题。

（108）我趁老头儿睡觉的时候，悄悄溜出了院子。

——我趁老头儿睡觉，悄悄溜出了院子。

——*我老头儿睡觉的时候，悄悄溜出了院子。

（109）趁他下乡检查工作的时候，她把她俩都辞退了。

——趁他下乡检查工作，她把她俩都辞退了。

——他下乡检查工作的时候，她把她俩都辞退了。

（110）趁休息的时候，她又进行了一番宣传。

——趁休息，她又进行了一番宣传。

——休息的时候，她又进行了一番宣传。

框式介词"借……之际"中的"借"有"当、逢、碰到、遇上"之意，后置词"之际"也属名词性成分。此类结构的中心成分可以是名词短语，也可以是动词短语。当结构位于句首时，前置词有时可以省略，但是后置词"之际"在任何情况下都不能省略，如下面几例：

（111）借春节来临之际，我们向读者致以衷心的祝福。

——春节来临之际，我们向读者致以衷心的祝福。

——*借春节来临，我们向读者致以衷心的祝福。

（112）咱们借母校五十周年校庆之际，为母校写首诗吧。

——咱们母校五十周年校庆之际，为母校写首诗吧。

——*咱们借母校五十周年校庆，为母校写首诗吧。

（113）借新年之际，我们想请几个好朋友聚一聚。

——新年之际，我们想请几个好朋友聚一聚。

——*借新年，我们想请几个好朋友聚一聚。

类似情况下的前置词部分也可以用"趁"代替：

（114）我们趁企业知名度迅速扩大之际，不失时机地淘汰老产品。

（115）趁新春佳节之际，我们向大家致以最诚挚的新年祝福。

（116）趁涨潮之际，许多游客泛舟其间，穿行于树梢之中。

"在……的同时"主要强调两个动作或行为的同时发生，前置词"在"有时可以省略，但后置词"的同时"具有强制性，一般必须出现。

（117）他在搞好本职工作的同时，还热心为人民群众服务。

——他搞好本职工作的同时，还热心为人民群众服务。

——*他在搞好本职工作，还热心为人民群众服务。

（118）然而，在欣喜的同时，心里也升起了一丝淡淡的悲凉和苦涩。

——然而，欣喜的同时，心里也升起了一丝淡淡的悲凉和苦涩。

——*然而，在欣喜，心里也升起了一丝淡淡的悲凉和苦涩。

（119）教师<u>在</u>传授知识的<u>同时</u>，要善于培养学生良好的学习习惯和自学能力。

——教师传授知识的<u>同时</u>，要善于培养学生良好的学习习惯和自学能力。

——*教师<u>在</u>传授知识的<u>同时</u>，要善于培养学生良好的学习习惯和自学能力。

第三节 由前置词和非名源后置词构成的框式介词

一、言说义框式介词

言说义框式介词指的是诸如"对/对于/针对/在/从/拿……来说/来讲/而言/而论"这样的结构。它们是现代汉语中一种常见的框式介词形式，主要由介词"对/对于/从/拿"和来源于言语义动词的准助词"来说/来讲/而言/而论"搭配形成。其主要功能是将被介引成分置于框式结构的中心位置，通过句法结构上的凸显从而标记其话题地位。介词作为一个相对封闭的小类，数量有限，框式介词更是如此。通过考察发现，现代汉语160多个介词及介词的组合中，有40多个可以和"来说"这样的言说义后置词搭配组成框式介词，包括对、对于、从、拿、就、用、由、于、以、按（着）、按照、把、本着、据、根据、基于、鉴于、比、比起、比较起、较、较之、较之于、相较、相比较、相较于、相比较于、依（着）、依据、依照、照（着）、自、针对（着）、作为等等，例如：

（120）<u>从</u>理论上<u>来说</u>，这个竞赛只会有一个人最后出线。

（121）<u>对于</u>他们一家<u>而言</u>，这无疑是最好的结果。

（122）他说，<u>就</u>拿钻井<u>来讲</u>，它是一门学问，内容丰富得很，也深奥得很。

（123）<u>针对</u>产品质量<u>而言</u>，我并没有什么不满意的地方。

（124）<u>基于</u>自己的宗教立场<u>来讲</u>，他是不赞成一夫多妻制的。

这类框式介词产生比较晚，虽然可选的前置词范围较广，但结构中出现频率较高的还是"对/对于/从/拿/就"这几个前置词，其中以"对/对于"的使用频率最高。《说文解字》对"对"的解释为"对，应无方也"，本义是"回答，应答"，是动词。"对"由动词义开始，经历了词义、词性和用法的一系列演变，直至到了现代汉语中，主要有动词、形容词、名词、量词和介词五种词性。现代汉语介词"对（于）"来自文言介词"于"。严慈（1993）[①]认为，"对于"所表意义有对待和相对之分，容易引发歧义，需凭借语感来识别。因此人们借助"来说"，以"对于……来说"介词复合词组与"对（于）……"介宾词组来将二者从形式上加以区分。马贝加（2002）

---

① 严慈.《对（于）……"和"对（于）……来说"[J]. 徐州师范学院学报，1993（1）.

通过对语料的细致分析认为，"对/对于"在古汉语中，由"于""在"等表示，如：

（125）王曰："吾甚惭于孟子。"（《孟子·公孙丑下》）

（126）我在伯父，犹衣服之有冠冕。（《左传·昭公九年》）

而整个"对于"框架的最早来源，则是在汉代出现的"与"：

（127）吴有越，腹心之疾；齐与吴，疥癣也。（《史记·越世家》）

此类框式介词后部的"来说/而言"都是由本不属同一层面的词变为同一层面的词，表示对某特定事物进行的评判。后置词"来说"之所以有了后来介引对象的作用，是因为它在出现之初，后面跟说话人的说话内容，已经能表示介引某些内容了。"来说"在经过不断虚化之后，"来"已经不再表示趋向，"说"后也不单单紧跟说话的内容，而是对句中特定人物或事件的评价。例如：

（128）譬如拿了人来说，肢体不全的，五官不备的，或是老耄的，或是昏愚的，或是失业无依的，从善派一面看起来，都是可怜可悯，应该救济的。（《上古神话演义·第一百一十八章》）

（129）新婚的经历对青年男女来说，常存于记忆中者总是十分美好的。

（130）对出家人来说，青灯古佛了此一生。

以上三例的"来说"并没有任何表示"过来说话"之意，而是比喻、举例子或者介引对象之意，它在篇章中主要限定"详述"和"增强"的论述内容。这说明"来说"介引功能的出现，对框式介词"对/对于……来说"的形成至关重要。

至于"而言"，一开始"而"和"言"的连用始于先秦，但当时只属于跨层结构。"而"可以表示"并且"，连接前后两个短语；可以表示转折"却"，连接意思相反或相对的两部分；可以表示"然后"，连接时间上有先后顺序的动作或行为；还可以表示"因此"，连接具有前提或因果关系的小句。"言"一般作动词表"说"的意思，有时也可表"说的话"。例如：

（131）（表并列）子路与子贡相与而言曰："夫子逐於鲁，削迹於卫，伐树於宋，穷於陈、蔡。"（《吕氏春秋·本位》）

（132）（表因果）此因上所引文王、康诰之意而言。（《四书集注·大学章句》）

（133）（表转折）梁王曰："先生有一妻一妾，而不能治；三亩之园，而不能芸，而言治天下如运诸掌，何也？"（《列子·杨朱篇》）

"而言"的使用一直持续到清末民初才出现新的用法，"而"不再是并列或转折连词，"言"后面也不接说话的内容。此时的"而言"常与"为""就"或"指"一起使用，这也就构成了框式介词的雏形"为……而言""就……而言"和"指……而言"，例如：

（134）袁隐道："小弟足迹不远，天下士不敢妄言，即就松江而言，燕总宪之

子燕白额，岂非一个少年才子乎！"（《平山冷燕·第九回》）

后置词"来说 / 来讲 / 而言 / 而论"在框式介词中除了能直接介引话题以外，还能对前置词产生很大影响。其原因是当它们和前置词"对 / 对于 / 针对"和"拿 / 以 / 就"组合以后，前置词的话题化功能获得了很大的提高。其中"对 / 对于"等介词在单用时一般介引关涉、对象、受事和与事，在与"来说"组合以后增加了介引主体话题的功能；而单用时很少介引话题的"拿 / 以"与"来说"搭配以后，已经逐渐转化为一个专门介引举例性话题的固定句式。例如：

（135）就拿语言禁忌来说，这是一种民族习惯。

（136）就以古文字学来说，鲁迅确实也给了我们不少启迪。

二、被动义框式介词

被动义的框式介词包含"被 / 为……所"以及"被 / 叫（教）/ 让……给"这样的结构。"被"的作用在于引出施事，"叫 / 让 / 给"也有相同的作用。吕叔湘先生在其主编的《现代汉语八百词》（1980）[①]中明确提出"被"是介词，用于被动句，"被"引进动作施动者。吕先生归纳了"被"字句的四种结构形式：A."被……"后用单个动词，限于少数双音节，"被……"前要有助动词或表时间的词语。如"这件事也许被他忘记了""这种不良风气必定被世人舍弃"。B. 动词后还可以有条件地带宾语，这些条件包括：宾语隶属于主语或是主语的部分；宾语是主语受动作支配而达到的结果；主语指处所；动词和宾语组成固定的动宾短语。C."被……所 + 动"。用了"所"，动词就不能再添加其他成分。介词短语如果位于双音节动词前，"所"可省，但如果位于单音节动词前"所"不能省，并且此时带有较浓的文言色彩。D."被……把 + 动"。"把"字后的名词或是属于主语，或是复指主语。可见吕先生这里提到的第三种格式就是被动义框式介词的一种形式。

黎锦熙先生在其早期著作《新著国文语法》中最早论及"被动式"句子。他曾在书中特意指出："被"后面出现名词性成分的，"被"是介词；"被"直接用在动词前面，"被"是助动词，这是对"被"所做的二元化处理。吕叔湘先生在《中国文法要略》中也区分了一般主动句式如"他挨了他哥哥一顿骂"，和被动句如"他被他哥哥骂了一顿"。吕先生还指出除"被"以外，白话里还有用"叫""让"。王力先生则把"被"字句称为"被动式"，并将其定义为"凡叙述词所表示的行为为主位所遭受者，叫作被动式"。王力先生还认为助动词"叫"也可以用来表示被动构成被动句，只不过它比"被"的语义要轻些。在北方口语中，用"叫（教）、让"表示被动比"被"更为普遍。

---

① 吕叔湘. 现代汉语八百词 [M]. 北京：商务印书馆，1980.

此类框式介词的后部"给"其实也是一个表被动的介词，它主要有两种用法：一种是在受事主语句中引出施事，其作用与"叫/让/被"类似；另一种是引出受益或受损的与事，例如：

（137）她的头发给风吹乱了。（与"被"类似）

（138）他常常给我讲解数学题。（"我"受益）

（139）他给我拼写错了。（"我"受损）

根据《现代汉语八百词》，"让、叫（教）、给"用作"被"义时都和"被"的词性相同，它们构成的"被"字句多用于口语，而"被"多用于"比较正式、庄重、严肃的场合"；介词"叫、让"后面为指人的名词时，容易跟动词"叫、让"相混淆并产生误解，而"被"不存在这个问题。"给……"如果用于动词前，有时会产生歧义，这时就需要参考上下文来判断，例如：

（140）（对不起，）铅笔给你弄丢了。（"给"不表被动）

（141）（你看，）铅笔给你弄丢了吧。（"给"表被动）

关于"给"在被动句中的特殊用法，最早提及的应该是萧斧先生。他在他的《被动式杂谈》（《语文学习》1952年3月刊）中指出，"给"的特殊用法就是替代了"为……所"中的"所"字。"所"字出现的动因之一应该是在间接题元和动词核心之间填补联系项的空缺，从而形成框式结构。"为……所"是古汉语格式，"被……"是现代汉语格式，古今两种格式经过糅合，就成了"被……所"格式。"所"本身并没有什么意义，只是表示后面的动词是被动性的，"所"是助词。用了"所"字，后面的动词能够单立。胡裕树先生认为这是音节上的需要，句子在用了"所"字以后有了古汉语的味道，书面语色彩较浓，在口语里是一般不用"所"的。而当"所"被"给"替代时，"被"也被换成了"叫（教）"或"让"，因此就构成了"叫（教）……给"这样的格式，例如"你一下车就教侦探给堵住，怨谁呢？"。与此同时萧先生还注意到这种格式后面还可以带宾语，并且带了宾语的句子语义关系比一般的"被"字句更加复杂。他所举的例句为"活到我这个岁数，还叫人家给打断腿？"，句中"打"的受事并非处于主语位置的"人家"，而是在宾语位置的"腿"。"他"和"腿"之间有领属关系。萧先生还指出现代汉语之所以比古代汉语更多见被动式的使用情况，原因有三：一是用来表达对主语说来不愉快的行为正减少；二是结构上减少复合句，能使语言精练；三是用来避免在一小段话中出现不止一个（可能有好几个）不同的主语。这三个原因都属于"修辞上"的原因。

前文提到，"给"的作用本来就是引出施事或引出与事，无论是起哪种作用，"给"的宾语都是可以省略的，如：

（142）他给（敌人）抓住了。

（143）邮递员给（爸爸）送来一封信。

（144）她给（奶奶）把炉子点上。

此外，虽然被动义的框式介词中的前置词或后置词单独来看都具有表被动的意义，但在此结构中后置词"所"或"给"往往没有实际意义，只为表示后面的动词是被动性的，可以作助词看待。并且后置词的出现往往没有强制性，如若省略也不会影响句子结构及意义的表达。例如：

（145）由于电视剧的播映，宋丹丹开始被广大观众（所）熟悉。

（146）我正被书中的情节（所）吸引，突然，他像一阵风似的闯了进来。

（147）耶娃的喉咙里又像是被什么东西（给）梗住，再也讲不下去。

（148）好像她就真被达子（给）甩了。

（149）搞不好就让敌人（给）击沉到海底去。

（150）一个堂堂男子汉叫一个女人（给）治住啦，被人家蒙在鼓里，自己还在做梦！

（151）我在白浪奔涌的大海边散步，常为在树丛中另辟蹊径的人们（所）感动。

三、起讫义框式介词

起讫义框式介词，顾名思义，就是从时间、空间或范围上表起止的框式介词，如"从/自/打……起/来"和"到……为止"。谈及起讫义框式介词，就不得不提到"起点介词"。"起点介词"主要是指介引事物空间、时间、状态、动作和系列的起点的介词。前人对于起点介词的研究观点基本一致，只是在概念设置上略有不同，对于哪些词能划入起点介词这一范畴中来，不同学者也持有不同看法。

黎锦熙在《新著国文语法》（1924）中曾将介词分为时地、因缘、方法和领摄介词四大类，其中他认为"从、打、打从、从打、自从、起、自、由"介所从，表示动作和时间的起点。

丁声树（1961）认为"从、自、自从、由"等可以表示起点，而"自从"只可表示时间的起点。

吕叔湘在《现代汉语八百词》（1980）中提出，表起点的介词有"从、由、打、自、自从"。后来又把时间介词和方位词归入一类并提出了"联系时间词"的概念，认为主要有"在、于、自、从、今、此、（以/之）前、（以/之/而）后、（以）来"等，表示事情始于某时。

傅雨贤、周小兵的《现代汉语介词研究》（1997）中，有"从、自、自从、由、打"。

刘月华等《实用现代汉语语法》中（2001）中，表示动作行为的起点的介词有"从、自、打、由"，表示动作开始的时间介词有"从、自、自从、由、打"。

马贝加的《近代汉语介词》（2002）中，表起始点的介词有"自、从、自从、从自、由、打"。

陈昌来在《介词与介引功能》（2002）中也详细讨论了时间介词，他提出"从、打、打从、自、由、自从、自打"等"从/自/打"类介词是介引起点的介词，也就是介引时间起点的介词。

太田辰夫的《中国语历史文法》（2003）[①]中，表起始点的介词有"从、打、打从、自从"。

根据北京语言学院语言教育研究所编的《现代汉语频率词典》（1986），从出现频率来讲，"自"的排位以 63 位排最高，"从"和"打"分别以 89 位和 136 位次之，而"由"和"起"的排位要远落后于前三个介词。此外，在构词能力方面，"自"的构词能力最强，由它构成的词语共有 168 个，由"打"构词 131 个，由"从"构词 32 个。在现代汉语里，作为起点介词的"自、从、打"分别具有不同的语体色彩，非常具有典型性和代表性。这些时间介词几乎都能与表起讫义的后置词"起/来/以来"等连用构成框式介词。与"以来"属于前置词与方所类后置词的搭配，在前面已经有阐述。这里所要讨论的是前置词"从/自/打"与动源后置词"起/来"的搭配，结构当中的 X 可以是名词，也可以是小句。如：

（152）从离开北京的那天起，我们就更加感到祖国的可爱，同胞的亲切。

（153）从新娘开始哭泣起，唢呐就吹"离别调"和"出门调"，出了寨子就吹"过山调"。

（154）新婚姻法自今年一月一日起就开始实施了。

（155）自剧团解散起，他就下海做起服装生意，目前还当了老板。

（156）打那时起，爸爸妈妈就不用再花很多时间帮助他温课了。

（157）打我记事起，从来没见爸爸抽过烟，平时他也最不赞成别人抽烟，可现在他自己为什么突然抽起烟来了呢？

"到……为止"表示时间上的终止点，如：

（158）到今天上午为止，全国各地已有一千六百多人到上海来参加我们的戏剧节活动。

（159）武汉保卫战从 6 月 12 日日军攻占安庆开始，到武汉失守为止，历时四个半月。

表起讫义的框式介词"从/自/打……起/来"和"到……为止"，在刘丹青看来，是属于双重赋元框式介词的范畴。按照他的观点，在这些结构中，前后两个标记都有赋予题元的作用，造成语义冗余，其中至少一端在一定句法条件下可以省略成为单纯

---

① 太田辰夫. 中国语历史文法 [M]. 北京：北京大学出版社，2003.

的 PreP 或 PosP；并且这类框式介词大多是前置词的辖域大于后置词，即前置词支配一个 PosP。也就是说，在这类表起讫义的框式介词中，或可以省略前置词，或可以省略后置词，句子仍可成立且意思不变。如：

（160）从战争爆发的次日起，就涌现出大量的诗歌、特写和短篇小说。

——从战争爆发的次日，就涌现出大量的诗歌、特写和短篇小说。

——战争爆发的次日起，就涌现出大量的诗歌、特写和短篇小说。

（161）到此刻为止，我还是信任吴教授，甚而至于是原谅吴教授的。

——到此刻，我还是信任吴教授，甚而至于是原谅吴教授的。

——此刻为止，我还是信任吴教授，甚而至于是原谅吴教授的。

四、目的 / 动机义框式介词

目的 / 动机义框式介词主要是指"为 / 为了 / 为着 /……起见"这样的结构。该格式在现代汉语中通常与"为了""为着""以便"等词一起被视为表示目的的特定标记，整个结构要表达的是使某个人、事物或动作行为得到好的结果或是处于某种正面的、良好的状态之中。

《现代汉语八百词》（1980）和《现代汉语虚词例释》（1982）都曾提及"为……起见"用来表动作或行为的目的的用法。近年来关于"为……起见"的探讨逐渐深入起来。陈昌来（2002）认为整个结构表目的，并且"起见"有一定的自由度。刘丹青（2003）则指出"为"和"起见"具有相同的句法辖域，而且有大致相当的语义抽象度，性质上像一个单一介词。史金生（2004）[①]则从"起见"的来源及语法化历程出发，明确提出"起见"是个目的标记。"为……起见"既可以置于主语前，也可以置于主语后，如：

（162）为安全起见，自卫队员已进入战壕。

（163）本书为说明上便利起见，上面论感觉时，也往往与知觉合为一谈。

如果把结构中"为 / 为了"和"起见"之间的成分用 X 来表示，那么在"为 / 为了 +X+ 起见"中，能充当 X 的词主要能分为四种：

A．形容词或形容词性成分。这也是能充当 X 的出现频率最高的种类，如"安全、方便、稳妥、公平、慎重、谨慎、便利、保险"等：

（164）为谨慎起见，爆炸发生后使馆全体人员都进入地下防空洞暂避。

（165）为安全起见，这些区域内一切商品买卖活动也将被禁止。

（166）为了准确与慎重起见，我们将这三份来信与调查按原文摘录如下。

（167）为便利实用起见，人逐渐根据经验把四围的事物分类立名。

---

① 史金生．目的标记"起见"的语法化——兼谈汉语后置词的来源 [D]．第十三次现代汉语语法学术讨论会论文集》，2004.

B．动词或动词性成分。这一类的数量较多，种类也较丰富，既可以是单个的动词，也可以是复杂的动词性结构，如动宾短语、由"便于"引导的结构和"使"字结构等等：

（168）他们<u>为营生起见</u>，就委屈迎合这种游客的心理。

（169）<u>为小心起见</u>，对病人须加以看护，要绝对安静，不要吃固形食物，以防万一。

（170）<u>为取得他们的拥护起见</u>，有时遂不得不牺牲全市的利益，以巩固自身之地位。

（171）<u>为解决此问题起见</u>，我们应注意下述各种方法。

（172）上述两事已经足以证明这一点，不过<u>为使人们深刻了解起见</u>，不妨再举几桩绝对不相容的事来加以发挥。

（173）<u>为了便于暂时还不可能阅读全书的读者起见</u>，我还是引用几个例子说明一下。

（174）<u>为了便于考察起见</u>，我把调查的结果分类叙述。

C．名词或名词性成分。这一类别既可以是单个名词，也可以名词短语，总的来说数量较少：

（175）<u>为了面子起见</u>，尤金让她跟她兄弟的朋友跳了一场。

（176）<u>为了中华民族的振兴起见</u>，我们应该为祖国的材料科学技术事业发展做贡献。

D．"使"字句。有时被介引成分也由一个"使"字句充当，表示动作发出者主观希望达到的某种良好的结果或状态，如：

（177）我<u>为了使她更加明白起见</u>，还引用了许多科学上的证明，分条逐项地解释给她听。

（178）<u>为了使大家明了起见</u>，我不愿再默默地忍受了。

（179）<u>为了使事情进行顺利起见</u>，我给他发去这样一封电报。

"为……起见"这个框式介词结构内部并非是一个同义套叠的均质结构，而是有差异的，这体现在"为"的句法辖域比"起见"宽，其语义抽象度也比"起见"要大这一点上。X 的句法成分不同，"起见"的使用自由度也不完全相同。当 X 是形容词性成分时，前置词"为/为了"的出现自由，可以不出现而单独使用"起见"。比如前面例子中的"为安全起见"和"为谨慎起见"同样可以说成"安全起见"和"谨慎起见"。尤其是当整个结构位于句首时，"为"的脱落很常见。然而，当 X 是名词性成分时，前置词"为/为了"必现，即不能省略，例如（175）我们不能说"面子起见，尤金让她跟她兄弟的朋友跳了一场。"相对于 X 为形容词和名词这两种情况而言，当 X 为动词的时候，"起见"的自由度可以看作是居于这两种情况之间，因为"便于考察起见"或"取得他们的拥护起见"这样的句子似乎也是能够被接受的。

由于"为 / 为了 / 为着 /+X+ 起见"这样的框式结构介引的是目的，它与后续小句一起表示为达到 X 这一目的，需要采取某种行动或措施。因此该结构的后续小句常常是含有"必须、最好、应该、可以、得、不得不"等带有祈使或要求义的词语，例如：

（180）为安全起见，新领导人的名字应该保密。

（181）为审慎起见，应当把那个可能到来的计划完成日期定语 1945。

（182）为了稳妥起见，最好是不等天黑就立刻离开这儿。

（183）为着与我和好度日起见，你甚至于必须用大力量克服自己。

（184）这位先生为了他的名誉起见，不得不跟你较量一下。

五、比较 / 比喻义框式介词

比较 / 比喻义框式介词指的是 "像 / 跟……似的 / 一样" 和 "比……要 / 来得" 这样的结构。首先说表平比的"像 / 跟……似的 / 一样"，它在刘丹青按照介词句法特点所区分的框式介词系统中与结构"从……起"和"到……为止"一样，同属于双重赋元框式介词这一类。"似的"不同于"一样"的地方在于，"似的"不能单独使用，也不能单独充当句子成分，只能附着在某些词或者词组之后使用。

表示平比基准时，古汉语多采用"如、似"这样动词性很强的前置词放置于谓语后，如"赤如丹火""恩重如山""情深似海"这样的表述都很常见。具有动词性的"如、似"都能起到联系项的作用，结构"VP 如 / 似 NP"正好使得这个联系项位于中介的位置，这符合功能语法中的联系项居中原则。另外，从元代起就出现了比较基准位于谓语前的情况，此时也常用"似、似的、也似、一样、一般"等后置性联系项来标记基准。这些后置性的联系项也正好位于基准和谓语之间。而从近代汉语和现代汉语的用例中可以看出，如果基准位于谓语前，则前置词的出现自由，可以不用，而后置词必现。其根本原因是此时后置词位于基准和谓语之间的中介位置。平比句式的演变，非常突出地体现了中介位置对前后置词选用的影响。如：

（185）小嘎子眯着眼睛朝小老头儿咪嘻一笑，像 / 跟老熟人似的要抢话说。

——小嘎子眯着眼睛朝小老头儿咪嘻一笑，老熟人似的要抢话说。

——* 小嘎子眯着眼睛朝小老头儿咪嘻一笑，像 / 跟老熟人要抢话说。

（186）它那长长的羽毛，像雪一样白。

——它那长长的羽毛，雪一样白。

——* 它那长长的羽毛，像雪白。

反之，如果基准位于谓语后，前置词的作用就会变得重要。不过置于谓语后的平比基准须得有"得"作为标记，因此有时前置词也可以省略，例如：

（187）那天夜里他睡得像死了一样。

在上例中"睡得像死了"和"睡得死了一样"都能说，不过在谓语后还是省略后置词更为自然。

"跟……似的／一样"除了表示比喻，有时也可表示对同类型或同质的两个对象之间的对比，此时这类框式结构表达的是被比较对象之间的相同点，例如：

（188）"一个天阴如墨的夜晚，"讲故事的人特地形容了一句，"就跟今天晚上似的！"

（189）体形真难看，跟生过孩子似的。

之所以说上述两例表达的是对比而非比喻，是因为比喻是将两个类型或性质不同的人或事物加以比较，而对比针对的对象具有类型或性质相同的特点。如前一例中，是将今天晚上与故事中"一个天阴如墨的夜晚"相比较，而第二例中是将生过与未生过小孩的人的体形相比较。

比较／比喻义框式介词还包括表差比的"比……要／来得"。差比句的构成曾被认为是判定语言类型的重要标准之一，表示差比的基准在 Greenberg（1963）以及 Dryer（1992）[①]看来都是一个重要的类型参项。在 Greenberg 基于 30 多种语言背景得出的 45 条共性中，第 22 条明确指出："当差比句的唯一语序或语序之一是'基准—比较标记—形容词'时，该语言为后置词语言；如果唯一语序是'形容词—比较标记—基准'时，大于偶然性的绝对优势可能是该语言为后置词语言。"另据 Dryer 对基于 100 多个语组 625 种语言的统计发现，OV 型语言基本采用"基准＋形容词"语序，而 VO 型语言则统统采用"形容词＋基准"语序。于是他认为汉语是唯一作为 SVO 型语言却实用"基准＋形容词"的语言。

在古汉语中，差比基准由置于谓语后的前置词"于／於"作标记。如：

（190）夫海大于百川也，人皆知之，通者明于不通，莫之能别也。（《论衡·卷十三》）

古汉语的这种用法，包括当今粤方言中用"过"代替古代的"于"，如"他高过你"，这些都符合 Greenberg 和 Dryer 的语言规律。但是，在现代汉语和众多方言中，用前置词"比"将基准置于动词前已成为差比句的基本句式，如"我比她聪明"。这种格式不符合 Greenberg 的第 22 条类型学参项，因为比较标记没有位于中介位置；同时它也不符合 Dryer 提出的对应规律，因为出现了"基准＋形容词"这种当属 OV 语言特性的语序。可见在实际语言和方言中，差比句的句法表现要复杂得多。

在口语或方言的"比"字句中，有时会出现一些能插入基准和谓语之间的成分，如副词"更"和助动词"要""来得"等，从而构成"比……更／要／来得"这样的

[①] Matthew S. Dryer. The Greenbergian Word Order Correlations[J]. Language. Vol. 68, Num. 1:43-80.

框式介词。如：

（191）我国朝代的出现，可能比埃及更早。

（192）升学多总比升学少的学校质量要高些。

（193）我才发现它们比丁香来得大，而且编排成很好看的相对两列。

上述例子中所插入的后置词成分，主要起到的是类似黏合剂的作用，也就是起中介位置的联系项功能。从介词隐现的角度来讲，这里的后置词"更／要／来得"不是必现的，主要起到的是强调的作用。

六、跟随义框式介词

"和／跟／共／同……一起／一道"是典型的跟随义框式介词。其中前置词"和""跟""同"和"共"由于都来源于动词，语法意义相同或相近，形成条件也基本相同，并且在历时上存在相互替代的关系，因而一直受到学者们的重视。

王力先生认为，"和"的本义是"拌合"，后来发展成了"连带"的意思，后一种用法大概产生于晚唐时期。同样认为"和"作为介词的用法是从唐代开始的学者还有太田辰夫（1958）、刘坚（1989）[①]、吴福祥（1996）、马贝加（2002）等。成为介词后的"和"在宋元时期用法很常见：

（194）你敢和我交战么？（《元曲选外编·三战吕布》四十一折）

（195）怎和那儿女辈，泼无徒，做伴侣。（《新校元刊杂剧三十种·贬夜郎》二折）

介词"和"与介词"连""共""同"都有着同义关系。它从最早表示动作行为所包括的对象，逐渐延伸出表示强调的对象，表示动作行为的协同者，表示动作行为比较的对象，表示动作行为涉及的对象，表示动作行为服务的对象等意义。到了近代汉语中，"和"表示动作行为包括的对象这一意义基本消失，除了保留其表动作行为的协同者这一主要用法之外，表其他的意义都已经逐渐少见了。

介词"跟"来自其动词"跟从"义，它表示动作行为的协同者或涉及的对象，产生于明代。"跟、从"在表示"跟随、随同"之义时是同义词，自"从"成为交与介词以后，"跟"也向介词转化。根据赵克诚（1987）[②]和向熹（1993）[③]的研究，已经发展为介词能引进交与对象的"跟"在《西游记》中已经可以见到：

（196）他说我把他儿子做了观音菩萨的童子，不得常见，跟我为仇，不肯借扇，与我争斗。（《西游记·第五十九回》）

"共"的介词用法开始于六朝时期，作介词的"共"是由动词的"共同"义演变而来的，表示的是动作行为的协同者。之所以能演变成介词是因为它能存在于"（N）

---

① 刘坚. 试论"和"，附论"共"和"连"[J]. 中国语文，1989（6）.

② 赵克诚. 近代汉语语法 [M]. 西安：陕西师范大学出版社，1987.

③ 向熹. 简明汉语史 [M]. 北京：高等教育出版社，1993.

共 NV"的格式中，它的这种用法沿用到了宋元时期，后来逐渐被"和"所取代。"同"是从其动词的"偕同"义演变成为介词的，作动词时"同"有"伴随、偕同、连带"之义。"同"用作动词，在《诗经》中已有用例。"同"能够虚化为介词，除了受本身词义的影响之外，主要是由于受到"共"虚化的影响，也逐渐向介词转化。马贝加（2002）[①]指出是词汇系统中同义词的同向发展——由聚合关系改变引发了这种变化。她认为"共"与"同"在魏晋以前已是近义词，且在魏晋至唐朝时期，两词的连用或对举都非常普遍。正因为有相同的义项和语境，使得两词的词性也同步发生了变化。在"共+N+V"格式固定了以后，也随之出现了"同+N+V"的格式。例如：

（197）即令同籍共居，以敦风教。（《旧唐书·食货志上》）

（198）意满便同春水满，情深还似酒杯深，楚烟湘月两沉沉。（《全唐诗·浣溪沙·握手河桥柳似金》）

前置词"跟、共、同、和"表示的是伴随，它们可以独立充当并列连词或者伴随介词，但在现代汉语中也常常和动词前的"一起、一道"等构成框式结构。据考察，这类表跟随义的框式介词，除了"同……一起"能在元明和清朝时期的语料中找到少量用例之外，其余的在古汉语中都尚未出现，如：

（199）王爵就央店家另雇了车夫，推了车子，别了店家，同公差三个人一起走路。（《二刻拍案惊奇·卷二十一》）

（200）他便且不行文知照，把自己的官船留在后面，同随带司员人等一起行走。（《儿女英雄传·第十三回》）

这说明表跟随义的框式介词大都是在近代以后才逐渐产生的，在现代汉语中，它们的使用非常普遍。跟随义框式介词中的后置词"一起、一道"与前部的前置词意义相近，最初使用是为了表示强调，后来在频繁的使用当中逐渐形成了一种固定结构。但是作为后置词，"一起"和"一道"的隐现是自由的，不出现也不影响句子的结构和意义表达，不过前置词是必须出现的，如：

（201）这本书岂不是就要跟他一起跌到阴沟里去了？

（202）我正期待着跟我妈一起到我祖先的故乡去参观访问。

（203）17岁那年，他同弟弟乔年一起，跟随父亲到上海求学。

（204）于是，我们的导演和作者们一起寻求着更为准确的结尾。

（205）不说就和他一道去见阎王！

（206）但要是没有同他们一道从这里走过，谁能想象得出他们经受的苦难呢？

（207）但是我们还是希望他们好好想想，希望他们跟我们一道走！

七、连接义框式介词

① 马贝加. 近代汉语介词 [M]. 北京：中华出版社，2002.

连接义框式介词被刘丹青（2003）称作连接式框式介词，与双重赋元框式介词、词汇性框式介词和强化式框式介词一起构成框式介词这一句法概念。在他看来，连接义框式介词多为松散的、临时性框式介词，这种结构的后部往往是一个连接性成分，唯一作用仅仅是连接，并不标示题元，在话语中的出现频率很高，但在句法上一般都能省去。正如普通话中的"用/拿……来/去"，古汉语和现代书面语中的"以/因/由/为……而"等结构。

连接义框式介词中最典型的是"用……来/去"类框式结构。"用/拿/按（照）/通过……来"这种结构是由表示工具的题元"用、拿、按（照）、通过"等前置词，后面再搭配一个"来"所构成的，在少数情况下"来"也可以换成"去""而"或者"已"。后置词"来"原为趋向动词，是个动源后置词。它位于工具题元后本身没有工具义，主要只起到连接作用，类似于文言文中的"而"。如：

（208）这比用一般的语词来表达，往往显得透辟精当，能给听者以比较深刻的印象，令其信服。

（209）直接的方法是教师用很明确的手段来管理学生。

（210）自己拿什么来献给自己的中年呢？

（211）"校长，你还按你上学时留在你脑海中的印象来看待今天的孩子，你一点都不了解他们。"

（212）按照保险的对象来分，可以分为强制保险和人身保险两大类。

（213）人类正是通过强化自身的想象力来不断地增强自身的转化意识。

（214）这样，作品中的人物是通过作者这个媒介而给予读者，人物与读者不能直接沟通和对话。

（215）大部分民歌是按照其功能而进行分类的。

（216）戏曲只是按照自己所要表现内容的需要去吸收各种舞蹈。

（217）其程序可用下述斯莱特之研究以说明之。

刘丹青（2003）[①]曾对"用……来"类框式结构中后置词的使用频率做出统计。在所考察的50万字语料中，在主要动词前介引工具类题元的"用"共有199例，其中不使用中介成分的情况占68.8%（137例），在使用中介成分的31%（62例）中，"用……来"共55例，"用……去"5例，"用……而"和"用……以"各1例。虽然使用中介成分的情况只占三分之一，但也是不能忽视的。总体来说，后置词"来"实用较多的情况是在科技体或是口语中，而普通书面语用"来"较少，这大体是因为科技语体中长而复杂的工具题元较多，而在口语这样的实际交际中"来"作为黏合剂的作用必不可少的缘故。除开用于工具题元和时间点题元外，"来"还具有多种用途：

① 刘丹青.语序类型学与介词理论[M].北京：商务印书馆，2003.

在表示关涉对象时可构成"就……来"框式结构；在表示施事时可构成"由……来"结构；在表示受事时可构成"把……来"结构；表示关涉对象时还发展出了固定的"就/对……来说/来讲"这种框式结构。如：

（218）我们不妨就这个结果来分析一下实验有何需要改进的地方。

（219）这个朋友该由你们来介绍了。

（220）许多人只是把这本书当作趣闻来读，而认为它的情节是不可置信的。

上面几例中的"来"实际是和古汉语中的"而"相对应的，相当于"对/就……而言"的说法。当前置词"对/就"与后置词"而/来"的搭配逐渐固化，并且动词"说/讲/言"也逐渐虚化以后，"就/对……来讲/来说/而言"也就逐渐形成了框式介词。除"用……来"外，"为……而"也是一种表连接义的框式结构，这种结构首先可表目的，如：

（221）这次比赛，我们要打出风格和水平，一定要为夺取冠军而拼搏。

（222）当然，在欧洲内部利益也并不均衡，各方面都在为最大限度地维护自身利益而明争暗斗。

"为……而"也可表原因，表示因为某种原因而引起某种动作行为或状态，如：

（223）小黄牛很为自己的聪明而感到得意。

（224）村子沸腾了，人们都为本村出了一个英雄而感到脸上有光。

有时"为……而"亦可兼表目的和原因。虽然目的和原因被认为是完全不同的两个概念，目的是动作行为的终点，原因则是动作行为的起点，然而根据古川裕（2000）[①]的说明，"目的"和"原因"仅仅是对同一事实的两种不同看法的反映。邢福义（2000）[②]也提道："目的句中，前分句和后分句互为因果。一方面，前分句表示实现某种目的的依据、凭借，实际上就是某种目的得以实现的原因；另一方面，后分句表示所要达到的目的，实际上也是需要采取某种行为的原因。"也就是说，目的句中含有因果关系。例如：

（225）今年85岁高龄的丁家骏是黄埔军校校友，多年来一直为中泰友谊和海峡两岸的统一而奔波。

（226）这篇散文是为纪念她而作的。

"而"多用于书面语，是一个从古代就沿用下来的连词，在上古时期兼有介连两性。其主要功能是连接状语和中心语，表示修饰关系。虽然"而"的基本职能是连接两种行为或者性质，但是在实际语境中，由于上下文的影响，它可以显示出不同的作用，

---

① 古川裕．"跟"字的语义指向及其认知解释：起点指向和终点指向之间的认知转换［J］．语言教学与研究，2000（3）．

② 邢福义．往前又是0起点：《汉语复句研究》自序［J］．汉语学习，2000（4）．

例如王力先生的《汉语史稿》①中就提及：

（227）若网在纲，有条而不紊。（表正接）

（228）不有祝鮀之佞，而有宋朝之美，难乎免于今之世矣。（表反接）

（229）与子由烹而食之。（表先后关系）

（230）玉在山而草木润，渊生珠而崖不枯。（表因果关系）

上述这些"而"都是连词性的，对这些"而"所表示的不同关系真正起决定作用的是上下文，"而"仅仅是起到了连接的作用。"而"字在两种情况下也可以是介词性的：一种是将联绵词或者其他副词介绍给动词，另一种是将谓语形式状语介绍给动词，例如：

（231）欲常常而见之，故源源而来。（《孟子·万章上》）

（232）夫子莞尔而笑。（《论语·阳货》）

（233）因其所大而大之，则万物莫不大。（《庄子·秋水》）

由于第二种结构形式的"而"和现代汉语的发展规律相适应，因此有了它在框式介词中的新用法。在框式介词"为……而"中，"而"起到连接的作用，将目的或原因的成分连接到动词上面。一般情况下，"而"的隐现是自由的，如：

（234）要使我们的步调整齐一致，为一个共同目标而奋斗。

——要使我们的步调整齐一致，为一个共同目标奋斗。

（235）作品已残缺，仅剩下一躯干，并因存放于望楼而得名。

——作品已残缺，仅剩下一躯干，并因存放于望楼得名。

（236）乡中的长老是由乡民"自然认可"而产生的，是一种实际的选举。

——乡中的长老是由乡民"自然认可"产生的，是一种实际的选举。

（237）至于在西方现代绘画中，有许多画家从舞蹈中汲取灵感，以表现舞蹈的场面、情绪而闻名的。

——至于在西方现代绘画中，有许多画家从舞蹈中汲取灵感，以表现舞蹈的场面、情绪闻名的。

虽然"而"的隐现自由，但在某些情况下，框式介词本身的意义会影响它的隐现。如果并不特别强调方式或手段，可以隐去。同时，它的隐现还跟句子的长短以及句子结构复杂与否有关，句子越长、结构越复杂，越需要用"而"，因为"而"后面往往是句子的重心，它的使用有助于凸显句子的主要成分，如：

（238）可到了第四年，因他给几个有右派言论的同学资助了几件衣服和数十斤粮票，而遭到牵连，被定为右派，判了三年徒刑。

虽然"而"的使用有一定的自由度，但在有的情况下也是必须出现的，例如表强

————
① 王力．汉语史稿（下册）[M]．北京：中华书局，1980．

调时，"而"必现。

（239）为了别人的幸福而牺牲自己

此外，在一些既已固定化了的结构中，"而"不能去掉，如：

（240）为建立平等和自由而奋斗

（241）谁都不愿意为了结婚而结婚。

（242）为了前进而后退，为了向正面而向侧面，为了走直路而走弯路，这是许多实物在发展过程中所不可避免的现象。

例（239）中，框式介词"为了……而"受所介引词语"别人的幸福"的音节制约，"而"此时必现。（241）中存在一个同形结构，如果"而"隐去，该结构就无法成立。而（242）中"为了 X 而 Y"，X 和 Y 是意义相反的词语，此时"而"也不能隐去。

虽然"而"时隐时现，但它并非多余的，或者想省就省。它和"为"共同构成框式结构，除了受上述因素的影响，"而"的隐现同样跟语体有关。因为"而"是书面语词语，在口语体中，往往出于语言经济原则的考虑而不出现。但是随着这一框式介词使用频率的不断增强，这一固定格式也越来越多地存在于口语当中。

第四章　现代汉语框式介词的形成

第一节　现代汉语框式介词的演变与语序的变化

当代语言类型学的全称是"语言共性与语言类型学"，像其他流派一样，它主要关注语法研究，其中语序更成为它的核心领域。当代语言类型学的开山之作——Greenberg（1963）的《某些主要跟语序有关的语法普遍现象》就是围绕语序展开的，该标题也正好以"语言共性"为核心内容。他在这篇文章中通过对超过三十种语言的调查，基于动词和名词在这些语言的简单句中的排列顺序，将它们归为三个基本的词序类型：VSO、SVO 和 SOV（S、V、O 分别代表主语、谓语和宾语）。他同时提出了共 45 条基于大量语言资料的语言共性（又称普遍原则），其中与基本语序相关的原则有七条[①]：

1. 在带有名词性主语和宾语的陈述句中，优势语序几乎总是主语处于宾语之前。

2. 在使用前置词的语言中，领属语几乎总是后置于中心名词，而使用后置词的语言正好相反，领属语几乎总是前置于中心名词。

3. 将 VSO 作为优势语序的语言，总是使用前置词。

4. 将 SOV 作为常规语序的语言，使用后置词的频率远远超过随机数值。

5. 如果一种语言将 SOV 作为优势语序，并且领属语置于中心名词之后，那么形容词也处于名词之后。

6. 所有将 VSO 作为优势语序的语言，都可以把 SVO 作为可能的或唯一的一种替换性基本语序。

7. 在将 SOV 作为优势语序的语言中，如果没有或仅有 OSV 为其替换性语序，那么动词所带的一切状语都处于动词之前。

Greenberg 的研究引起了语言学界对语序问题的极大关注，同时也奠定了之后关于语序普遍性的研究基础。很多学者继续对语序类型进行研究，这使得语序类型学取得了重大进展。当代类型学家通过跨语言的研究证明，介词类型在语序类型学中占有核心地位。尽管不同语言在介词数量和虚化程度上差异可以很大，但介词在语法系统

[①] 格林伯格 . 某些主要跟语序有关的语法普遍现象 [J]. 陆丙甫，陆致极，译 . 国外语言学，1984（2）.

中的重要地位是毋庸置疑的。Greenberg 视介词类型为仅次于 S、O、V 间语序的第二重要的参项，Hawkins 明确将介词类型提到超过 S、O、V 语序的首要位置。语言类型学家 C. Lehmann（1992）[①] 为了研究语法化的程度将介词的语序分为两个方面。一方面是介词相对于其所支配的 NP 的语序，即介词在介词短语内部的语序。该参项下有前置词和后置词两者同时存在。另一方面是介词相对于统辖整个介宾短语的 VP 的语序，即介词短语整体的语序。该参项下有"介词短语 +VP"和"VP+ 介词短语"两种情况。在现代汉语的句法结构中，介宾短语大多位于谓语动词（或形容词）之前，少数在其后。这是汉语句法结构在布局上的一个重要特点，这一格局大概在两千年前的汉代就基本形成了。这一布局的形成和发展与联系项居中原则之间有着不可忽视的内在联系，也就是说，在汉语介词短语语序所发生的历时演变中联系项原则起到了重大作用。

一、汉语语序及介词位置的变化

汉语语法的两大手段就是语序和虚词的使用，其中语序是一种重要的语法形式和句法手段：它不仅是表示语法结构、语法意义的形式，也是言语表达或修辞的手段，很多语法意义需要通过它来表示。关于汉语语序的演变，学术界一般的认识是汉语的语序比较稳定，从古至今变化不大。著名语言学家赵元任和王力在五六十年代均指出处所介词词组、工具介词词组的语序变化是汉语语序从古至今最大的变化。在《汉语口语语法》一书中，赵元任明确地提出"表示所在和所从来的介词短语可以放在动词之后而不是动词之前"，这是文言和白话之间在语序上唯一重要的差别。王力在《汉语史稿》中指出，处所状语和工具状语的语序变化应该算是汉语从上古到中古的三种语序变化之一。他对这种语序变化做了简单的描写，并认为"到了汉代，一般的处所状语渐渐可以移动到动词的前面"，到了近代汉语里因为"以"被"拿"所代替，"工具状语的位置也就固定在动词的前面"。

其实在 20 世纪 70 年代之前，汉语语法学没有明确的语序类型的概念。开中国语法学先河的《马氏文通》主要用 SVO 的框架来描写古代汉语。他分别以"起词、语词、止词"来称呼主谓宾语，及物动词称为外动词。书中总结到："语词后而起词先者，常也"，"凡为外动止词者，位其后"。这里所说的"起"和"止"明显带有语序意味。20 世纪 50 年代前的学者，如黎锦熙、吕叔湘等，大都以类似马建忠的态度来对待现代汉语语序，普遍以语义为标准确定主语宾语，并采用"提宾""倒装"的说法来解释各种受事位于动词前和句首的现象和施事位于动词后的现象，这也就等于承认汉语中 SOV、OSV、OV、VS 等都是很常见的语序结构。20 世纪 80 年代，唯位置论的分

---

① Christian Lehmann. Word Order Change by Grammaticalization[M] Manuel Gerzitsen & Dieter Stein (eds.) Internal and External Factors in Syntactic Change. Berlin: Mouton de Gruyter, 1992.

析成为国内语法学的主流，这种观点认为，汉语主语是一种话题，它和谓语的关系可以很松散，所以不能根据施受关系，而应根据位置来确定主宾语，动词前的各种名词性单位都可以作主语，而谓语也不必只由动词充当，持这种观点的学者包括赵元任、朱德熙、陆俭明等。这种唯位置论解决了以前滥用"提宾""倒装"引发的明显矛盾和随意性，但同时它也使得汉语"主语"成了很空洞的概念，主语数量的机械增加掩盖了汉语实际存在的语序变化及其内在规律，难以据此发现小句结构和论元结构的联系，并且也因此失去了跨语言的可比性。

随着语言学理论的发展，语言类型学在二十世纪六七十年代逐渐兴起。作为一门给语言分类的学问，它最典型的特征就是具有跨语言（以及跨方言、跨时代）的研究视角。正是从 20 世纪 70 年代起，汉语学界也通过跨语言的对比研究，发现汉语语序在很多方面显示出与其他基本语序同为 SVO 的语言不一样的地方，例如介词词组位于动词前、名词修饰语位于动词前、比较句中的被比较者位于形容词前等。汉语语序的这些特点引起了海外学术界的很大关注，于是他们开始在 Greenberg（1963）开创的类型学背景下重新审视汉语语序，介词词组语序也因此受到了很大关注。语言类型学中的语序研究自从 Greenberg 的开山之作问世以来，长期以小句内部主—动—宾（即 S、V、O）语序为基本的类型参项。七八十年代关于现代汉语语序是否经历了由 SVO 到 SOV 的转化的问题引起了语言学界广泛而热烈的讨论，争论的焦点是汉语在历史上是否发生过语言类型上的变化这个重要问题。在这场讨论中处所介词词组和工具介词词组的语序变化作为汉语最明显的语序变化受到了特别的重视，很多学者都试图对介词词组语序变化的原因进行解释，如李讷、戴浩一、孙朝奋、屈承熹、李孟珍、魏岫明、黎天睦等。不过他们中大部分的研究只是将古代汉语与现代汉语中的词序情况做简单的对比和探讨，大多是一种理论推测，没有考察演变过程，主要目的是为了说明现代汉语的词序。Sun Chaofen & Tamly Givon（1985）[①] 通过量化的方法证实了现代汉语的语序并非 SVO，这一观点已经为国内外汉语研究者所广泛接受。而从汉语史的角度专门研究这一问题的主要有赵大明、吴可颖、黄宣范、魏培泉四人。这些研究中，只有赵大明不是在语言类型的背景下进行的。

戴浩一（1988）提出"时间顺序原则"（PTS: The principle of temporal sequence），它可以表述为：两个语法单位的相对次序由它们在所反映的概念领域里的时间顺序决定。他认为 PTS 是汉语语法中最基本的语序原则，试图利用该原则来解释汉语里的各种语序现象。在他看来，语言单位的排列顺序同时间顺序或思维顺序具有很高象似性，汉语的语序结构直接反映出现实的时间结构，这就仿佛是对现实生活的临摹。这是从认知角度

---

① Sun Chaofen, Talmy Givon. On the SO-called SOV Word Order in Mandarin Chinese: A Quantified Text Study and Its Implications[J]. Language, 1985.

解释语序现象的一篇影响较大的文章，时间顺序原则成为制约汉语语序的一条重要原则，对汉语语序的研究有着重要价值。这一原则如果具体到汉语介词词组的语序，就是说介词词组的位置同它所表示的语义相对应。

之后 Li 和 Thompson 也发表文章同意戴的观点。他们在《汉语语法》中提到"'国语'是一种具有 SVO 特征以及 SOV 特征的语言"，"'国语'正逐渐从 SVO 语言转变为 SOV 语言"。[①] 他们假设现代汉语中的常用介词都是在连动式中的第一个动词的位置上演变为介词的，也就是说 V1OV2 中的 V1，变为了 PrePOV 中的前置介词 PreP。因而在动词演变为介词之后，词序变为了 SOV，宾语位于动词前，这就是语序从 SVO 变为 SOV 的解释。虽然汉语中的前置介词的确大多由连动式上的第一个动词的位置上演变而来，但是从 V1OV2 结构中发展而来的介词只有"将"和"把"两个而已，Li 和 Thompson 并没有证明除去它们之外还有别的介词。事实上，现代汉语许多介词是从 V1O1V2O2 结构中的 V1 演变而来的，少数也来自连动式中的第二个介词，如"在"和"到"，而这两种变化都不会造成 OV 语序。他们根据古今汉语语序上的一些变化，如疑问代词、否定句代词作宾语由动词前向动词后的移动，认为整个汉语的基本语序经历了从上古以前 SVO 到上古以后 SOV 的演变，修饰语的位置也随之从中心语之后移到了中心语之前。之所以认为有这样的演变，他们的依据是 Greenberg 所提出的普遍原则（General Rules），即一般以 SVO 为主要语序的语言，通常采用"NP+Det."（名词 + 修饰语）这样的语序，也往往用前置词；而 SOV 语言则通常采用"Det.+NP"（修饰语 + 名词）这样的语序，也往往用后置词。

针对 Li 和 Thompson 的观点，孙朝奋和 Givon（1985）从共时和历时两个方面提出了不同意见，并以实际语料的统计来支持汉语是 SVO 的分析。他们认为，两千年来汉语维持着语序的稳定，并没有发生所谓的 SOV 向 SVO 的转变，唯一的显著变化就是前置词短语由动词后向动词前发展。也就是说，汉语的介词出现了前消后长的趋势，而汉语的介词短语出现了前长后消的趋势。正是这一变迁，对汉语介词的格局产生了重大的影响。这一观点跟王力、赵元任先生的观点也是基本吻合的。何乐士（1992）[②] 也通过对春秋的《左传》和西汉的《史记》中的介词用法、介宾短语出现次数及位置的比较，得出结论说，汉语语法在从《左传》时期到《史记》时期这一历史阶段中基本完成了句子结构在布局上的重大变化，这一变化实质就是汉语语序的重大变化，即由"动 + 介宾"为主的语序过渡到以"介宾 + 动"为主的语序。由此，介宾短语在动词前的比例逐渐增加。

---

① 汤普森. 汉语语法 [M]. 黄宣范，译. 台北：文鹤出版有限公司，1962.
② 何乐士.《史记》语法特点研究 [M]. 济南：山东教育出版社，1992.

冯英（1993）^① 提出汉语如今所呈现的比较固定的语序是从魏晋南北朝之后才逐渐形成的，此前的汉语语序尚处于不固定阶段，具体而言发生了三方面的变化：第一，疑问代词、否定句代词作宾语时的位置由动词前往动词后移动。第二，"数、量、名"结构语序发生变异。第三，介词短语在句中的位置发生了改变。她认为，汉语语序的历时演变同语言的结构类型的改变密切相关。上古汉语正处在一个过渡阶段，其间旧的语法形式还未被新的语序完全替代，因此呈现出了语序不定的痕迹。汉语发展的内部规律和调节引起了汉语语序的变异，并非是受到了外来语语序的影响。这种内部调节"并非一时即成，它和语言整体发展变化一样，与社会的发展，交际的需要，人类对客观实物认识程度的加深有着密切的联系，经历了一个漫长的过程"。

张赪（2002）^② 曾指出，汉语史上曾出现过的重大的语序变化包括四种：介词词组的语序由位于动词后移至动词前；修饰名词的数量词由位于名词后移至名词前；"把字句"的出现；以及比较句的变化。但在这几种变化当中，语序真正发生了变化且这种变化在汉语里有普遍性，而变化结果又与 SOV 语言的语序基本一致的，就只有介词词组的语序变化。她认为介词短语由后至前的过程到元明时才最后完成。

徐烈炯和刘丹青也都认同介词短语由后至前的历史性移位，其中刘丹青（2003）以语言类型学为基础选择了介词类型作为核心问题来展开汉语语序类型学的研究，并把吴语作为重要研究对象。他认为，正是介词短语的前长后消，激发了介词的前消后长，两种消长密切相关。刘还从和谐性原则和联系项居中原则的角度来解释汉语介词词组的语序变化。按照他的观点，方位名词产生的动因是介词词组位置由动词后向动词前的前移，为了符合和谐性原则和联系项居中原则，汉语后置词以及框式介词就应运而生了。

关于介词词组语序变化的原因，学术界主要呈现出四种观点。一是认为介词不断兴替导致了介词词组词序的变化，这种观点的支持者较多，其中黄宣范和赵大明做过专门研究。二是认为在汉语中，介词词组所表示的语义会对介词词组所在的位置产生影响，该原则在汉语中的运用使得介词词组的词序发生了变化，持这一看法的主要是黎天睦和吴可颖。第三是认为在不同时期，介词词组所呈现的不同词序直接反映了汉语内部在词序上的差异，最先提出这一看法的是魏培泉。第四种是认为介词词组的词序变化是受汉语词序由 SVO 变为 SOV 的大趋势影响而产生的，是汉语词序 SOV 化的一部分，持有这一观点的主要有戴浩一、Li & Thompson。

---

① 冯英. 汉语语序变异及其原因 [J]. 云南师范大学学报（哲学社会科学版），1993（6）.

② 张赪. 汉语介词词组词序的历史演变 [M]. 北京：北京语言文化大学出版社，2002.

二、联系项居中原则和中介位置的填补

介词短语的语序变化对介词类型的影响，要从联系项的语序特点去理解，联系项居中的原则是语序研究中的一项重要原则。在 Dik（1997）[1] 根据跨语言调查得出的人类语言若干语序原则中，联系项原则是很重要的一条，该原则指出联系项的优先位置是位于所连接的两个单位之间。Dik 认为，介词 [adposition，包括前置词（preposition）和后置词（postposition）]、连词、格标记、修饰语标记、副词标记、领属标记以及各种从属小句引导词等是句子或短语平面的联系项，它们共同的作用是将两个有并列或从属关系的成分结合成更大的一个单位，并标明这两个成分之间的关系。联系项一般来说总是跟它所联系的其中一个成分关系更加密切一些，这个成分被 Dik 称为直接联系成分（immediate relatum）。联系项的位置一般遵循两个原则：（1）联系项的位置总是居于两个被联系的成分之间；（2）联系项往往位于被联系成分的外围，即联系项和其中一个被联系成分构成了一个结构的两个直接成分，而一般不会进入联系成分的内部。联系项居中原则是汉语发展过程中一项不可或缺的原则。

联系项原则首先具有很强的预测力，它能覆盖的结构很多。在前置词语言中，介词短语往往在动词后，呈"VP+ 前置词 +NP"的语序，此时前置词正好处于中间位置。如：

（1）run　towards　the　building（英语 SVO 型）
　　　跑　朝着　　那栋楼　　（朝那栋楼跑去）

而在后置词语言中，介词短语当在动词前，通常出现的是"NP+ 后置词 +VP"的语序，这样后置词仍然处于中间位置。如：

（2）王さん は 新幹線 で東京 から 京都 まで 旅行 した（日语 SOV 型）

小王（主格）新干线　　用 东京　　从 京都 到 旅行（小王乘坐新干线从东京往京都旅行。）

在除现代汉语以外的 VO 型语言中，介词短语都通常置于所修饰的核心之后，这时要让联系项位于所联系的两个成分之间，唯有使用前置词，如英语的"put it in the box"和古汉语的"青取之于蓝而青于蓝"。在 OV 型语言中，介词短语位于所修饰的核心之前，为了让它处于所联系的两个成分之间，只有使用后置词，如日语的"shinkangsen de ryokoosita"（用新干线旅行。字面语序是新干线—用—旅行）。

其次，从其他一些更高层次的大原则中，联系项句中原则也能够得到合理的解释。在 Dik 所提出的若干条语序总原则中，放在第一位的是象似性原则。联系项位于所联系的两个成分之间，这就充分体现出了象似性原则，同时也体现了语言规则对行为规

---

① Simon C. Dik, "The Theory of Functional Grammar". Part 1 in *The Structure of the Clause*. ed. By Kees Hengeveld, Second Revised Edition. Berlin & New York: Mouton de Gruyter, 1997.

则的最佳模拟。据了解，绝大部分语言的介词都遵守这一原则。此外，对介词而言，联系项原则同样符合 Dik 的"核心相近原则"以及由 Hawkins 提出的"直接成分尽早辨认原则"。因为介词作为介词短语的核心，当它位于 NP 和 VP 之间时便最靠近作为上一层核心的动词。当核心靠近时，在理解句子时也就最容易辨认出直接成分。联系项居中原则的第二个子条，符合 Dik 的另一条语序总原则，即"范域整合原则"（The Principle of Domain Integrity）。该原则要求各成分的范域界限清楚，避免交叉。联系项只有位于所在短语的两端之一才能保证范域界限的清楚。比如英语的"in my hand"，如果被说成"my in hand"，就会造成范域的交叉，因为 in 管辖 my hand，这个短语却被分割在 in 的两边；my 管辖 hand，却被它不能管辖的 in 隔开了。

汉语研究中，刘丹青（2002，2003）最先指出这条原则不但是汉语介词类型的发展动因之一，也影响着汉语介宾短语的语序。而后他在 2005 年又指出，由于居于关系从句和核心名词之间的中介位置，汉语普通话和方言中的指示词、指量短语、具有定冠词作用的量词等都有可能发展为关系从句标记。现代汉语中，动宾结构以 VO 为主，动词短语以前置为主，是符合和谐性原则的。在先秦汉语中，介词短语后置于动词的结构占优势，这与占优势的前置词是和谐的，原因是前置词正好居于中介位置。而后介词短语逐渐前移，以前置于动词为优势语序，这与后置词的大量出现也是和谐的，这种和谐的根源仍然是联系项居中原则。

刘丹青（2003）[1]认为我国早在先秦时期就已经出现了框式介词，最常见的分别是"而"和"以"。例如：

（3）乃使魏寿余伪以魏叛者以诱士会，执其帑于晋，使夜逸。（《左传·文公十三年》）（以……以）

（4）子曰："因民之所利而利之，斯不亦惠而不费乎？"（《论语·尧曰》）（因……而）

（5）子列子曰："昔者圣人因阴阳以统天地。"（《列子·天瑞》）（因……以）

例（3）中"以魏叛者以诱士会"中的第二个"以"、例（4）中"因民之所利而利之"中的"而"，以及例（5）中"因阴阳以统天地"中的"以"，以往都被汉语学界通常视作连词，但刘丹青认为它们都是一种临时性的句法组合，是框式介词。

框式介词的源起与汉语发展过程中介词短语从动词后向动词前的历史性移位密切相关。孙朝奋（Sun 1996）认为前置词短语由动词后到动词前是两千年来汉语仅有的重要的语序演变。此外，黄宣范、何乐士、佩罗布等也曾经考察过这种语序的变化，并且他们都认同，这一演变的明显发展趋势大约在东汉至魏晋期间就开始了。前置词短语移位到动词前，使得介词失去了中介位置，这自然是对联系项居中原则的违背。

---

[1] 刘丹青. 语序类型学与介词理论 [M]. 北京：商务印书馆，2003.

介词前移后留下的空位继而通过方位词以及其他来源的后置词得以填补，这些词逐渐发展起来并日渐常用，逐步虚化，最终介词与方位词联合成方位性的介词框架。从上古汉语的情况可以看出，介词，特别是介词短语，之所以能成为语序共性中对应性最强的参项，主要是因为联系项居中原则的超强制约性。介词位于中介位置不但最符合象似性，也与其他原则相协调。介词如果不处于中介位置，很容易造成范域的模糊和歧义，所以减少歧义应该是人类语言中介词强烈倾向于中介位置的原因之一。

第二节　现代汉语框式介词的形成动因

一、语义动因

刘丹青（2002）在《汉语中的框式介词》一文中谈及"方位短语"现象的语义动因时曾指出，语义因素是最容易想到的能够解释这一现象的动因，其原因是汉语的前置词只能表示空间关系的类型，而不能表示空间关系的具体位置。他解释说，空间关系的类型实际指的就是空间关系的时间类型。例如，"在"表示事件发生时所处的位置，属于现在时；"到"表示事件结束时的位置，属于相对将来时；"从"表示事件发生前的位置，属于相对过去时；"沿着、顺着"表示延续性行为持续的位置，属于延续时。虽然可以表达或隐含这样的时间类型，但诸如"上、下、里、中、外、边、之间"这样的具体空间位置类型，却是前置词所无法表达的，于是这一任务就只得由方位词来完成。

金昌吉（1994）[①]也提到，方位词的语义功能在于借助与它所附着词语的关系，指示方向、位置或范围，它与前面词语存在附着的语法关系。作为虚词的一种，方位词的意义较之实词来说是比较空泛的，但若与其他虚词相比它的意义又相对较实。方位词的意义是在与所附着词语之间的相互关系中体现出来的，被附着的词语表示某种基准，一般处于主导的制约地位，没有这种基准那自然也谈不上所谓的"上、下、前、后"等，而方位词本身也对被附着的词语起到一定的反制约作用。金昌吉认为从方位词与其他词语的相互关系以及方位短语的整体语义功能可以看出，方位词的语义有着独特之处，具体体现在三个方面：

其一，方位词既可表定向性又可表泛向性。吕叔湘先生最早提出"定向性"和"泛向性"这两个概念，其中"定向性"是指方位词的所指是它们各自的实际方位，是方位词的本义；而"泛向性"则不能从实际方位去理解，实际上它是方位词词义的进一

[①] 金昌吉. 方位词的功能及其语义分析 [J]. 内蒙古民族师院学报（哲学社会科学版），1994（3）.

步虚化，是方位词的引申义。诸如"东、南、西、北、上、下、左、右"等方位性较强的词不会产生"泛向性"；而那些常用的、可以以较多不同事物为基准的方位词却容易形成泛向。可以说"定向"与"泛向"共同构成了方位词的多义性。正因为常用的方位词大都具有"定向性"和"泛向性"并存的语义特征，才会造成方位短语理解上的歧义和语义上的相互交叉。例如"油画上"既可以理解为油画的上方，也可以理解为画中某一处；"地上"和"地下"的语义也存在相互交叉。这些情况说明方位词具有很丰富的表现力，同时这也为词语间的相互选择提供了一定余地。选择的余地越大，语言的表现力也就越强。也就是说，现代汉语中有很多方所的名词并没有语义的强制性，有时甚至换上具有相反语义的处所词也不会改变整个句子或者短语的语义。

其二，从整体上来看，方位词的排列较为对称和整齐，例如"上、下、左、右、前、后"等。但是在它与其他词语的搭配以及具体的使用过程中，方位词却呈现出较为明显的"扭曲"关系。例如，不同的方位词在使用频率上大不相同，极不均衡。词义相反的词并不总是有相对的格式，但在具体的组合运用中有时意义相同，例如"在地上有很多垃圾"也可以说成"在地下有很多垃圾"。此外，词义相近的词语又相互纠结，可以互换而保持意义不变，例如"在山中无老虎""在山里无老虎"和"在山上无老虎"。

其三，方位词同时具有准确性与模糊性。一般来讲方位词的静态意义都不固定，但与它们组合的词语既可以非常精确，如"3.56 公斤上下"，也可以较为模糊，如"最近几周内"。理论上讲，"1980 年以前"可以由"1980 年"向上无限回溯，但在实际语言环境中，这种回溯一般有一定的上限（基本不会超过十年）。从信息交流的角度来看，人们在某些时候不得不采取一种较为模糊但却相对简明的说法，因此准确性与模糊性并非永远矛盾，可以说它们是对立而又统一的。

基于上述原因，一些学者提出，正是因为方位词有着特殊的语义功能和丰富的表现力，因此它能表达很多前置词不能表达的意义，这也成了框式介词产生的语义动因。沈阳等（2001）[1] 就根据动词的不同类型，对含有方所名词的动词结构设置了六种语义特征参项，分别是：[± 附着]、[± 事件发生处所]、[± 动作延续状态]、[± 动作遗留状态] 和 [± 运动终点处所]。然而由于这些参数本身的主观性很强，因此用它们来对方所框式介词中后置词的语义做出解释是不全面的。他们自己也提道："因为语义特征投射到某种特定句式上去的时候会受到多种因素的影响、干扰和限制，并造成语义特征解释跟实际语感上对语义关系的理解和实际结构形式对语义结构的体现并不严格对应的现象。"虽然他们后来又从诸如语义连续现象、语义重合现象和语义标记现象等其他角度进行了补充说明，但这些语义解释还是不能达到系统性和规律性的解释目标。

---

① 沈阳，何元件，顾阳.生成语法理论与汉语语法研究 [M].哈尔滨：黑龙江教育出版社，2001.

　　同样反对用语义来解释框式介词这一现象的也包括刘丹青，在他看来，这种解释在句法类型学上是不充分的，因为它忽略了方位词的句法强制性，特别是在语义上并无必要时的句法强制性。例如，在例句"在山中 / 山里 / 山上无老虎"，或是"在地上 / 地下有很多垃圾"当中，方位词甚至是反义方位词的换用，并不会造成意义的明显差别。可见这里的方位词并不表达具体的空间位置，语义上并无必要，因为有了前置词"在"语义就已经足够。然而在现代汉语中，这些方位词的出现是带有强制性的，不能省略，"在山"和"在地"都不符合语法，而只有在加上方位词构成框式结构以后才能成立。这样的句法强制性语义动因是不足以解释的。

　　此外，方位词以外的很多后置词的存在更无法用语义动因来解释。根据他本人从句法特点的角度对框式介词所做的分类，有一类称作双重赋元框式介词，其前、后两个标记都能够赋予题元，造成语义冗余，如表示起讫的"从……起""到……为止"，表比较或比喻的"跟 / 像……一样 / 似的"，表动机的"为了……起见"，等等。其中，"像……""……似的"和"像……似的"的语义作用完全相同，都是用来引出喻体（或等比基准）的标记。那么为什么既然已经有了"像"这样的动源前置词，还需要"似的"这样的后置词，而在英语这样的前置词语言里，却只需用 like 一类前置词来表达呢？同样，"为了安全起见"和"安全起见"，其中"为了……起见"和"……起见"的意义也完全相同，都相当于英语的前置词 because。并且在这样的例子中，几乎都是后置词的强制性要高于前置词，也就是说后置词在句法上是强制性的，而相应的前置词却是可选择性的。例如"他像恶狼似的狼吞虎咽起来"和"为了保险起见我们总共提了两个方案"，"像"和"为了"往往可以省略，而相对而言"似的"和"起见"往往不能省略。

　　很多学者，如金昌吉和储泽祥等都对汉语的方位词的语义功能做了非常详尽的研究。但这些研究多侧重语义而不太看重句法，并未把那些虚化了的方位词真正当作介词这样的虚词来研究，也未将这些后置词同汉语中其他的后置词联系起来研究，因而汉语学界对方位词的语义认识要远高于句法认识，也就遗憾地忽略了后置词与其前置词合成的框式介词在汉语中存在的真正句法动因。现代汉语框式介词中的后置词并不是为了满足语义上的要求，而是句法上的强制性需求。

二、句法动因

（一）先秦时期的介词语序

　　从历时来看，在甲骨文、金文中，介词无论是数量还是出现的次数，都是谓语前少，谓语后多。沈培（1991）[①]曾考察甲骨文中的介词词组语序，他认为甲骨文中不

[①] 沈培 . 殷墟甲骨卜辞语序研究［M］. 北京：文津出版社，1991.

表时间的介词词组的基本语序是位于动词后，有些介词词组从不置于动词前，少数能位于动词前的介词词组出现在动词前时都是命辞的焦点，有特殊表达作用。先秦和西汉时期，介词短语PP修饰动词时可前可后，介词也有前后置之分。虽然情形看似复杂，但基本倾向仍很清楚：PP在动词后为主，介词以前置词为主，这样介词基本处于中介位置；另一方面，PP也有在动词前的，而前置词也可临时用作后置词，而且前置词用作后置词只发生在PP在前的时候，即临时用作后置词的介词都处于中介位置。这说明在先秦汉语复杂的语序格局中联系项居中原则的作用清晰可见。先秦文献中最常用的两个介词非"於""以"莫属，作为上古汉语最重要的两个介词，它们生命力最强，一直沿用至今。何乐士（1992）的统计表明，这两个介词在《左传》中覆盖了全部介词使用总次数5798次中的4617次，占80%，应该能代表先秦汉语介词的总体格局。郭锡良（1997）和张赪（2000）都曾统计出，先秦时期引进场所的介词"於"基本位于动词后。例如：

（6）有美玉於斯。（《论语·子罕》）

（7）使天下仕者皆欲立於王之朝。（《孟子·梁惠王上》）

（8）武王克商，迁九鼎於洛邑。（《左传·隐公元年》）

"於"字结构在动词前的用例极少，而"於"用于后置词的用例全部发生在一些低频结构中。据管燮初（1994）[①]的统计，《左传》全书中共有六例"N+於"，全部在动词前，如：

（9）若得其人，四方以为主，而国於何有？（《左传·哀公二十六年》）

（10）其子幼弱，其一二父兄惧队宗主，私族於谋，而立长亲。（《左传·昭公十九年》）

这些用例都发生在"PPV"式语序中。在"於"字短语前置于动词的情况下，"於"临时用作后置词起到了维持介词在VP和NP间的中介位置，是符合联系项居中原则的。先秦时期的另一个常用介词"以"，相对"於"而言，宾语省略和前置的情况比较多，其中宾语前置就是"以"的后置词用法，与之相关的是"以"字结构用在动词前的情况也远比"於"字结构多。根据张赪（2002）[②]的介绍，《论语》《孟子》《韩非子》三书中表示工具的"以＋宾语"在动词前后的比例分别是16∶22，88∶44，385∶205。不过跟"於"相同的是，"以"作后置词全部出现在"以"字短语前置于动词时。刘丹青（2003）[③]曾举"夜以继日"为例，该成语源于：

① 管燮初. 左传句法研究 [M]. 合肥：安徽教育出版社，1994.

② 张赪. 汉语介词词组词序的历史演变 [M]. 北京：北京语言文化大学出版社，2002.

③ 刘丹青. 语序类型学与介词理论 [M]. 北京：商务印书馆，2003.

（11）周公思兼三王，以施四事，其有不合者，仰而思之，夜以继日。（《孟子·离娄下》）

根据"夜以继日"的表意，这个短语还可以说成"以夜继日、继日以夜"，但"继日夜以"是不能说的。其原因就在于这个结构中有两个要求在起作用，其一是联系项居中原则，其二是"以"的常规属性，即充当前置词。这两个要求至少要能满足其中一个，句式才能成立，"继日夜以"因为都不满足这两个要求所以不合理。由此可见，联系项原则确实在介词的用法中起着重要的作用。

先秦汉语中，由"以"作后置词的常用PP还有"何以、是以"等，这些"NP以"短语全部出现在动词前。而在同时期的文献中，"以NP"短语则普遍出现在动词后。

（12）军吏曰："获城而弗取，勤民而顿兵，何以事君？"（《左传·昭公十五年》）

（13）子夏曰："虽小道，必有可观者焉，致远恐泥，是以君子不为也！"（《论语·子张》）

（14）切以刀锯，琢以椎凿，皆裁物使成形质也。（《四书章句集注·大学章句》）

（15）九守：一仁守以均，二知守以等，三固守以典，四信守维假，五城沟守立，六廉守以名，七戒守以信，八竟守以备，九国守以谋。（《逸周书·文政解第三十九》）

上述情况说明了如果PP在动词前的概率高，那么前置词用作后置词的机会也多（"以"），反之则少（"於"），可见前置词用作后置词的基本动因就是维持介词的中介位置。

（二）先秦时期的框式介词

不是所有的前置词短语在动词前时都变成后置短语，而且有些介词也很少见到有后置词用法。然而，先秦汉语里有另一种策略来弥补联系项不居中的问题，即在前置词短语后的中介位置空缺处用上另一个作黏合剂的联系项，通常是"而"或"以"，从而造成一种临时性的框式介词。框式介词起源于先秦，不过当时的方位词都有较强的名词性，只在语义需要时使用，还难以看作后置词。先秦的框式介词，主要是指由前置词和连接性成分构成的，其存在跟联系项居中原则有直接关联，由此形成的框式介词类型一直延续到现代汉语。我们注意到，当介词短语位于动词之前时，先秦汉语常常在介词短语和动词之间加一个连接性的虚词，主要是"以"和"而"，其中"以"正好兼前置词。这样，前置词和连接词实际上形成了一种框式介词，包括有趣的"以……以"。

（16）因赂以名都而南与伐楚，是患解于秦而害交于楚也。（《韩非子·十过第十》）

（17）宋人以兵车百乘、文马百驷以赎华元于郑。（《左传·宣公二年》）

（18）善因天下之货以赏天下之人。（《商君书·赏刑第十七》）

（19）此贪於小利以失大利者也。（《吕氏春秋·权勋》）

如果前置词短语位于动词后，那么这种联系项是不必要出现的。例如"乃征会于诸侯，期以明年"中的"期以明年"就不能说成是"以明年期而"。由此可见，这类连接成分正是为了填补中介位置的空白而使用的。框式介词的出现最能够体现联系项居中原则，它虽起源于先秦，但经过中古、近代的发展，到现代已然形成了丰富的框式介词现象。在框式介词中，前置词和后置词有着不同的句法辖域和语义抽象度，它们并非一种固定的词项，而就是一种特殊的句法组合，其存在的最重要的原因就是为了维持联系项居中原则的作用。

（三）介词短语的历史性前移

在汉语史的发展过程中，介词结构作状语所处的位置发生过一些变化。首先以介词"于（於）"为例。在"于（於）"字的众多用法中，表时地是其重要用法之一。表时地的"于（於）"字结构在先秦时期有两种句法位置：表动作的着落点时后置于动词；表动作主体的位置或者动作的时间时则置于动词前后皆可。例如：

（20）今吾军於河上，迫近营门，非吾用长之地也。（《子部兵法·百战奇略》）

（21）八佾舞於庭。（《论语·八佾》）

（22）仲尼适楚，出於林中。（《庄子·达生》）

（23）故胜於西河，而困於王错，倾造大难，身不得死焉。（《吕氏春秋·知度》）

（24）若是，则兵不复出於塞外，而令行於天下矣。（《荀子·强国第十六》）

（25）民以为将拯己於水火之中也。（《孟子·梁惠王上》）

（26）子於是日哭，则不歌。（《论语·述而》）

（27）于以采蘩？于沼于沚。（《诗·采蘩》）

汉代以后，"于（於）"开始逐渐衰亡并渐渐被"在"等多个介词所取代。替代了"于（於）"的"在"字短语，当表示动作的着落点的时候，位置仍然是在动词之后，如：

（28）是时，霍氏外孙代郡太守任宣坐谋反诛，宣子章为公车丞，亡在渭城界中，夜玄服入庙，居郎间，执戟立庙门，待上至，欲为逆。（《汉书·儒林传》）

（29）先王之道，载在胸腹之内，其重不徒船车之任也。（《论衡·状留篇》）

与先秦时期不同的是，如果"在"字结构表示的是动作主体的所处位置或是时间，其位置由前后均可变为一律处于动词前，如：

（30）诸人在下坐听。（《世说新语·文学》）

（31）母王夫人在壁后听之。（同上）

"在"字结构的这种语序一直沿用到了现代汉语当中，例如"在床上看书"不能说成"看书在床上"。这与"在作业本上打勾"不同，该短语也可说成是"打勾在作业本上"，因为此时"在作业本上"并非是"打勾"的动作主体所处的具体位置。

再以介词"以"为例。同"于（於）"一样，"以"字也有多种用法，这里仅就其表示手段方法的用法来讨论。带有这种含义的"以"字结构在先秦时期的位置是动词前后皆可，如：

（32）子皮以公孙鉏为马师。（《春秋左传正义·卷四十》）

（33）乃孔子则欲以微罪行，不欲为苟去。（《孟子·滕文公上》）

（34）狗不以善吠为良，人不以善言为贤。（《庄子·徐无鬼》）

（35）天子之贵也，唯其以公侯为官正，而以伯子南为师旅。（《国语·楚语上》）

（36）化人之宫构以金银，络以珠玉；出云雨之上，而不知下之据，望之若屯云焉。（《列子·周穆王》）

（37）立勤人以职孤，立正长以顺幼，立职丧以恤死，立大葬以正同。（《逸周书·大聚》）

到了近代汉语，"以"字结构逐渐被"用""拿"等结构所代替，当我们用"用""拿"等结构来表示方式或手段的时候，通常都将其前置于动词，而不会后置了，如：

（38）鲁人皆以儒教，而朱家用侠闻。（《史记·游侠列传》）

（39）拿真心对你，你倒不信了。（《红楼梦·第四十七回》）

王力先生在《汉语史稿》（1980）一书中讨论过处所状语和工具状语的位置演变过程。他所说的处所状语专指由介词"於"引导的介宾结构，而工具状语专指由介词"以"引导的介宾结构。处所状语在西周以前，如殷墟卜辞中，并没有固定的位置，置于动词前和动词后都是可以的，如"告于父丁"和"于父丁告"都成立。在西周以后处所状语的位置固定了下来，即必须置于动词后，如：

（40）云附於地，则知无形。（《子部兵法·八阵总述》）

（41）故曰：吾观於乡，而知王道之易易也。（《荀子·乐论》）

汉代以后一般处所状语逐渐可以移至动词前，如：

（42）宰相不亲小事，非所当於道路问也。（《汉书·魏相丙吉传》）

至此，处所状语又变成了前后置均可。一般处所状语的位置真正固定于动词前，是在动词"在"代替了介词"於"之后，但如果要表示某一动作的结果使得该动作的施事或是受事到达某个处所，这个处所状语通常仍然置于动词之后，如"他摔倒在地上"。

上古时期的工具状语同样是置于动词前后皆可。但是到了近代汉语里，动词"拿"逐渐替代了介词"以"，替换后的由"拿"字组成的工具状语的位置也就固定在了动词之前，如：

（43）抚院说着话，便拿眼睛四下里瞧了一瞧，连说："太华丽了！"（《官场现形记·第六回》）

当然，由"以"字构成的工具状语并非完全消亡，其使用还是比较常见的，尤其是用在书面语当中，仍然置于动词之后，如"施以精神上的关怀"。

张赪（2002）曾在《汉语介词词组词序的历史演变》一书中指出，先秦和西汉时期以处所介词词组位于中心成分之后为主，"介词＋场所"和"介词＋对象"位于 VP 前都是极少数例外，并且这种情况多见于 VP 带宾语的句子或表示对比、强调的句子中；工具介词词组则是位于中心成分前后均可。在东汉时期，介词词组的语序在不同性质的文献中展现出了很大差别，在非佛经类文献中和上一时期基本一致。在佛经文献中变化较大，"介词＋场所"位于 VP 前的居多，已经初步显示出介词词组的语义与其语序有关这一倾向，"介词＋对象"有近三成的例句都位于 VP 前，"介词＋工具"则已经全部位于 VP 前。这些情况表明，东汉时期开始介词词组的语序已然开始发生改变，而它发生剧烈变化的时期是在魏晋南北朝。"介词＋场所"无论在佛经类文献还是在非佛经类文献中都大量前移，在佛经文献中"介词＋对象"以位于 VP 前为，主但在非佛经文献中仍维持原状。工具介词词组的前移过程已经结束，在两类文献中都是前置占有绝对的优势。到了唐五代时期，介词词组继续向前移并且该过程大致结束，处所介词词组已基本位于 VP 前。"介词＋场所"的位置同介词词组的语义之间存在明确的对应关系，"介词＋对象"已大多位于 VP 前。处所介词词组的前移基本完成，介词词组后置于中心成分时 VP 大多为光杆单音。在宋元明时期，影响介词词组语序的有关规律得到了进一步严格和完善，介词词组的语序情况与现代汉语中的情况已趋于一致。"介词＋对象"和"介词＋工具"都位于 VP 前，"介词＋场所"的位置则严格遵循"位置与其所表示的语义相对应"的规律，同时中心成分复杂与否也可影响介词词组的位置。VP 如果带的是真宾语，则介词词组一般要前置。假使受到语义影响只能位于中心成分之后，最常见的方式是用"将/把"把宾语提到 VP 前。"介词＋场所"绝对不能位于"VP＋宾语"之后，这一规律已经形成，并在部分文献中非常严格。此外，从魏晋南北朝开始，若 VP 为非单音结构，则介词词组多以前置为主。若 VP 带补语，那么除了趋向补语之外，一直也多以前置为主。若 VP 带准宾语，介词词组向来都是全部前置的。而若 VP 带"了、着、过、将、看"等成分时，介词词组也从来都全部前置。

何乐士（2000）[1] 也曾从《左传》和《史记》的比较来分析介宾短语位置的前移。他指出，在《左传》中，谓语动词前的介词个数已多于其后，但出现次数仍是谓语动词后居多。到了《史记》，不论介词的数量还是出现的次数，在谓语动词前都明显超

---

① 何乐士. 古代汉语语法研究论文集 [M]. 北京：商务印书馆，2000.

过在其后。这也就说明，现代汉语句法结构中，介宾短语主要位于谓语动词前的格局大概在两千年前的汉代就已经基本形成了。根据何乐士的统计分析，《左传》中的介宾短语总次数共有 5799 次，其中位于谓语动词前的共约 2228 次，占总数的 37%；位于谓语动词后的共约 3641 次，占总数的 63%。而《史记》第八册中介宾短语共出现 1922 次，在谓语动词前的共约 1447 次，占总数的 75.3%；在谓语动词后的共约 475 次，占总数的 24.7%。由此可见，《史记》不仅把《左传》前少后多的比例倒置了过来，而且前后相差非常悬殊，这就是一个非常重大的变化。

（四）方位名词向后置词的语法化

Greenberg（1980，1995）是在研究埃塞俄比亚闪语族部分语言和伊朗语族部分语言时提出框式介词这一概念的。在框式介词的形成过程中，两种语族的共同点都是前置词先出现，接着后置词产生，然后才有两者的搭配使用。闪语族出现后置词的原因是语序类型的演变，小句语序由 VSO 变成 SOV，名词短语由 NG 变为 GN，语序的变动带来的结果是 G 前的 N 不再居于中介的位置，但伴随这一变化产生了一些由名词虚化而来的后置词，重新填补了中介位置。这从一个侧面说明，方位后置词语法化的过程，是与介词短语由后至前的历史性移位相平行的。

也就是说，在介词短语由后向前的历史性移位过程中，产生了一个与之平行的新趋势，即方位名词的语法化，而虚化中的方位名词成为填补中介位置联系项空缺的重要补偿。从方位词的历时使用情况来看，在古汉语中它充当状语时有两种基本格式：一是直接用于谓语动词或形容词前作状语表示动作的发生、经过或者状态的存在和持续；二是用于结构"介词＋方位词"中整体作状语。方位词的这种用法早在甲骨文时代就已存在，并且在先秦文献中它直接作状语的情况占主导地位。而到了现代汉语中又发生了变化，方位词一般不单用，有的也不能单用，往往需要与介词一起搭配，也就是作为后置词使用。

在先秦汉语中，方位词的虚化程度还不够深，在句法上没有使用的强制性，只在语义上有要求，也就是需要明确表示具体方位时才会出现。如下面几例，既有带方位词的，也有不带的，都较为常见。

（44）千里之行，始于足下。（《老子·六十四章》）

（45）游弈，於军中选骁果、谙山川泉井者充。（《通典·兵典》）

（46）彼天地动作於胸中，然后事成於外，万物出入焉，然后生物无害。（《鹖冠子·泰录》）

（47）布於门上坐，步骑放火，大破益德兵，获备妻、子、军资及部曲将吏士家口。（《汉末英雄记·吕布》）

（48）孔子谓季氏："八佾舞於庭，是可忍也，是可忍，孰不可忍也？"（《论语·八佾》）

（49）伏公而出，斗，死于门中。石之纷如死于阶下。遂入，杀孟阳于床。曰："非君也，不类。"见公之足于户下，遂弑之，而立无知。（左传·庄公八年）

根据马小成、鲍红霞和李云云（2008）[①]对先秦、六朝、隋唐、宋元和明清这几个不同时期语料的详细分析，方位词单独使用和与介词搭配使用这两种格式都是同时并存的。但通过统计发现，方位词作为后置词使用，也就是"介词+方位词"格式的使用呈现出不断上升的趋势，从先秦时期的只占3.7%，逐渐发展到了宋元时期的33.6%和明清时期占统治地位的68.7%。这说明方位词的虚化程度在不断加强，与介词构成介宾结构在逐渐取代它单独使用作状语的功能。具体如下图：

表4-1　"介词+方位词"结构的变化趋势

时　　　期	方位词直接作状语	方位词加介词作状语
先秦时期：（十三经、诸子、《国语》《战国策》）	1105例 如：十有四年，春，西狩获麟。（《春秋公羊传·哀公十四年》）	42例，占3.7%： 如：危自中起，难哉！（《国语·晋语》）
六朝时期：（《世说新语》《文心雕龙》《搜神记》《百玉经》《高僧传》等）	562例 如：于是子出户南忘。（《搜神记》）	47例，占7.1% 如：公于内走马直出突之。（《世说新语》）
隋唐时期：（《敦煌变文》《祖堂集》和唐传奇）	497例 如：有鸟赤首乌翼，大如鹄。方东向立。（柳宗元《游黄溪记》）	120例，占20.1% 如：师有时说三遍成佛篇，于中有三意。（《祖堂集》）
宋元时期：（《梦溪笔谈》《朱子语类》《元刊杂剧三十种》《大宋宣和遗事》和元曲等）	1196例 如：遥想着尊父东行何日还？（《元刊杂剧三十种》）	417例，占33.6% 如：其说以谓自下望上。（《梦溪笔谈》）
明清时期：（四大名著、三言二拍、《官场现形记》《儒林外史》等）	2211例 如：自此收拾些行李，东游西走。（《初刻拍案惊奇》）	1008例，占68.7% 如：脚步鸣，一个人从外面入来。（《水浒传》）

当介词短语逐渐移到动词之前时情况发生了改变，许多在先秦时无须加方位词的意义这时都倾向于加上方位词了。根据何乐士（1992）对《左传》《史记》和《世说新语》的统计比较，《史记》第八册"於"在动词前后之比为105次对417次，在后

---

① 马小成，鲍红霞，李云云."介词+方位词"作状语时介词隐现情况的历史考察 [J]. 法制与社会，2008(14).

仍占优势，与《左传》中"於"字短语几乎全部后置的情况相比已经开始了前移进程。到了南朝的《世说新语》，这一比例变成 142 次对 139 次，"於"字短语开始在前超过在后。她所举的《世说新语》的例子中，处所题元除地名、处所代词及只用方位词外，基本上都在名词后带方位词，比如：

（50）世子嘉宾出行，於道上闻信至。（《世说新语·捷悟》）

（51）（陆）机於船屋上遥谓之曰：……（《世说新语·自新》）

《世说新语》时代的这种趋势到了唐五代时期就更加明显了，方位词已经在很大程度上发生了语法化，它们搭配面广，意义虚化，并且大多前置，位于处所题元和位于的中介位置。更重要的是，用了方位词以后经常不用"介词"（即前置词），这说明方位词经常独立担当方所提元介词的功能，已经接近后置词的性质。由此可见，方位名词的虚化并逐步具有介词用途这一过程的关键起因是介词不居中造成的中介位置的空缺。

作为一项重要的语序原则，联系项居中原则的作用力在各种语言中是有差异的，这种差异即使在同一语言发展的不同历史时期仍然存在。它并非一种语言语序的决定因素，实际上，语序是不可能由任何一项原则而独立决定的。联系项居中原则不但是介词与小句结构之间语序相关性或和谐性的深层原因，还是其他一些已经被注意或尚未被注意的语序共性的深层次原因，并且它也是介词语序类型和连词语序类型高度一致的重要原因之一。从上古汉语的情况可以看出，介词，特别是介词短语，之所以能成为语序共性中对应性最强的参项，主要是因为联系项居中原则是一条制约力非常强的语言学原则。介词位于中介位置不但最符合象似性，也与其他原则相协调。介词如果不处于中介位置，很容易造成辖域的模糊和歧义，所以减少歧义应该是人类语言中介词强烈倾向于中介位置的原因之一。在汉语发展的历史长河中，语序真正发生了变化且这种变化在汉语里有普遍性的，只有介词词组的语序变化。介词词组的语序变化是汉语内部为适应语法的发展而进行调整的结果，而正是因为介词短语这种由后向前的历史性移位，给介词处于中介的位置带来了变化，由此才产生了填补这个中介空缺的虚化的方位名词以及框式介词等语法现象。

从另一个角度来说，随着虚化的不断深入，方位词作状语时被修饰的动词类别也越来越宽泛，有时单用一个方位词已经不能明确表达它与动词间的内在关系，必须加上一个介词才能使得这种语义关系变得明了。方位词从单独使用为主，慢慢发展到需要与介词搭配为主的形式，也是因为前置介词的介引功能得到了不断的强化。介词的介引使得方位词被固定在了状语的位置上，句法结构得到了格式化。方位词单独作状语时缺乏格标记，常常会造成多义。而逐渐虚化并与介词搭配以后，方位词与动词间的语义关系得以凸显，有利于组织和识别句子，方便理解，也有效避免了歧义。

第三节　现代汉语框式介词的形成机制——语法化

一、语法化理论概述

"语法化"一词最早由 Meillet（1912）所使用，他将语法化的过程主要理解为一个词语成为附着语素，一个附着语素成为词缀，以至于一个词缀成为另一个不能进一步细分析的语素。Kuryowicz 认为"语法化是指一个词汇性语素的使用范围逐步增加较虚的成分和变成语法性语素的演化，或是从一个不太虚的语法语素变成一个更虚的语法语素，如一个派生语素变成一个屈折语素"。[①]Hopper & Traugott（1993）[②] 则认为"所谓语法化，指具有实在意义的词项或结构在某些语境下逐渐具有语法功能，并且在语法功能固定下来以后进一步发展出新的语法功能"。

作为一种解释语言现象的框架，语法化的关注重点是语法形式及语法结构的产生基础、使用法则，以及它们对语言的影响。语法化的研究对于揭示语言演变的规律和语言共性的研究具有重要意义。20 世纪 80 年代以来，语法化成为语言学，特别是功能主义语言学中的研究重点之一。语言学界对于语法化的表述方式也随着对其研究的不断深化而变得更加灵活和多样化。事实上对语法化的理解可以分为广义的和狭义的。从广义来说，语法化是一种研究方式、研究视角，或是一种解释语言现象的框架，它着重探讨的是各种语法形式和语法结构的产生动因、使用规律，以及它们会对语言本身产生何种影响。而从狭义来说，语法化指的是具体的语法化现象，也就是语法化框架试图解释的实际语言现象，比方说某个语法形式或结构由于一些原因而获得了某种语法功能这样的一个动态的过程。

一般说来，语法化现象至少应该包括实词虚化、句法化现象和词汇化现象这三种情况。其中实词虚化最为基本和常见，其实质就是某个词新的词类语法功能的获得，或者说从一个语义域的成员转化为另一个语义域的成员。Humboldt（1988）通过研究发现，语法化发展通常要经历四个阶段：首先是"语用阶段"，即只有实物才是语言编码；其次是"句法阶段"，即语序的固化时期；再次是"语素阶段"，有些词开始松散地依附于物质词；最后是"形态阶段"，这些语素完全成为复杂单词的合成成分。

[①] Jerzy Kurylowicz. The Evolution of Grammatical Categories[J]. Reprinted in J. Kurylowicz, 1976, Esquisses Linguistiques, 1965. vol. 2: 52

[②] Paul J. Hopper, Elizabeth Closs Traugott. Grammaticalization[M]. Cambridge: Cambridge University Press, 1993. p. 36.

如果要判定一个词汇单位的虚化过程是否结束，通常需要借助重新分析（reanalysis）来对并未改变的表层表达结构做剖析，以此途径，从认知的视角表现出词义的虚化及功能的改变过程，然后将这个过程以结果的形式呈现出来并加以确认。语法化包含的第二种情况是句法化现象，即章法成分向句法成分的转变，语用因素规约后向语法因素过渡以及词序在实际使用中被凝固化，从而表达某一具体语法功能等转变过程。语法化的第三种情况指的是词汇化现象，即引起词语表达（lexical expression）失去其直接性和透明度，进而演化成不能从字面意思推测出其真正意义的词组。它们作为一个构块（construction），已经产生了整体含义，而不是每个组成成分的简单相加。

Hopper（1991）[1]曾经列出语法化的五条原则，后来沈家煊（1994）[2]又参考其他文献并加以补充，归纳出了共九条语法化的原则：①并存原则。一种语法功能并不单由一种语法形式来表示，可以同时有几种。在新的语法形式出现后，新旧形式暂时并存，旧形式并不会马上消失。汉语历时上之所以有虚词繁复和分歧的现象，就是由并存原则造成的。②歧变原则。实词演变为语法成分的方向并非单一的，不同语法成分可以由同一实词歧变而来。③择一原则。该原则与并存原则互补，它指的是同一语法功能的多种并存形式，在经过筛选和淘汰之后最终缩减到一两种。古汉语中很多并存的同义虚词到了现代汉语中也所剩寥寥了。④保持原则。实词在虚化为语法成分之后，仍会或多或少地保持原来作为实词的部分特点，这些特点往往会暗示虚词的来源，同时也会从某种程度上限制虚词的具体用法。⑤降类原则。词性的降格是在虚化的过程中应运而生的，这种降格指的是由主要词类，如动词或名词，变为次要词类，如介词、连词或助词，或者说是由开放的词类变为封闭的词类。⑥滞后原则。虚化时语形的变化总是滞后于语义的变化。语形变化是指由繁变简，而语义变化指的是简化、泛化或抽象化。由此带来的结果就是语言中有很多词既表实义又表虚义，一词多义现象比较普遍。⑦频率原则。实词在使用频率越高时越容易被虚化，而虚化后自身的使用频率又得到了提高。并且虚化的程度与其分布的范围成正比。⑧渐变原则。语法化并非一蹴而就，而是一个连续的渐变的过程。由实到虚的几个阶段可以并存，其间界限模糊，这使得共时句法分析难以利落清楚。⑨单向循环原则。语法化体现着一个基本的特征，就是坚持走由实到虚，而不是相反的进程，这是一个单向性的过程。

Hopper & Traugott（1993）提出，语法化发生的两种机制分别是重新分析（reanlaysis）和类推（analogy）。其中起主导作用的是重新分析，类推起的是次要

---

[1] Paul J. Hopper, "On Some Principles of Grammaticalization" in *Traugott & Heine*, eds., 1991. vol. 1:17-35.

[2] 沈家煊. "语法化"研究综观 [J]. 外语教学与研究, 1994 (4).

作用。Langacker（1977）[1]认为，重新分析指一个或一类表达式的表层形式并未发生明显变化，而内部的结构关系发生了改变。例如，原来"be going to visit Mary"的结构为：表示方向的运动动词的进行体＋目的状语小句（即 be going + to visit Mary。但是，这一表达式在使用中逐渐被理解为 be going to + visit Mary，这样虽然表层形式没有发生改变，但表达式的内部关系发生了变化。重新分析从底层上改变了语言内部的组合方式，修改了形式的语义和语法属性，导致规则变化，但它不会立即从语言的表层形式反映出来。与此不同，类推指把现有的形式扩展到其他结构上，比如 be going to 从最初局限于动作动词逐渐扩展到其他类型的动词，如 like。类推是对形式表达的范围加以延伸，并不会改变规则，也不会产生新形式，只涉及规则的泛化，也就是规则在语言系统或言语社团内部的扩散。它可以拓展语法的应用范围，节省学习和使用的努力。

在语法化的过程当中，作为重要机制的重新分析和类推是在交替起着作用。其中重新分析是隐性的，它在语言的组合层面（即线性成分结构）上起作用，并且能够产生新的语法结构；而类推是显性的，它在语言的聚合层面（即语言成分的选择）上起作用，是不能产生新的语法结构的。语法化发生的顺序往往是语义首先发生改变，而后才会导致相应的结构变化，也就是出现形态句法的调整或音系的变化[2]。这就涉及语法化发生的动因问题。为什么一个表达式或一类表达式的语义会发生改变，之后导致其语法化？

隐喻和转喻被认为是语法化的两种主要方式。由隐喻或转喻带来的意义引申，语用需求，以及在语境的诱导下产生的新的理解和解读，都是造成一种语言形式的意义由实变虚，再不断演变到更抽象语法意义的主要动因。Hopper & Traugott（1993）重点探讨了语用推理因素在语法化过程中所起的重要作用。他们认为，在语用推理中隐喻和转喻至关重要，其中隐喻与类推联系密切，因为类推正是基于事物之间的相似关系；而转喻与重新分析联系紧密，因为后者正是基于一种整体和部分，以及部分和部分等邻近关系（contiguous relationship）的重新组合。

语法化理论给语言学家们提供了一个崭新的研究角度，以往的语法总是被看作一个与外界影响隔绝的、独立自足的系统，而现在它被视为一个可持续的过程，这个过程受到来自认知和语用等多方面的制约。人类语言的演变是一个持续进行的过程，在语言的任何一个阶段都不会结束或完成。Hopper & Traugott（1993）[3]认为正是从这个

① Ronald W. Langacker, "Syntactic Reanalysis" in Li, ed., 1977. p. 58.
② Bernd Heine & Mechthild Reh, "Grammaticalization and Reanalysis" in *African Languages*, Hamburg: Helmut Buske. 1984. p. 16.
③ Paul J. Hopper & Elizabeth Closs Traugott, *Grammaticalization*. Ibid. p. 17.

意义上来看，语法化不单是语言历时演变带来的结果，它更是正在发生着的，在共时平面上不间断的一个渐进过程。对语言现象的共时研究提供一个语法化框架，有利于挖掘到更加符合语言实际情况的描写与解释。

二、介词的语法化

语法化并不仅限于语言句法结构，词汇的语法化也是人类语言发展过程中普遍存在的一种现象。汉语的词汇一直有虚实之分，虚词往往由实词转化而来，原因是由于实词失去了原来的词汇意义，只保留某种语法意义，这就是一种语法化过程。介词在被定名之前，曾经有过"半动词""副动词""次动词"等称谓，这是由于大多数介词是由动词虚化和发展而来的，如"把、将、拿"等，这也是现代汉语的介词还兼有部分一般动词语法功能，或者说"动词性"的原因。在语言类型学引进之前，语言学家们普遍认为汉语言中的介词仅限于前置介词，并且都是由动词虚化而来。如果从理论上来推断，它们首先是作为普通动词存在，接着经常或只出现于次要动词的位置，然后再退化掉动词所具有的句法特征从而转化为介词。然而，根据语言类型学和语法化的研究，首先汉语介词并非只有前置词一种，还有后置词，甚至框式介词的存在，其次介词的来源也是多种多样的，除了动词来源以外，还有名词或者副词来源。

关于介词语法化的原因和过程，语言学界主要有几种代表性的观点。首先是刘坚等（1995）[1]指出，词汇的语法化是一个非常复杂的过程，句法位置的变化和结构关系的影响是导致词汇语法化的重要因素之一。按照他们的观点，如果一个动词不是句子里的唯一动词，且不居于主要动词的地位，而只是充当次要动词，那么它的这种语法位置会逐渐被固化和虚化，慢慢地其语法功能就会发生改变：从一个组成谓语的成分变成了修饰或补充谓语的成分。词义的逐渐虚化使得它由一个词汇单位变成了语法单位。句法位置的改变使得某些动词进入偏正式的连动句中，成为非中心动词的成分。它们这种依附于中心动词的地位致使其动作性逐渐减弱，词义变得更加抽象化。随之而来的是它们语法功能的改变：位于中心动词前作状语的，经过语法化转变为了介词；位于中心动词后作补语的，经过语法化转变为了助词。

除了句法位置的改变之外，词义的演变也是导致词汇语法化的另一重要因素。它与句法位置的变化共同被视为词汇的语法化过程中相互作用、互相依存的重要条件，大部分实词的语法化都经历了句法位置改变和词义变化这两方面共同作用的一个过程。"一个实词由于句法位置的改变而进入某种结构关系，会导致词义变化；同样，一个实词词义发生某种变化，也会影响其功能，改变其所处结构的关系和性质。"（刘坚等1995）

---

① 刘坚，曹广顺，吴福祥. 论诱发汉语词汇语法化的若干因素 [J]. 中国语文，1995（3）.

金昌吉(1999)[①]在探讨动词向介词虚化的原因时,赞同了徐通锵先生所提出的"结构的不平衡性"是变异之源这一观点。他认为利用徐先生所提出的用"结构→有序状态的变异→结构"这个公式对语言系统进行动态的分析,以此来关照动词向介词的虚化问题,能够解释许多过去难以解释的问题。随后,他通过对"把"字句、"被"字句和"比"字句出现原因的探讨来力证古汉语中结构上的不平衡是造成动词向介词的虚化的主要诱因。由实到虚,由动到介,是语言自身调整和变异的结果。

金昌吉所认为的动词虚化的过程,就是词义由实到虚的一个渐变性过程,具体来说需要有几个步骤才能完成:

(1)X(动→介虚化过程中的词语)+NP之后出现的另一个V(P);

(2)某些实在义素消失,X与另一个V(P)之间的相互制约减少;

(3)义素的进一步失落,NP范围的扩大;

(4)句法位置的基本固定化。这也是动词已经虚化为介词的质变转折点和重要标志

由这些步骤可以看出,动词虚化为介词的过程实际是一种词义上和句法形式上的交互作用的过程:词义上,动词的意义在逐渐抽象和引申;句法形式上,语法化实现的途径是语法地位的固定化。

另一位学者陈昌来(2002)[②]则认为句法位置才是动词虚化为介词的根本诱因和前提。他指出,在古代汉语和近代汉语中,介词主要分布在两个句法位置,而可以虚化为介词的动词必须首先能进入这两种结构中的PP位置:

(1)在动词前,构成"NP+PP(P+NP)+VP"结构;

(2)在动词后,构成"NP+VP+PP(P+NP)"结构。

也就是说,能够虚化为介词的动词要么能够充当连动句的第一个动词,构成结构(1),要么能够充当连动式的第二个动词,构成结构(2)。倘若不能满足这两项条件中的任一项,比如某一动词只能出现在"NP+V+NP"的结构中时,都是无法虚化为介词的。

在陈昌来看来,句法结构的变化和逐渐固定使得动词向介词的虚化成为可能,而让这种虚化得以实现的是语义上的变化,具体来讲就是动词词义的泛化,以至于弱化、虚化。当词义抽象度增强时,搭配对象的范围也在扩大,因此介词在虚化后往往可以带比虚化前的动词更多样化的宾语成分。例如"将"在作动词时意为"持、拿",后面往往接具体的事物,或者有能力"持、拿"的事物,如:

(52)乐只君子,福履将之。(《诗经·樛木》)

① 金昌吉. 谈动词向介词的虚化 [J]. 汉语学习, 1996(2).

② 陈昌来. 汉语介词的发展历程和虚化机制 [J]. 柳州职业技术学院学报, 2002(3).

（53）爷娘闻女来，出郭相扶将。（《木兰辞》）

在"将"虚化为介词后，词义也泛化了，其后跟的宾语也不再限于具体的事物，如：

（54）凡读书，须有次序，且如一章三句，先理会上一句，待通透，次理会第二句，第三句，待分晓，然后将全章反复绅绎玩味。（《朱子语类·卷十五》）

（55）读书须将心贴在书册上，逐句逐字，各有着落，方始好商量。（《朱子语类·卷十一》）

在谈到虚化的过程时，陈昌来认为这个过程中充满了竞争，结果是造成了介词和动词往往纠缠不清。就虚化程度而言，又有三种情况：1. 虚化得很彻底，原来作动词时的意义和功能都不复存在，转化为了典型的介词；2. 经历了很长时间的虚化过程，但仍保持一定的动词性，动介兼类；3. 虚化刚开始，并未成为真正的介词，只能算"准介词"。正因为有如此复杂的情况，才需要将共时和历时结合起来看这一问题。

刘丹青（2003）的观点则是从语言类型学的角度出发，提出介词不但有前、后置词之分，而且其来源除了动词，还有名词和副词。认为介词尤其是前置词必然来源于动词是一种缺少类型学覆盖性的观点。在前置词语言里，动宾结构为 VO 语序，经重新分析以后成为"前置词＋名词"的结构，此时的前置词来源于动词；同样的，NG（核心名词＋领属语）语序的存在，使得介词往往经由"名词＋领属语→前置词＋宾语"的途径虚化而来，此时前置词来源于名词。而在后置词语言里，动宾结构为 OV 语序，通过"宾语＋动词→宾语＋后置词"的途径，动词逐渐虚化为了后置词；GN（领属语＋核心名词）的语序，在经由"领属语＋名词→宾语＋后置词"的途径后，名词虚化为了后置词。因此，何种来源不能决定在虚化后充当前置词还是后置词，真正起决定作用的是语序类型。

在提及介词语法化的动因时，刘丹青认为[①]，介词之所以会主要来源于动词和名词这样的实词，是与它的赋元作用密切相关的。有一类动词，除了对主语、宾语成分赋元以外，还在语义上隐含了一个赋元介词，在句法上相当于一个普通动词加上一个赋元介词，这类带有赋予间接题元作用的动词被称作赋元动词。例如"用"就是一个典型的赋元动词，它的意义相当于"以……做事"，所以说"用钢笔"就是"用钢笔做事"。这样的语义特性使得赋元动词成为虚化为介词的主要来源之一，同理也适用于名词向介词的语法化。动转介是因为为名词性成分赋元，而名转介则是由于名词的自我赋元。这类赋元名词自身就代表了某些间接题元，其词汇意义在经过虚化以后逐渐削弱，但是赋元的作用仍在，于是便成了赋予间接题元的介词，而原先作为该名词领属语的成分就被重新分析为了介词所支配的成分。赋元名词通常都是表示时间、地点、方位、工具、方式等的名词。例如"这边请"中的方位名词"这边"就不能看作

---

① 刘丹青. 语序类型学与介词理论 [M]. 北京：商务印书馆，2003.

是"请"的施事主语，而应看作方所题元，此时的"这边"发挥了自我赋元作用强调了自身的处所语义。

另一学者张旺熹（2004）[①] 在谈到介词衍生的语义机制时，从动词的语义特征和语义结构出发，提到了汉语中所存在的非终结动词。这类动词的特点是有一定句法作用，但词汇意义不完整，在进入 SVO 框架之前，后面必须追加一个动词短语。例如动词"提醒"，单独的"我提醒你"难以成句，但在加入另一动词短语成为"我提醒你注意这个陷阱"之后，句子意思才足够明确。在张旺熹看来，这类非终结动词是典型动词向典型介词过渡的重要桥梁。"汉语介词衍生的基础：一是这些介词在作为动词时的词汇特征——它们在语义上是不完整的，不能表示一个事件的活动有一个完整的语义结构；二是由这种特征所要求的另一个动词短语与之配合——形成连动结构或兼语结构的句法环境（刘坚等，1995），从而造成句法上多个动词短语共存的复杂局面。这两点互为因果，相互依赖，是促使汉语部分动词向介词演化的重要动因。"（张旺熹，2004）

三、框式介词的语法化

要深入考察汉语的框式介词，就必须从汉语史的历时角度出发，剖析它作为一种特殊的语法现象的形成过程、原因和机制。分析一个特定框式介词的形成，首先必须弄清这一框架中前置词和后置词的语法化过程和动因，这必定是个繁复的过程。语法化理论的研究表明，任何一个词汇成分的语法化总是由特定语境触发的，然后这个已经语法化了的形式再逐步扩大语境范围，用于它原先不能出现的语境。框式介词的种类和数量众多，其语法化的方式和途径必定也千差万别。我们在考察汉语这一语言中框式介词的语法演变时，应该具有一种语言类型学的眼光。这是因为人类语言中存在着的大量普遍语法特征就正源于这些语言所具有的某些相同的语法演变模式，而在语法演变模式上的雷同本质上就是因为具有相似的语法演变机制和认知语用动因。如果能将单个语言的语法演变置于整个人类语言演变的背景下来考察，那么它的演变模式、机制和动因都会得到更本质的把握和更深刻的理解。

虚词和虚词语素的根本来源就是语法化，而人类语言的介词主要是由动词、名词以及副词经过语法化而形成的。Delancy（1997）[②] 曾做出概括，他认为介词的两大历史来源分别是连动结构和关系名词结构，其中以后一种结构更为常见和重要。介词的语法化过程除了要遵循前文提及的各种语法化过程所共有的原则以外，也有它作为介

---

① 张旺熹. 汉语介词衍生的语义机制 [J]. 汉语学习，2004（1）.

② Scott Delancey. Grammaticalization and the Gradience of Categories: Relator Nouns and Postpositions in Tibetan and Burmese[M].Joan Bybee et al (eds.) Essays of Language Function and Language Type: dedicated to T. Givon. Amsterdam: John Benjamins. 1997. pp. 57—64.

词这种特定词类的特殊原则和倾向。例如，刘丹青（2003）曾提到介词的语法化具有左右不对称原则。在前置词语言中，前置词总是被看作独立的虚词，而后置词往往被看作依附性成分，称为助词或是后缀或是附缀。这说明在语法化过程中，即使同为虚词，前置词也通常比后置词更容易保持其句法独立性。事实上，许多类型学家已然注意到虚词在黏附性方面的左右不对称，这指的是人类语言有着优先使用后缀的倾向，后附的功能词往往会称为黏附成分。这种左右不对称性对介词的语法化有着深刻的影响，其中对于前置词的语法化的影响尤其深远。

此外，还有语序自由度随语法化程度增加而递降原则。C. Lehmann（1992，1995）将语序自由度当作介词语法化程度的重要指标之一。联系项涉及的语序有两类：一是介词与介词所统辖的 NP 的语序，C. Lehmann 称之为首层关系（primary relation）；二是介词短语相对于动词或名词核心的语序，C. Lehmann 称之为次层关系（secondary relation）。他注意到，语法化一开始，先是首层关系的语序逐渐趋向固定，之后随着语法化程度的不断加深，后一种语序也可能变得固定。然而汉语介词短语的语法化程度与语序自由度之间却看不到 C. Lehmann 所预测的这样的关系，甚至有时是背道而驰的，即随着语法化程度的不断加深，语序反而会变得更为自由。其实语法化程度只是影响汉语介词短语语序自由度的原因之一，其他的印象因素还可以包括诸如介词源头词类的语序自由度、整个句法系统的语序类型格局，以及虚词的前后不对称性等等。

介词的主要来源是动词、名词以及副词，框式介词的来源跟其他介词是一致的，也是从这些词语法化而来，只不过在一个框式介词中其前后两部分有着不同的实词来源。Greenberg 最早研究的框式介词存在于埃塞俄比亚闪语族的部分语言和伊朗语组部分语言中，都是前置词首先存在，而后又出现了后置词，两者并存形成框式介词。他注意到闪语族和伊朗语族中框式介词的形成有着共通之处，即都是与这些语言的语序类型演变有关的。其中闪语族中后置词的出现，是因为小句语序由 VSO 演变为了 SOV，NP 方面语序由 NG 演变为 GN，并且原本位于 G 之前的前置词领属标记随着 G 的前移而离开了中介位置，而随后填补这个中介位置的正是由名词虚化而来的后置词。对于都是 SOV 型语言的伊朗语组来说，所有语言都有前置词，后置词都是在领属定语由后向前的演变发生后才出现的。

人类语言中的附置词要么来源于连动式或分词结构中动词的虚化，要么来源于领属结构中核心名词的虚化，其中以第二种来源更为重要和常见。对于汉语来说，前置词基本来源于动词，而后置词大多来源于名词。动源介词源于动宾结构 VO，动词变为介词后自然成了前置词；而名源介词源于以关系名词为核心的领属结构 GN（领属定语 + 名词），核心名词变为介词后也就自然成了后置词。汉语里找不到 NG 语序，因此也无法由名词直接发展出前置词。这说明，与日语、英语等语言有一些纯虚化的介词不同的是，汉语的的前、后置词几乎都有明确的实词的词源。许多前置词依然有着动词的用法，而名词，尤其是方位名词，和真正的后置词间往往还夹杂着许多虚化中的难以单纯界定或直接归入某类的词。通过对介词一步步由实到虚的用法考察，可以看到介词的语法化是具有明显的渐进性的。

因此从语序类型学的观点来看，框式介词并非固定的词项，而是语法化过程中由前置词和后置词临时组合而成的，它的一个重要句法特点就是无论是位于动词前还是动词后都能有一个联系项居于中介位置，这也是为什么在某些条件下，如前后置词语义雷同时，为了避免造成歧义或冗余信息，前、后置词可以不共现的原因。框式介词从本质上来说是一种句法现象，而不是一种固定的词项。

（一）前置词的语法化

汉语中的前置词几乎都来源于动词，这是语法学界已经公认的事实。这些前置词包括：在、把、被、由、让、给、和、与、跟、同、按、照、拿、距、离、除、比、于、以等等。这里可以就历史中最悠久的两个介词"于"和"以"为例。首先说"于"，"于"在甲骨文中就已存在并且使用频繁。根据郭锡良（1997）[①]对《甲骨文摹释总集》中"于"字全部用例的考察，"于"已经有作为介词的用法，占所有用例的95%。但同时仍有不少"于"字在作动词使用，比例约占5%，动词"于"后面直接带处所宾语而不需要另外加用介词。郭认为甲骨文中作介词的"于"是由"去到"义动词"于"虚化而来的。作为介词，"于"有多种类型，总的来说是先用于介绍行为的处所，接着扩展为介绍行为的时间，再扩展为介绍祭祀的对象。到了西周金文中，"于"仍有作为动词的用法但是比例更小，在全部用例中比例还不到1%。同时介词"于"的用法也发生了很大变化：首先它所能带的词语变得更加抽象化了；其次它的搭配较之以前更宽泛了，意义扩大到了介绍动作涉及的各种对象，语义关系也因此更为复杂。春秋战国时期是介词"于"使用的鼎盛时期，开始出现了介词"于"的另一个变体"於"，这一阶段介词"于"不光能带体词性结构，谓词性结构也开始出现在它所能带的宾语位置。有时"於"能用在形容词的后面引进比较的对象，还有些时候能表"对于"义。与此同时，介词"於"通过进一步虚化，与别的词构成了某些固定结构，在这些结构中"於"逐渐朝语素的方向虚化，例如"至於"和"於是"：

（56）君臣上下，贵贱长少，至於庶人，莫不为义，则天下孰不欲合义矣！（《荀子·强国》）

（57）至於郊，使人复於王曰："臣请死。"（《吕氏春秋·高义》）

（58）懿以归师不之迫，於是杨仪结阵而去。（《子部兵法·百战奇略》）

---

① 郭锡良. 介词"以"的起源和发展 [J]. 中国语文，1997（2）.

（59）於是君请相之，段干木不肯受。（《吕氏春秋·期贤》）

在汉代以后，"于"开始逐渐衰亡并渐渐被"在"等多个介词所取代，"于"仅仅作为古语的残留保存于书面语中。

另一个历史悠久的介词"以"同样是由动词虚化而来。"以"字作为工具介词的主要用途，从上古时期就已产生，一直延续到现代汉语的书面语当中，如"以身作则""以死相逼"等。这里的"以"虽说可以用"拿"或者"用"来替代，但其实词性是有差异的，"以"是单纯的介词，而"拿"和"用"是动词。"以"的本义是提携和携带，其中表抽象的"携带""带领"义的用例在甲骨文时期就已有很多。根据郭锡良（1998）[①] 对《殷墟甲骨刻辞摹释总集》中"以"字用法的统计，甲骨文中并未找到"以"作为介词的用法。而到了西周金文中，"以"有了明显的虚化倾向，单独作谓语使用的"以"已经非常少。随着"以"的使用范围进一步扩大，宾语成了一些不能"带领"的事物，这时"以"的意义自然发生了虚化。另一个促使"以"发生虚化的条件是，"以"字结构有时会用在另一个动词的后面。在这种语境条件下，"以"从动词虚化为了介词。在周秦时期的典籍中，"以"作动词已经很少，而作为介词的用法已然相当普遍，可以表时间、方法手段、原因、依据或者连及：

（60）君子不以言举人，不以人废言。（《论语·卫灵公》）

（61）其弟以千亩之战生，命之曰成师。（《左传·桓公二年》）

（62）方今之时，臣以神遇而不以目视。（《庄子·养生主》）

（63）以位，则子君也，我臣也，何敢与君友也；以德，则子事我者也，奚可以与我友？（《孟子·万章下》）

到了两汉以后，"以"字在原有用法之外，又新增了表"率领"和表"以某种资格或名义"的用法，如：

（64）天子又以为王、王太后已附汉，独吕嘉为乱，不足以兴兵，欲使庄参以二千人往使。（《史记·南越列传》）

（65）赵食其以主爵为右将军，曹襄以平阳侯为后将军……（《史记·卫将军骠骑列传》）

郭锡良（1998）认为，"以"在春秋战国时期就已经完成了虚化过程。与西周相比，介词"以"可以跟许多词组构成固定结构一起用作修饰或者连接成分，并且其中有一些开始凝固成词，如"可以""以为"。这说明"以"的语法化在进一步加深，它已经逐步虚化成了一种构词语素。纵观"以"的虚化过程，早在甲骨文中它是动词，后来逐步虚化成了介词，介词再渐渐虚化为连词，或者构成固定结构，继而又再转化为固定结构中的语素。中古以后它逐渐衰落并为新的介词所取代，和"于"一样，作

---

① 郭锡良. 介词"以"的起源和发展 [J]. 中国语文，1998（1）.

为古语成分，它仍保留至今。

另一个十分常用的汉语介词"在"同样也经历了由动词向介词语法化的过程。根据《古代汉语常用字字典》，在古汉语中，"在"主要有四种用法：

1. 〈动〉存在。"强秦之所以不敢加兵于赵者，徒以吾两人在也。"（《史记·廉颇蔺相如列传》）

2. 〈动〉居于，处于。"君之病在肠胃。"（《韩非子·喻老》）

3. 〈动〉在于，取决于。"骐骥一跃，不能十步；驽马十驾，功在不舍。"（《荀子·劝学》）

4. 〈介〉在，引出行为动作的时间、处所等。"横柯上蔽，在昼犹昏。"（《吴均·与朱元思书》）

这说明"在"在古汉语中大多是作为动词在使用，然而到了现代汉语中却已经发生了很大变化，根据《现代汉语词典》的解释，当下"在"的用法有：

1. 〈动〉存在，生存。"父母都还健在。"

2. 〈动〉表示人或事物的位置。"我今晚不在家。"

3. 〈动〉留在。"在职"

4. 〈动〉参加／属于（某团体）。"在党"

5. 〈动〉在于，决定于。"事在人为"

6. 和"所"连用，表示强调，后面多连"不"。"在所不惜"

7. 〈介〉介词，表时间、处所、范围等。"在礼堂开会"

8. 〈副〉正在。"姐姐在做功课。"

由此可见，到了现代汉语中，"在"的使用范围得到了扩大，而语义也渐渐由实转虚。"在"就经历了从表地点到表时间、范围、性质、原因等的变化，这个过程中它的意义也逐渐从虚变得更虚。当然，对于介词具体的虚化程度，只能是通过观察统计来大致测定得出。如果遇到动词用法和介词用法同时存在的情况，句法测试是确定虚化程度的一种方法。

表示方向的前置词"向"在由动词虚化为介词的过程中，同样是先经历了从实词变为实在意义逐渐减弱的语法成分的过程，后又经历"向"字短语或词组逐渐凝结为一个词的过程。"向"是一个语法意义较为复杂的介词，它可以介绍动作行为的方向、处所方位、有关对象等。其实在《诗经》中，"向"还是一个名词，例如"塞向墐户"中的"向"，毛传将其解释为"向，北出牖也"。但是"向"的介词用法并非由名词演变而来。早在先秦和两汉时期，"向"都是绝对的实义动词，用作动词时其主语多是表人的名词，在汉代以前它都含有"人"和"朝……方向"这两个义素。先秦时期的"向"主要表达"面对"和"向……前进／进军"之义，如：

（66）雁不北向，民不怀主。（《逸周书·卷六》）

（67）寡人闻之，彗星出，其所向之国君当之，今彗星出而向吾国，我是以悲也。（《晏子春秋·第七卷外篇》）

（68）将军兵向城西门，丹阳军便开门内将军矣。（《汉末英雄记·吕布》）

从"向"的以上两个义项发展出了表示方向的介词"向"，"向"的意义衍生大致经历了由"朝着/面对"往"接近/前往"再往"迎合""重视"或是"景仰"引申的一个过程，例如：

（69）如其贼止不来，其所抽队便过向前百步以下，遂便准前立队，张施弓弩等待贼。（《通典·兵典》）

（70）瘠土之民莫不向义，劳也。（《国语·鲁语上》）

"向"在汉代之前就已有用于连动式的用法，即用于"向+N+V"结构中，这种用法在汉代以后变得更为普遍，如：

（71）许公不应，东南向而唾。（《吕氏春秋·异宝》）

（72）今括一旦为将，东向而朝，军吏无敢仰视之者。（《史记·廉颇蔺相如列传》）

（73）及苏秦死后，张仪连横，诸侯听之，西向事秦。（《战国策书录》）

到了魏晋南北朝时期，"向"的动作主体，不光可以是人，也可以是物，此时"向"只单纯的表示方向，已经逐渐失去了"人"和"脸朝向……"这两个关键义素，说明它的虚化程度在逐渐加深。这一时期的"向"仍可用于"向+N+V"结构，但是V较之两汉时期有了变化。两汉时期，该结构中的"V"大多是表动作主体的原地动作的动词，而这一时期的"V"多为表示运行动作的动词，例如：

（74）白马向郊，丹旒背巩。（《梁书·刘显传》）

如果说方向介词"向"发端于两汉时期的话，那么魏晋南北朝就是将这一用法固定下来的时期。"向"的虚化过程实际也是它的实词义逐渐退化并逐渐抽象化为一种附着成分的过程。但"向"的语法化并不彻底，它作为实词的词义并未在虚化过程中完全消失，在它的介引功能中仍能发现它作为实词的个别特征。同其他介词一样，"向"的虚化同样经历了重新分析的过程。以"奔向大海"为例，"向"作实义动词时，"奔""向"和"大海"之间的关系可以分析为"奔|向|大海"。当"向"语法化为介词后，重新分析为"奔|向大海"，成了动补结构。如果"向"进一步虚化，则成为"奔"的附着成分，与其共同合称一个单位，再次重新分析为"奔向|大海"。

介词"向"谓语动词前后都可以表示方向，但是二者的来源可能不同。蒋绍愚、曹广顺（2005）[①] 对比了以下两例：

---

① 蒋绍愚，曹广顺. 近代汉语语法史研究综述 [M]. 北京：商务印书馆，2005.

（75）西门豹簪笔磬折，向河立待良久。（《史记·滑稽列传》）

（76）居匈奴中，益宽，骞因与其属亡向月氏。（《史记·大宛列传》）

以上两个例句的"向"分别表示的是"面向"和"向……前进"之义。其中例（75）中的"向"包含了三个主要义素：人，方向／位置，朝着。而例（76）中的"向"所包含的义素为：人，方向／位置，移动。两例中"向"的义素都经过了抽象化，原因是句法结构中出现了别的表移动意义的动词和施事成分的扩展。"向"原有的动作意义消失，而只表示动作的方向。因此，两种表不同动作意义的"向"通过虚化成了表示相同语法意义的介词，然而它们所使用的不同句法位置体现出了二者在来源上的差异。

现代汉语里实用频率非常高的"到"同样经历了由普通动词到次要动词再到介词这样一个转变过程。"到"在现代汉语中兼有动词和介词两类词性，作动词时它不仅可以表达时间和处所的终点位置，也可以表达动作的结果，作为介词时是为动作提供处所或者时间位置。从表示处所或者时间位置，到为其他动作提供处所和时间位置的转变，也就是"到"的虚化过程。"到"的语法化同样经历了重新分析的步骤，因为早在先秦时期，就有"到+N"和"到+于+N"这样的"到"居于次要动词位置上的两种用法并存。后来"到"后的"于"逐渐消失，"到+N"成为留下来的主要形式。之前的"V+到+N"结构，如"做到最好"，也从"做｜到最好"被重新分析成了"做到｜最好"。由此可见，"到"在虚化过程中，有时也作为一种附着形式置于动词后，同动词一起组成一些复合词，如"感到、猜到、做到、看到、想到"等等。

关于动源介词的重新分析，王力早在《汉语史稿》一书中论及处置式的产生及其发展时就有提及。他提到，介词性的动词"把"字真是从具有实在的动作意义（"拿"义）的"把"字逐渐虚化而来的。他以杜甫的两句诗"醉把青荷叶"和"醉把茱萸仔细看"为例，认为这两句的"把"字是同一词性，都作动词使用。"醉把青荷叶"中只有一个动词"把"，它的意思很明确，是"拿"之义。而"醉把茱萸仔细看"中，有两个动词"把"和"看"，"把茱萸"和"仔细看"是两个连贯的VP。原句的意思是"拿着茱萸并仔细观看"，其中"拿"的目的是为了"看"，而"看"的对象正是"茱萸"，也就是说"看"在语义上也支配了"把"的宾语。而后句子的重音逐渐转移到了"看"上面，在这个过程中"把"也就慢慢地虚化成了句法上的前置词和题元标记，以前由两个VP构成的连动式也变为了由"把"引导的前置词短语来修饰后面的动词短语。从语法化理论的角度来看，汉语里几乎所有的动源前置词都经历了如"把"一样的重新分析的过程。

实词逐渐虚化往往涉及一个虚化程度的问题，因为虚化的过程本身是渐进的，即便有的动词已经完全虚化为了介词，它仍可保留一部分动词属性。Paul Hopper 曾经提到语法化持续性的问题，他认为"当一个新的虚词意义产生时，旧的词义未必消失。相反，新的用法在发生形态化以前，新用法会体现旧用法"。[①] 所有由实词虚化而来的介词都有一个共同特点，实词往往是先逐渐失去实在意义，转变成为表语法关系的虚词，而后变为意义上更虚的虚词。就动词虚化为介词的过程来讲，动词往往会经历三个阶段：第一是普通动词阶段，在这一阶段，即将虚化的动词 X 之后，往往有另一个动词的存在，也就是我们所说的动词虚化为介词往往出现在连动句中，这也是该动词虚化的必备条件或重要步骤。当两个动词性结构连用，同位于一个句子当中，并且句法地位也相同时，一定会产生某种制衡。对于汉语来说，倾向于把新信息置于句末，因此后一个动词短语往往会逐渐成为句子的重心。而置于前面的"X+NP"，极有可能因为它的次要语法地位而逐渐使得 X 产生句法和词义上的虚化。第二个阶段是经常或只出现在次要动词位置的阶段，此时该动词的实在义素消失，它同连动式中另一个动词的相互制约也在退化或减少。三是退化掉普通动词的句法特征而转化为介词的阶段，这也是该动词义素进一步退化和句法位置基本得到固定的阶段。句法位置的固定是一个重要转折点，它标志着动词已经完成了向介词的虚化。

（二）后置词的语法化

1. 方位后置词的语法化

在前文中已经详细阐述了方位名词向后置词的语法化动因：方位名词的虚化并逐步具有介词用途这一过程的关键起因是介词不居中造成的中介位置的空缺。方位后置词语法化的过程，是与介词短语由后至前的历史性移位相平行的。这里主要从总体上讨论汉语方位后置词语法化所具有的几个明显特征：

特点一，汉语方位后置词的虚化是汉语语序演变的结果，具体来说，是由于表处所的介词短语逐渐从动词后转移至了动词前。从先秦到六朝、隋唐，再到宋元和明清，方位词的使用从单独使用和与介词搭配相并存，逐渐变为"介词 + 方位词"的用法呈不断上升趋势，这都说明，方位词的虚化程度在不断加强，意义逐渐虚化，搭配面也变广，与介词构成介宾结构在逐渐取代它单独使用作状语的功能。汉语的介词短语经历了由后向前的历史性移位，这给介词处于中介的位置带来了变化，由此才产生了填补这个中介空缺的虚化的方位名词，以及框式介词等语法现象。

特点二，处所词的日渐丰富以及方位短语的发展为汉语方位后置词的语法化起到了很大的推动作用。方经明（2004）认为，方位成分的分化和语法化首先给汉语词类系统的格局带来了很大变化，此外还大大影响了汉语空间的表达方法。他指出："方位成分的形式、语义、功能上的分化反映了它们在语法化进程中的不平衡：方位名词是名词内部的次范畴化，方向词、方位区别词和方位词则是分别通过语义脱落、语义

---

① 孙朝奋.《虚化论》评介 [J]. 国外语言学，1994（4）.

转移和语义泛化造成的程度不等的脱范畴化。"在他看来现代汉语中的方位词汇成分分化成了下面四种类型①：

类型一：自由不定位的方位名词，包括表时间的"以前、以后、以上、以下"、加后缀"面、头、边"的派生方位成分，以及以范围成分为词根的复合方位成分。

类型二：半自由定位的方向词，包括"东、南、西、左、右"，以及表方向的"前、后、上、下、里、外"。

类型三：半黏着前加的范围区别词，包括表时间的"上、下、前、后"。

类型四：黏着后置的方位词，包括单音节的"上、下、前、里（内）、外、中、间、旁、边"，加前缀"之"的派生方位成分，加前缀"以"的派生方位成分（除"以前、以后、以上、以下"），以及"上下、前后、左右"。

最后一种类型才是我们讨论的方位后置词，相较于前几类，它的黏着性和定位性最强，和其他成分结合时语序也较为固定。在先秦时期，普通名词与处所词的区别或界限并非很明显，用于名词后的方位词都有实在意义，而普通名词表处所时也不需要加上方位词。也就是说，都可以或者直接置于带处所宾语的动词之后，或者置于介词"于（於）"之后。直到西汉时期，两者才开始有了使用上的区别，多数普通名词需要加上方位词以后才能表示处所，这就使得普通名词表自身实体意义和表处所逐渐在形式上有了区分。一些表地名或是单位机构的名词逐渐形成了处所词，和普通名词相比自成一类。对于空间的描述也因此变得有了多种形式，如"普通名词＋单纯方位词""介词＋处所词"或是"介词＋普通名词＋单纯方位词"。

在语法化过程当中，单纯的方位词独立使用的句法能力不断变弱，附着性却与日俱增，常常附着在名词之后构成方位短语，而它们原来的功能却被合成方位词所取代。在先秦时期，单纯的方位词都可以单用表示处所，当时的合成方位词仅限于"东方、南方、西方、北方"这几个。当单纯方位词的附着性越来越强的时候，其充当句法成分的功能也越来越弱，而后由方位短语取而代之。到了魏晋时期，合成方位词才逐渐发展起来，并且逐渐取代了单纯方位词的功能，并一直延续到了现代汉语当中，充当句子中的主语、宾语、定语、状语和补语。

特点三，现代汉语里的单音节方位词语法化的主要途径是：从表示具体的定向位置，到该方向或位置的泛化，再到表示非空间的意义；而双音节方位后置词语法化的主要途径是重新分析。汉语方位词的语法化就是一个语义虚化的过程，方位词的词义由实到虚，逐渐抽象化、弱化，甚至于完全消失。汉语里的单音节方位词本来就是表示具体位置或者实在部位的关系名词，在古汉语中，它们用于 NP 之后表方位时，通常前面都可以加上"之"，这说明，当时的方位词还是名词性的。例如：

---

① 方经民．现代汉语方位成分的分化和语法化［J］．世界汉语教学，2004（2）．

（77）故凡葬必於高陵之上，以避狐狸之患、水泉之湿。（《吕氏春秋·孟冬纪》）

（78）是以人主处匡床之上，听丝竹之声，而无下治。（《商君书·画策》）

（79）松柏之下，其草不殖。（《左传·襄公二十九年》）

（80）故天子四海之内无客礼，莫敢为主焉。（《礼记·坊记》）

（81）千世之后，其必有人与人相食者也。（《庄子·杂篇》）

（82）凡和难、父之仇辟诸海外，兄弟之仇辟诸千里之外，从父兄弟之仇不同国。（《周礼·地官司徒》）

这样的"NP之L"的结构到了现代汉语中也有一定的使用，如"月色之下""天地之内""千里之外"等。不过这些方位词其实从汉代开始，就已经开始逐渐失去其名词性了。后来"NP之L"结构虽然一直沿用下来，但是也不能说明它仍是领属性质的偏正结构。相反，L已经不再是名词，整个结构也不再是自由的领属结构了，而已经成为化石化了的词汇性组合了。具体表现在：之前作为领属标记的"之"文言文色彩较浓，在口语当中几乎不被使用，但是"NP之L"这个结构却可以用于口语，例如我们经常说"院子之内"。如果"之"仍为领属标记的话，那么它在结构上应该属于前部分而不是后部，但"之内"却是一个大家已经熟知了的复合方位词，已经将它作为一个整体来认知了。另外"之"也不能与现代汉语的领属标记"的"互相换用，例如"瓶子之内"不能说成是"瓶子的内"。由此可见，"之"已不是领属标记，而自然后面的"上/中/下/内/外"就失去了其名词性，作为名词的词汇意义不断减弱，极少单用却大量使用于名词性成分之后，所能搭配的名词也越来越多，这说明这些词已经逐渐拥有了虚词性。而对于双音节方位词来说，语法化的途径主要是经过重新分析。例如前文提到的"之内"，或是"以上"这样的由"助词+名词"的结构，经过重新分析，其中的"之""以"变为了前缀，而"内"和"上"则变为了方位词根。

特点四，汉语方位后置词的语法化程度具有不均衡性。这种不均衡性首先体现在各类方位成分虚化过程中的差异。在方经明（2004）所归纳的四类方位成分中，他认为从语法化的程度上来讲四类词是不平衡的。其中"方位词"的虚化程度最高，具体体现在它们是黏着的和定位于后的，而这正是汉语虚词的重要特点。这也说明带有后置词性质的方位词不光脱离了原来的名词语法范畴，而且也已经从实词虚化为了虚词，并形成了一个新的虚词语法范畴。相对而言，"方位名词"是自由的，不定位的，而另外两类，自由定位的"方向词"和黏着前加的"方位区别词"的虚化程度则位居中间。

其次，这种不均衡还反映在各个方位后置词的虚化程度也不相同这一层面。它们当中有意义较虚的，如"上、中、里、内"等，表示的是某实体本身的表面或者内部的空间。从语义上看，这几个词所表达的空间意义大致相同，也容易被虚化，例如"手上""手中""手里"几乎没有大的区别。还有另一些方位后置词，对比之下意义较为实在，如"左、右、前、后、东、南、西、北、下、外"，表示的是某实体外部的或邻近的空间。这些词语义上的区别十分明显，所表达的空间意义也大不相同。举例来说，在上古汉语中，要表示"在事物之内"这样的含义，一般采用的是"于／於+NP"，而很少在NP后面再使用"里、内、中"这样的方位词，如：

（83）啁噍巢於林，不过一枝；偃鼠饮於河，不过满腹。（《吕氏春秋·求人》）

（84）货财粟米者，彼将日日栖迟薛越之中野，我今将畜积并聚之於仓廪。（《荀子·王制》）

（85）天子之宰，通于四海。（《春秋谷梁传·僖公九年》）

（86）莫敖缢于荒谷，群帅囚于冶父以听刑。（《左传·桓公十三年》）

上述几例中都未使用方位后置词，原因是名词"林""仓廪""四海"和"荒谷"本身就是具有具体形态的实物，介词"于／於"起到的只是突出这些空间性的作用。相反地，下面几句中的方位后置词却是必不可少的，否则语义表达上就会有问题，如：

（87）主人出，立于户外，西南面。（《仪礼·特牲馈食礼》）

（88）临武君于孙卿子议兵於赵孝成王前，王曰：请问兵要？（《荀子·议兵》）

（89）大唐武德初，刘武周据太原，使其将宋金刚屯於河东。（《通典·兵典》）

储泽祥（2010）[①]也专门讨论过这一问题，他将"上"与"东、南、西、北"相比较，认为在宋代，"西上"或"东南上"这样的说法都存在，并且现在仍然存在于现代汉语的某些方言当中。但是相反的，却没有把"东、南、西、北"置于"上"之后的说法，这就说明，在这几个方位后置词中，"上"能够附着的对象范围更广，它本身的虚化程度也更高。

2. 非名源后置词的语法化

根据后置词语法化的过程和特点可以看出，无论是什么来源的后置词，都需要经历去前景化的过程。"前景化"（foregrounding）是文体学中的一个重要概念，与背景（background）、自动化（automation）和常规（convention）相对应。它是从绘画领域引进的概念，原指画家将其想要表现的艺术形象从其他人物或物体中凸显出来以引起观者的注意。作为文学创作的一种技巧，前景化也是和语法形式（grammatical form）相对应的。文学作品，尤其是诗歌中的句子结构往往特意不使用正常表达形式，不符合语法结构。比如本来应该是SVO语序的句型，在诗歌中写成VSO，就是为了突出句子意义的前景化。而后置词所经历的所谓去前景化，指的是它们逐渐由被凸显的焦点或前景转化为了被虚化的背景。也就是说在特定的句法环境中，本身作为核心成分的词语地位发生了动摇，从前景转化为了背景，成分性质也由此改变，从名词、动词、助词等成分重新分析为了后置词。根据前文第二章第三节，现代汉语非名源后

---

① 储泽祥. 汉语空间短语研究 [M]. 北京：北京大学出版社，2010.

置介词根据其不同的来源和承担的不同语法功能，可以大致被分为七种类型，分别是言说义后置词、被动义后置词、起讫义后置词、目的／动机义后置词、比较／比喻义后置词、跟随义后置词以及连接义后置词，七类中来源于动词的后置词是前四种。

构成言说义框式介词的后置词"来说""而言""来讲""而论"都是由动词虚化而来的。本身它们都是状中结构，分别以动词"说、言、讲、论"为核心。而这些动词核心都可以看作是赋予间接题元的赋元动词。因为它们表达的是论及，前面所出现的是表范围的题元，并非言说的具体内容。这些核心的赋元动词语法化以后，同前面的状中结构标记"来"和"而"被重新分析为了表言说义的后置词。具体来讲，"来说"的虚化过程实际也是"来"的虚化过程，因为"说"的意义一直以来几乎没有大的变化，两者作为动词性短语，作为前项的"来"也就首先具备了虚化的动因。在句中能单独存在的"来说"一词始现于汉魏六朝时期，当时"说"作"游说"义。到了五代时期才有了"来说"作为连动式使用的用例，表示"过来说话"，如：

（90）鸿胪卿郑元璹先使在蕃，可汗令元璹来说之，世让厉声曰："大丈夫奈何为夷狄作说客耶！"（《旧唐书·刘世让传》）

（91）遣尚书硃序来说谢石等以"强弱异势，不如速降"。（《资治通鉴·晋纪》）

上述两例中的"来说"都是作动词，表示的一种动作的趋向和转移，空间义和目的义都很清晰。但是在下面两例中，虽然也有一个趋向，但"来"的意义已明显较之前两例更虚，表趋向的意义明显弱化了。

（92）家里住的风水急了，又献了一块地，便在那新地左边，买通了一个亲戚来说，夜里梦见老太太凤冠霞帔，指着这地与他看，要葬在这里。（《儒林外史·第四十四回》）

（93）便见门上的进来回说："孙姑爷打发人来说，自己有事不能来，着人来瞧瞧。"（《红楼梦·第一百零六回》）

接下来的两例中，"来"的意义发生了更大的变化，几乎不表示动作的趋向了，因为说话人当时并没有空间上的转移。这里"说"的实义还在，而"来"已经基本虚化了，起到的只是音节上的舒缓作用或者是两个动作之间的一个过渡作用，如：

（94）黛玉登时急了，撂下脸来说道："你说什么？"（《红楼梦·第二十六回》）

（95）那妇人也有三杯酒落肚，哄动春心，那里按纳得住，只管把闲话来说。（《水浒传·第二十三回》）

"来说"通过不断地虚化，"来"的趋向意义越来越不明显，而"说"后也不仅可以跟说话的内容，已发展为能够表示对某人或某事做出评价之意。"来说"和"拿"构成的框式介词始于民国初期，而后"来说"和前置词"对／对于"构成的框式介词也开始出现，而这种框式介词至今在现代汉语中也被普遍使用，这里的"来说"已经完全虚化，不再有趋向性的"过来说话"之意，而是表介引评价对象，抑或是举例的意思了，如：

（96）对演员来说，练基本功不等于演出，但基本功练得好不好与演出是否成功有直接关系。

（97）拿中国的汉字来说，也是如此的。

构成言说义框式介词的另一个后置词"而言"最早也现于先秦文献中，但当时的"而言"却是一个跨层结构，其中"而"或表并列，或表转折，或表连接两个接连发生的动作等，"言"则表示说或者说的话，如：

（98）（连接两个动作）子路与子贡相与而言曰："夫子逐於鲁，削迹於卫，伐树於宋，穷於陈、蔡。（《吕氏春秋·必己》）

（99）（表转折）不言战而言败何也？（《春秋谷梁传·僖公三十三年》）

（100）（表并列）臣闻："不知而言，不智；知而不言，不忠。"（《韩非子·初见秦》）

这种用法一直沿用到清代才有所变化。下两例中的"而言"中的"言"已不表示说或者说的话，后面也没有接说话的内容。"而言"也逐渐开始和"就"或者"对"一起使用。"而"和"言"之间也不再位于两个层面，两者之间的联系日益紧密，中间不再能插入其他成分，合并成一个单独词语的两者用于表示对某事进行评价，如：

（101）袁隐道："小弟足迹不远，天下士不敢妄言，即就松江而言，燕总宪之子燕白颔，岂非一个少年才子乎！"（《平山冷燕·第九回》）

（102）"寻常者"，对"英雄豪杰"而言也。（《儿女英雄传·第十七回》）

动源后置词中还有一个较为特殊的"给"，一般在现代汉语的口语中使用，主要介引间接格施事和受事。作为构成被动义框式介词"被……给"或"把……给"中的后置词，它本身来源于动词"给"。动词"给"的出现最早见于元朝，例如：

（103）又在休宁县告明缘由，使用些银子，给了一张广缉文书在身，倘有不谐，当官告理。（《初刻拍案惊奇·卷二》）

（104）事已停当，两位爷给发盘缠，张小娘子与小公子多在冯进士船上附来，已到河下了。（《二刻拍案惊奇·卷三十二》）

"给"作为动词，表达的是"给予"义，常常涉及"给予者""接受者"以及"被给予的物体"三个因素，并且必然经常出现在下面这种双宾结构中：

结构1：S+ 给 +NP1+NP2+VP（我给女儿一块饼干吃。）

该结构中NP1是VP的施事，而NP2是VP的受事。由于在"给"构成的双宾语连动结构中，作为VP受事的NP2是可以省略的，因此在省略过后就成了：

结构2：S+ 给 +NP1+VP（我给女儿吃。）

省略后的结构2中，"给"占据了与"被"相同的抽象句法位置，所以它具备了发展为被动标记的可能性。当出现下面的结构 3 时，最接近被动式：

结构 3：NP2+ 给 +NP1+VP（饼干给女儿吃了。）

结构 3 刚出现时，"给"也还并非是被动标记，但通过长久的使用，它依赖语境的程度也越来越低，整个结构表被动的被接受度也就越来越高。当结构 3 中的收益题元 NP1 被省略时，整个句子就被简化成了"饼干给吃了"。当"给"发展出填补中介空缺的作用以后，"给 +NP"结构之后甚至可以再加一个"给"，从而形成"给……给"这样的框式介词，例如"你给我们给解答一下"，当然这样的用例是比较少见的。

起讫义后置词"起"和"止 / 为止"同样是动词来源后置词。"起"和"止"作动词时分别是开始和截至的意思。

目的 / 动机义后置词"起见"也是动词来源后置词，它作动词时并没有赋元的作用。"起见"作为动宾词组，本义是"产生想法、见解或主张"，用例最早始现于唐代，如：

（105）此意者起见是明，故云白；不起见者是暗，故云墨。（《祖堂集·卷八》）

"起见"常用于"因 / 为 / 从 / 由 / 以 +X"等介词宾语之后，如：

（106）即如这桩事，十三妹原因"侠义"两个字上起见，一心要救安、张两家四口的性命，才杀了僧俗若干人。（《儿女英雄传·第十回》）

（107）但是为公事起见，实实少他不得！（《官场现形记·第十一回》）

（108）之纶曰："小人意忌，有事则委卸，无事则议论，止从-侍郎起见耳。（《明史·列传一百四十九》）

最初"因 / 为 / 从 / 由 / 以 +X"这个介宾结构是"起见"的修饰语，共同搭配为状中结构，其中被修饰的"起见"是核心成分。随着"见"的意义逐渐虚化，"起见"的动词义也发生了虚化，从"产生想法或见解"之义演变为了"考虑"或"着想"之义，后又发展为目的义。"起见"的虚化使得它不再位于核心位置，原来的状中结构不复存在，"起见"经重新分析之后成了附着在介宾结构"因 / 为 / 从 / 由 / 以 +X"后表目的的后置词，取了之前"因 / 为 / 从 / 由 / 以 +X+ 起见"整个结构的意义。"起见"在这种虚化后表目的义的"起见"在《红楼梦》中已有用例：

（109）先前不过是大家偷着一时半刻，或夜里坐更时三四个人聚在一处，或掷骰，或斗牌，小玩意儿，不过为着熬困起见。（《红楼梦·第七十三回》）

（110）叔叔只说婶子总不生育，原是为子嗣起见，所以私自在外面作成此事。（《红楼梦·第四十六回》）

在语法化过程中，"起见"经历了去背景化，"为"类介词也逐渐变得单一。到了现代汉语中，"起见"的动词用法早已消失，只有作为后置词的用法，并最终与介词"为"组成了框式介词。关于"起见"的语法化发展脉络，蔡淑美（2011）[1]也曾提出自己的观点。她认为，框式介词"为……起见"有两个不同来源：其一是由"考虑、着想"义的"为……起见"发展而来；其二是由表示意见或产生芥蒂的"因……起见"发展而来。这两条不同发展轨迹在历时发展中互相竞争和影响，最终第二种"因……起见"消失，而只留下了"为……起见"。

汉语中有的后置词来自副词，例如跟随义框式介词中的后置词"一起""一道"和"一块儿"。刘丹青（2003）[2]曾援引 C. Lehmann 的观点，指出位于 V 和 NP 之间的副词有可能朝两个方向发生语法化：一是与 NP 的关系越来越紧密，最后变为介词；二是与 V 的关系越来越紧密，最后变为附加成分。这里的所说的"一起""一道"等就属于第一种情况，它们与 NP 的关系日渐紧密，从而向后置词方向发展。例如经过了重新分析以后，到了现代汉语中，已经习惯作"我们一起|把这张桌子台上楼去。"这样的切分，而不是"我们|一起把这张桌子台上楼去。"这说明"一起"已经可以作为独立的黏着成分黏附在之前的 NP 上了。

情况类似的还有构成比较/比喻义框式介词的后置词"一样""一般"以及"似的"。它们三个都是典型的比况助词来源后置词，在意义上三者基本相同，通常在同一位置上三者可以互换而不改变要表达的比况意义。它们的语法化也体现在，可以不和前面的"和""跟""同"连用，而置于 NP 之后独立介引基准，例如"小偷一样鬼鬼祟祟""没事儿人似的走开了""狼一般号叫着"。同样的，它们也可以在切分时被作为黏附成分分配给之前的 NP。如：

（111）小偷一样|鬼鬼祟祟

＊小偷|一样鬼鬼祟祟

没事儿人似的|走开了

＊没事儿人|似的走开了

狼一般|号叫着

＊狼|一般号叫着

① 蔡淑美.框式结构语法化过程中形成和意义的互动关系：以"为……起见"的语法化过程为例［J］.北京广播电视大学学报,2011（2）.

② 刘丹青.语序类型学与介词理论［M］.北京：商务印书馆,2003.

第五章　框式介词的三个平面分析

第一节　框式介词的句法分析

一、框式介词的句法特征

三个平面理论是汉语语法学理论发展过程中的一个重要贡献，正式提出这一名称并且在理论上全面加以阐述的是胡裕树和范晓（1985）[①]。在《论语法研究的三个平面》一文中，两人探讨了句法、语义和语用这三个不同平面各自的研究对象、范围、任务以及方法，并且提出在汉语语法分析当中，有必要全面系统地将句法分析、语义分析和语用分析既界限分明地区分开来，又互相兼顾地结合起来。句法关系位于表层，深层语义关系的挖掘和把握必须依靠对表层句法关系的研究，而语用层面也需要在静态层面的基础上进行动态分析。三个平面中的第一个平面——句法平面，指的是对句子进行句法分析，具体而言包含两方面的内容：一是对句法结构内部的词语之间的关系进行成分分析，重点关注句子成分的确定和结构方式的判断；二是分析句法结构内部的词语之间的层次关系，重点关注句法结构的层次划分。

从历时和共时平面归结起来看，现代汉语框式介词具有几个显著句法特征：首先，框式介词中的方位词在句法强制性上经历的历时演变和其他类别后置词的从无到有是重要特征之一。这一特征主要表现在：框式介词中的方位词在汉语中并非一开始就具有很高的句法强制性，框式介词中其他类别的后置词也是在汉语史发展过程中逐渐形成的，这是古今汉语词类差别中的重要特点之一。具体说来，先秦时期的方位名词只在有语义表达需要的时候才出现，此时它们的虚化程度不高，并不具备句法强制性，往往只在真正需要明确地表示方位时才使用。例如在下面出自《左传·庄公八年》的一段文字中，方位词使用和未使用的情况并存：

（1）"冬十二月，齐侯游于姑棼，遂田于贝丘。见大豕，从者曰："公子彭生也。"公怒，曰："彭生敢见！"射之。豕人立而啼。公惧，坠于车，伤足，丧屦。反，诛屦于徒人费。弗得，鞭之，见血。走出，遇贼于门，劫而束之。费曰："我奚御哉！"

---

① 胡裕树，范晓. 试论语法研究的三个平面 [J]. 新疆师范大学学报（社会科学版），1985（2）.

祖而示之背，信之。费请先入。伏公而出，斗，死于门中。石之纷如死于阶下。遂入，杀孟阳于床。曰："非君也，不类。"见公之足于户下，遂弑之，而立无知。"

这段文字中既有使用了方位词的"死于门中""死于阶下""见公之足于户下"，也有未使用方位词的如"游于姑棼""田于贝丘""坠于车""遇贼于门""杀孟阳于床"。这说明在先秦汉语中，方位词的使用并非是必须的。这种情况在西汉时期就开始有了变化，不少在先秦时期不使用方位词的情形都倾向于加上了。这种势头在唐五代时期得到了进一步加强，方位词不但搭配面变得更广，意义也变得更虚化，往往并不表示具体的方位处所。而到了现代汉语中，单纯方位词不但已经逐渐虚化为了后置介词，同时也产生了很多合成方位词。

除了方位词以外，其他来源的后置词同样是经历了语法化以后才稳居于现在的位置。例如由动词虚化而来的言说义框式介词的后置词"来说"，本身是一个以动词"说"为核心的状中结构，并非一开始就作为一个整体使用。句中单独使用的"来说"最早也是汉魏六朝时才出现，五代时期的"来说"是作为连动式在使用，意为"过来说话"。在后来的发展过程中，"来"率先发生虚化，其表示动作趋向的意义逐渐消失，只起到过渡动作和舒缓音节的作用，而"说"逐渐发展出了对人事做出评价之义。固定为后置词以后"来说"最终表示的是介引评价对象或是举例。方位词，连同其他如动词来源、副词来源和副词来源的后置词，都不是一开始就有的，都是经历了漫长的语法化过程，才得以从之前的词类转化为了现在的后置词，并且句法位置也发生了相应的改变。

其次，汉语语序的改变以及由此带来的介词短语语序的改变是汉语后置词乃至框式介词产生的主要原因。孙朝奋（1996）曾指出，两千年来汉语的语序并未发生非常大的变化，唯一可见的显著变化就是前置词短语由从前的以居于动词后为主变为了现在的以居于动词前为主。在先秦汉语中，介词短语后置于动词是优势语序，在上古汉语中非常活跃的介词"于（於）"和"以"无论表达何种语义，其后加宾语的时候整个结构后置于位于的语序总是占有绝对的优势。这种优势从上古汉语一直延续到了近代汉语。从先秦，到六朝、隋唐，再到宋元和明清，由于表处所的短语逐渐从动词后移至动词前，方位词也就逐渐从单独使用和与介词搭配并存，变化为"介词＋方位词"的用法呈不断上升趋势。何乐士（2000）对《左传》和《史记》中介宾短语位置变化的分析也很有力地证明了这一趋势。《左传》中虽然谓语动词前介词的个数已超越其后，但出现频率上来看仍以介词居于谓语动词后为主。而到了《史记》中，介词在数量以及出现频率上，位于谓语动词前的情形都已明显超越其后，这是一个重大的变化，说明介宾短语置于动词前的格局早在汉代就已基本形成了。介词词组的语序变化是汉语发展史中真正具有普遍性的一种语序变化，也是汉语内部为了适应语法的发展而进行自我调整的结果。

再次，联系项居中原则在框式介词的历时演变中起到的重要作用，是框式介词形成的语言学力量。在介词短语的语序逐渐从动词后朝动词前发展的过程中，由于前置词短语移到了动词前，介词不再居于中介位置，违背了联系项句中原则。与此同时，有一些语言成分开始逐步发展起来填补介词前移后的空位，并渐渐虚化，最终形成了框式介词，这些语言成分就是方位词和其他来源的后置词。可以说方位词的语法化是与介词短语由后至前的移位同步进行的，而虚化中的方位词成了填补中介位置联系项空缺的必要补偿。除方位词之外的助动词、副词以及意义很虚的连接性成分，严格来讲并非真正意义上的后置词。在介词短语由动词后转移至动词前的过程中，这些成分起到了填补核心动词和介词短语之间空隙的作用，而它们本来具有的意义几乎不复存在。正因为联系项句中原则的约束力很强，才使得介词能成为语序共性中对应性最强的参项。而之所以要让介词居于中介位置，最重要的原因是介词居于中介位置最符合象似性原则，能体现出语言规则对行为规则的最佳模拟；相反，如果介词不居于中介位置，就很容易造成辖域的模糊和歧义。

最后，框式介词中的前、后置词在句法强制性上的差异。介词的使用与其他虚词一样，既有强制性的一面，也有灵活性的一面，就是说有时介词的使用与否并不会影响句子意义的表达，介词的隐现是现代汉语语法的显著特点。方所类框式介词中的某些后置词并没有语义的强制性，有时甚至换上语义相反的词也不会改变整个句子的语义。吕叔湘就曾指出一些后置词如"上/中/里"只有"泛向性"而不具有"定向性"。刘丹青（2002；2003）也针对这几个方位词提出，它们既不表示具体空间位置，也没有语义上的必要。现代汉语框式介词的前、后置词在句法辖域上也不同，一些框式介词中的前置词是自由的，可隐可现，但后置词在句法上却是强制性的。还有的框式介词，如"像/跟……似的/一样"，后置词与前置词语义相重，可以算作是冗余成分。正是因为现代汉语中存在着不同类型、不同结构层次的框式介词，才造成了不同的框式介词在隐现问题上各有特点。方位词或名词作框式介词后部时，前置词居于外层而后置词居于里层。然而准助词充当框式介词后部的话，前置词居于里层而后置词居于外层。通常情况下外层自由而内层强制，这就是为什么方所类框式介词的前置词总是可有可无，而作为后置词的方位词却要强制性出现的原因。对于后部是准助词的框式介词来说，前置词具有强制性而后置词是自由的。

二、框式介词的句法功能

（一）框式介词与句子的主干成分

介词在句法功能上主要起到的是介引的作用，将体词性词语等介引给动词，用以标识语言成分之间的句法关系。关于介词短语的句法功能，以往的相关研究比较多，同时也存在一定争议，矛盾主要集中在介词短语在句子中究竟能充当何种句子成分上。在所有句子成分中，作状语是介词短语被公认了的基本句法功能，另一个共识是都认为介词短语不作谓语。主要的分歧在于，一部分学者认为介词短语能够充当句子当中的各种成分，这种观点的代表是汪树福（1984）发表的《介词结构是全能结构》[①]一文，作者在文中明确提出，介词跟名词、代词、方位词或词组构成的介词结构可以充当句子中的各种成分。持有这一观点的还有李芳杰、华宏仪、冯志纯、宋玉柱以及张先亮等学者。

另一些学者认为介词短语只能充当状语、补语和定语这样的修饰成分，但不能充当句子的主干成分，如主语、谓语和宾语。绝大部分现代汉语方面的高校教材，像张志公主编的《现代汉语》、邢福义主编的《现代汉语》、黄伯荣和廖序东主编的《现代汉语》、胡裕树主编的《现代汉语》、张静主编的《新编现代汉语》以及齐沪扬主编的《现代汉语短语》等都持有这种观点。他们都认为介词短语在现代汉语中的句法功能主要是充当句首修饰语、句中状语、插入语、定语和补语。

还有一些学者的观点介于前两者之间，他们一方面承认介词短语的句法功能主要是充当定语、状语和补语，但是也提出在一定的条件下，介词短语同样可以充当句子的主干部分如主语和宾语。最先提出介词短语可以作主语观点的是张文周，他的《能在判断句中作主语的一种介词结构》（1980）打破了介词短语不能作主语的传统观点。总的来说，持有这种认可介词短语在一定条件下能够充当主语和宾语观点的学者，大都认同介词短语的句法功能具有多样性，但这种多样性是受限制和有限度的。介词短语充当主语的限制体现在它一般只出现在判断句和存现句中，此时他们都处于句子的前部，与后边的谓语有着陈述关系，属于话题和主语重合。介词短语充当宾语也是一样，一般只在判断句中出现，用在判断动词"是"之后，大多表示处所、时间、原因或目的。持有这一观点的另一学者金昌吉认为"只有当谓语为名词性成分，或谓语动词为'是'的时候，句首的介词短语才可以充当主语"。[②]（1996）

汪树福（1984）在论证表时段的介词短语"自从……之后"和"当着……的时候"能充当主语时举到过两个例子：

（1）自从他在《大中日报》上发表了《论中华国民皆有整理史之义务》这一篇脍炙人口的名文，接着又得了贤良女学校的聘书之后，就觉得这黄三一无所长，总有些下等相了。

（2）当着我们研究一定事物的时候，就应当发现这两方面及其互相联结，发现

---

① 汪树福. 介词结构是全能结构 [J]. 安徽师大学报（哲学社会科学版），1984（4）.

② 金昌吉. 汉语介词和介词短语 [M]. 天津：南开大学出版社，1996.

一事物内部的特殊性和普遍性的两方面及其互相联结，发现一事物和它以外的许多事物的互相联结。

在汪看来，例句中的"自从"限指过去时间起点，同后面的"之后"一起组成了表时段的介词结构。而"当"表示事件发生的时间，有时后面也加"着"，同后面的"时候"组成介词结构。这两句当中的主语本身应该是"他"和"我们"，但是这两个本来的主语都被包裹在了介词短语（这里看来都是我们所讨论的框式介词）中了，这种现象被有的学者称为"主囚介中"。

然而不认同这一观点的，如陈昌来（2002）却指出，这两个框式介词"自从……之后"和"当着……的时候"中间所镶嵌的 X 都是主谓短语。主谓短语中的主语就是后面动词性词语的主语，在两例中，可以很自然地在后半句的前面添加上主语"他"或者"我们"。这说明这些例句中都另有主语，只不过是在之前省略掉了。

之所以对介词短语能否作主语有分歧，是因为现代汉语语法学界一直对"主语"的定义有着较大分歧，关于"什么是主语"和"汉语主语有哪些特点"这样的问题，大家的看法不太一致。胡裕树（1982）[①] 就曾提出，汉语里的主语具有"不带介词且一般不能加介词""位置固定"以及"与 VP 的语义关系密切"这三个主要特点。他认为主语是句法结构，是句子的内层结构，主语不带介词，一般也不能加介词，这是人类语言主语的共性。范晓（1998）[②] 也明确指出主语在形式上在谓语之前而且它前面都不能有介词。然而对于汉语来说，情况却不止这么简单。

在句子的三种结构中，句法结构涵盖的是主语、谓语、宾语等句法成分，语义结构涵盖的是施事、受事等语义成分，而语用结构涵盖的是主题、述题、插入语等语用成分。根据 Charles N. li & Sandra A. Thompson 的研究 [③]，语言的基本类型分为四种：注重主语（subject-prominent）的语言，注重主题（topic-prominent）的语言，主语和主题都注重的语言，以及主语和主题都不注重的语言。主题语言类型的不同决定了各种语言构成句子的方式也各不相同。他们通过调查研究发现，注重主语的语言包括印欧语、尼日尔 - 刚果语、芬兰 - 乌戈尔语和闪米特语等。汉语是典型的注重主题的语言，这一类别还包括拉祜语、傈僳语等。日语和朝鲜语属于主语和主题都注重的语言，而菲律宾的他加禄语和伊洛卡诺语等属于主语和主题都不注重的语言。

作为现代语言学语篇和句法研究的两个重要概念，主题和主语有着明显的区别，

① 胡裕树. 试论汉语句首的名词性成分 [J]. 语言教学与研究，1982（4）.

② 范晓. 汉语句法结构中的主语 [M]. 上海：上海教育出版社，1998.

③ 李谷城摘译，"主语与主题——一种新的语言类型学"，译自 Charles N. Li 和 Sandra A. Thompson 主编的 Subject and Topic, New York: Academic Press, 1976. 原题为 "Subject and Topic: A New Typology of Language"。

首先是位置的区别，主题往往居于句首位置，而主语并不限于句首位置。功能方面，主题的主要功能是预告句子的话题，也就是注意的中心或重点，是描述信息结构时表示句子中予以评论的人、事或观点的那部分内容，这一特点决定了主题必须是有定的；而主语是句子的其他部分所陈述的对象。在与动词的关系方面，主题不一定是谓语动词的论元，也不由动词而决定，主题和述题之间的联系相对于主语和动词之间的联系也要松散很多；然而主语与动词的关系非常密切，并且决定了主谓一致。此外，主题并不参与诸如被动化、反身代词化等语法过程，在句法上也不依附于句子的其他成分。

但是主题与主语有时候位置可以正好重合，这是因为介词短语充当主语时处在了句子的前部并且与后面的谓语发生了陈述关系，这时可以说是介词短语也充当了主语。当然，这种情况是受到一定限制的，一般只能是在存现句中、谓语动词为"是"的判断句中或者名词性成分充当谓语的时候，句首介词短语才能够充当主语，例如：

（4）在全部门票中，有 60 万张出售给西班牙之外的国家。

（5）在细菌和某些线虫之间有着偶然性的联系。

（6）在帐篷外的羊群旁，是那个唱歌的姑娘。

（7）在我隔壁的正房里住着一位老太太。

（8）在黯黯的水波里，又逗起缕缕的明漪。

陈昌来（2002）将介词短语的句法分布归纳为三种基本类型：A：Np+Pp+Vp；B:Pp+Np+Vp；C:Np+Vp+Pp。其中 A 式为基本格式，因为凡是介词都能进入 A 式。三种类型根据介词语义性质的不同，在语料中出现的频率也不同，大多数情况下呈现依次降低的格局，尤其在 C 式中，只由"在、到、向、往、至、给"等少数几个介词才能进入。他还将持有"介词能够作主语"观点的例句大体概括为了以下几类：[①]

1. PP（关于 / 对于……）+VP+NP

2. PP（自从……之后，当着……的时候）+VP+NP

3. PP（P+ 处所词 / 方位词）+VP（存在 / 消失 / 出现）+NP

4. PP（P+ 处所词）+NP

5. PP（P+ 处所词 / 方位词 / 时间词）+ 是 +NP

6. "从……到……"+ 是 +NP

7. PP（P+ 处所词 / 时间词 / 名词短语）+ 有 / 没有 +NP

8. PP（P……）+ 使 +NP+VP

第一类中，陈认为介词结构"关于……"中主语是被省略了，并可以从上下文中明确找回（如：关于工资，最近决定增加一些。）；而"对于……"一般是作为典型主谓句的句首修饰语（如：对于这点，我们应向他学习。）。第二类已经在前文中探

---

① 张斌，范开泰，陈昌来 . 介词与介引功能 [M]. 合肥：安徽教育出版社，2002.

讨过了，陈认为这时框式介词中介引的成分 X 才是句子真正的主语，它只是在前面被省略了，可以很自然地在后部的句子当中补充出来。

第三类主要指下面这类句子：

（9）在超市门口立了两个人。

（10）沿着河岸载着一排柳树。

这些句子如果不带前面的介词则是典型的主谓句，如两例中主语就是"超市门口"和"河岸"，因此有的学者认为加上介词以后，介词结构仍然是句子主语。但在陈看来，主语不仅是语法形式上的标识，同样需要具有语法意义上的内涵。存现句是非主谓句，句首的介词结构并不是主语，而是状语，有无介词的介引是有很大差异的。

陈认为上述几类的动词都是普通动词，而从第 4 到第 8 类要么是"使"字句、"是"字句，要么谓语动词是"有 / 没有"。"使"字句中的介词短语一般经历了语义范畴上的转换，从普通的修饰性功能转化为了表示某种原因，更加接近于动词，属于介词短语的特殊用法。而在"是"字句和谓语动词为"有 / 没有"的句子中，作为关系动词的"是""有"和"没有"的前后项之间存在认同、归属、领有等关系。前项和后项从构成来讲既可以是体词，也可以是谓词，甚至可以是小句或虚词。但是他们在语义功能上失去了之前诸如施事、受事、时间这样的普通语义功能，语义范畴发生了转化，而只作为关系动词的前、后项在使用，目的是说明前后项之间在时间和处所上存在的某种关系。

"是 / 有"字句中作为前项的介词短语后部有时可以添加表时间或处所的中心语，如"在沙发旁是一个书柜"——"在沙发旁（的位置）是一个书柜"。同样的，有时"PP+是 +NP"句式还可以说成"PP+ 的 + 是 +NP"，如"在沙发旁是一个书柜"——"在沙发旁的是一个书柜"。这两种情况都说明，谓语动词"是"的两旁具有语义同一性。在"是 / 有"字句中，有时甚至可以省去"是"和"有"这两个谓语动词本身，如"在沙发旁一个书柜"，省略动词后的句子是一个名词谓语句，同样也是表示判断关系的。

在陈看来，解决了"是"字句前部的介词短语作主语的问题实际就解决了介词短语能否作宾语这一问题，因为说介词短语能作宾语就是指在"是"字句当中的情形（如"我听她说起这件事，是在房东那里。"）。在"是""有"这样的关系动词句中，介词短语或作为前项（起事），或作为后项（止事），由于句中谓语是关系动词，因此介词短语在语义上还是发生了范畴转化，从起基本的修饰性功能转化为了关系项。之所以介词短语的语义功能可以发生明显变化，最主要是由于句中的关系动词尤其是"是"在起作用。陈昌来认为"是"字具有特殊性，不能用以证明解释某种词语的语法功能，原因是几乎所有的词语是都可以出现在关系动词"是"的前后的。因此陈的结论是用"是"的特殊性来概括说明介词短语能够作主语和作宾语是不够有说服力的。

第6类比较特殊,"从……到……"有时从结构上来讲是一个谓词性的偏正结构(如"从幼儿园到大学需要很多钱。");有时也是一个由"从……"和"到……"构成的联合介词短语(如"从成都到重庆有三百多公里的路程。")。只有当后一种情况出现时,介词短语才能出现在由"是"或"有"等词做谓语动词的句子前部作主语。

胡裕树(1982)曾针对汉语的主语提出三大主要特征,分别是:第一,不带介词,一般不能加介词,少数例外;第二,位置固定,一般不能移后;第三,与VP的予以关系较为密切。这其中第一条就明确提出汉语的主语一般不包含介词的存在。虽然很多学者提出过介词疑似作主语的多种情况(前文中提到的8类),但正如陈昌来所论证的,这些情况或由于真正主语隐藏在下文中并能够明确找回;或属于在典型主谓句的主语上加入了介词成分,此时若还将其视为主语就失去了主语在语法意义上的内涵,而只保留了其语法形式上的标记;或从结构上讲根本是谓词性的偏正结构;甚至在最容易混淆的主语由"是/有/没有"充当的句子中,也是由于这些词特殊的关系动词性质,才使得介词短语在语义上发生了范畴转化。在最后一种情况中,用关系动词的特殊性和这种情况发生的非常态性来界定介词短语具有作主语和作宾语的句法特点,确实不够有说服力。

陈承泽早在《国文法草创》(1922)中就提出过"前置介字"和"后置介字"的概念,并指出"前置介字虽似有意义,而实仅表一种之关系,乃与其所系语合以限制动字、象字者。故介字在文章论中,须与其所系语合成分子,非能独立而为句子分子"。这说明他认为介词是不能单独作谓语的。他同时也提出"介字短语(谓介字及其所系语)离其所介语时,罕得构成独立句,亦以其仅表文章关系之故也"。对介词短语的句法功能有过系统研究的学者金昌吉(1996)同样赞同陈承泽的观点,并指出介词的核心功能之一就是不能单独作谓语。而对于介词短语,金认为,有少数的可以在一定条件下充当谓语,虽然充当,但也并不自由,并且这时的介词短语也不算能够单独作谓语。这些条件包括:

第一,谓语动词为"是"时,如:

(11)《新生》的写作也是在这个时期。

(12)我们奋斗了几十年,就是为了消灭贫困。

第二,句子中谓语动词提前,介词短语之前有副词或助动词的修饰,如:

(13)划分词类只能依据词的语法功能。

(14)每次发货,他都按照规定的手续。

第三,少数前后并列的结构中,如:

(15)我为人人,人人为我。[①]

[①] (11)—(15)中的例句都来自金昌吉《汉语介词和介词短语》一书,1996年,第22页。

　　除了作定语以外，框式介词的另一大句法功能是作补语。一般认为介词短语作补语是存在于"V+P+NP"这种结构当中，框式介词也是如此，例如：

（16）藏在柜子里

　　　　放在书桌上

　　　　躺在大树下

　　　　醉倒在路旁

　　　　依靠在床边

　　　　游走在现实与理想之间

　　　　纠结于四种方案中

　　　　抒发自内心之中

　　关于这样的介词结构在句中究竟是作补语还是作宾语，一直都有争论。持宾语说观点的人认为，上例中的"在、于、自"和前面的动词一起被看作是一个整体，相当于一个动词，然后再把后面的 NP 看作是宾语。补语说和宾语说貌似都有道理，但同时也都有自身无法解释的一些问题。例如对补语说，下列问题就不太好解释：

　　1. "V+P+NP"结构中，某些 P 的后面的语音空当中可以加入动态助词"了"，这种现象在现代汉语里是较为普遍的，但这在介词里通常是不被允许的。不仅单音节动词后的介词后面可以加，双音节动词后的介词后面也可以加"了"。当然目的 / 动机义框式介词中的"为了"和"为着"中的"了"和"着"是构词成分，不属于这个范畴。

　　（17）玫瑰掉在了水池里。

　　（18）字典被他扔在了椅子上。

　　（19）他当时就拜倒在了她的石榴裙下。

　　2. "V+P+NP"结构中，某些"V+P"，在意义上几乎形成了一个整体，也就是介词和前面的动词几乎形成了一个合成词，甚至在某些"V+P"之后还可以再带一个介词，例如：

　　（20）我们倾向于第四种方案。

　　（21）中国美学的着眼点，更多的趋向于功能、关系、韵律等方面。

　　这种情况同样也发生在框式介词身上，如：

　　（22）Ku–Klux 是来自希腊文中集会的意思，Klan 就是种族。

　　（23）他总是喜欢陶醉于音乐中。

　　（24）从 1848 年革命以来，德意志的统一问题排在历史日程上。

　　有的学者将这种复合化了的"V+P"结构称为动介复合词。这种现象在现代汉语中也是比较普遍的，类似的动介复合词还有"得以、加以、予以、难以、足以、来自、选自、交给、送给、传给、递给、发给、来到、受到、达到、赠给、送给、好在、在于、生于、属于、乐于、善于"等等，其中"V+到"结构尤其像是复合词。从构成规律上来讲，单音节动词由于节奏的关系更容易与单音节介词合成复合词，同时古代汉语中的介词比较容易附着在动词后面合成为复合词，如"……在""……于""……以""……自"等。朱德熙在《语法讲义》（1982）中就曾指出："'坐在椅子上'，固然可以分析为'坐/在椅子上'，不过我们也同样有理由把它分析'坐在/椅子上'。"①后一种分析方式也是补语说面临的需要解释的问题。

除了上述两大理由，有些学者还认为仍有其他一些问题是补语说难以解释的。例如，有时"V+P+NP"结构中，P是否使用，对结构的意义影响不大甚至没有影响。"忠诚于自己的教育事业"和"忠诚自己的教育事业"这两种说法都可成立，就正好可以说明这一问题。此外，金昌吉（1996）曾提到，有些"V+P"后面有时会出现较大的停顿，甚至于可以插入一些其他语言成分，如：

（25）告诉你们，我看过电报局写的材料，听我的吧！这故事发生在——

（26）"……现在，我们是通向……呃，通向我的熟人的坟墓去了。呃……"她说到这儿，又停顿下来，好像在回想起什么事情。②

例（25）之后并未出现NP，没有出现所介引的内容，而例（26）中间除了有停顿，还插入了其他的成分，这两例中的P似乎都在和前面的V一起使用，并没有考虑后面还需要介引NP的问题。

以上谈到的都是补语说会遇到的解释难题，这些难题恰好也是宾语说认为自身的可行合理之处，但同时宾语说也有很多难以圆说的地方：

1. 针对"V+P"有时会形成类似合成词的情况，另一些情况表明，P不仅可以跟在单个词语后面，有时也能跟在动词短语后面，此时就不能把P看作是和V一起的部分，后面的NP也就很难解释为宾语了，例如：

（27）他们转移、散步和隐蔽在全国许多地方秘密的派性联系还没有完全消灭。

2. 有时虽然句子中有"V+P+NP"结构，但在上下文中偶尔会有介词短语游移位置的情况，也就是说，在上下文中，也许P+NP会离开V而存在，如：

（28）警方目前掌握的证据表明，嫌犯住在哈尔滨，或者至少在哈尔滨住过。

3. 如果同一个动词要在谓语中重复出现，这时介词往往跟在最后一个动词后面。如果"V+P"是一个整体，后面的部分都是宾语的话，那么应该出现的是两个"V+P"连用的情况才对，而不是只有后一个V加上P，例如下句中"错就错在"就应该说成"错在就错在"：

---

① 朱德熙. 现代汉语形容词研究［M］. 北京：北京大学中国语言文学系，1956.

② 例句（25）和（26）引自金昌吉《汉语介词和介词短语》，第68页。

（29）我当初错就错在相信了他的一派胡言。

4. 如果句子存在并列谓语且使用的是同一个动词，并且在动词后有 P 附着在后的话，第二个 V+P 部分甚至可以承前省掉其中的 V，而只保留 P 的部分，这也说明，P 和 V 并不能视为同一个部分，如：

（30）社会主义制度下的商品竞争，表现在生产过程，也在流通过程。

5. 在古汉语中就有 "V+NP+P+NP" 结构，该结构在现代汉语中虽然使用频率不高，但已然存在，在这样的结构里介词短语作补语是没有异议的，如：

（31）夏五月，郑伯克段于鄢。克之何者？杀之也。（《春秋公羊传·隐公元年》）

（32）今州城粗定，兵强士附，西迎大驾，即宫邺都，挟天子以令诸侯，蓄士马以讨不庭，谁能御之？（《后汉书·袁绍传》）

（33）她从小就集万千宠爱于一身。

（34）我们国家给被告人以辩护权，正是对公民的权利和合法利益的一种重要保障。

从上述讨论中不难看出其实补语说和宾语说都各有特点，有着各自的道理，但同时也有自身难以解释之处。尽管两者看似都能讲得通，但二者仅能取其一的前提下，笔者还是更赞同黄伯荣和廖序东主编的《现代汉语》中所持有的观点，认为 "V+P+NP" 结构中的介词短语在结构中充当的是补语成分。原因首先在于，正如上文中所论述，宾语论所难以解释的语言现象远多于补语论难以解释的现象。其次在于，补语论看似存在的问题，其实也能从某些角度得到较为合理的解释。

"V+P+NP" 结构是从古汉语一直沿用到现代汉语中的，由于经过长时间的使用，同时也由于结构中的介词的虚词性，使得它很容易继续发生虚化，附着性变强，存在着向前面的 V 附着的可能性，从而逐渐虚化为前面 V 的词缀。造成这一现象的原因同样可能来自音节方面，因为能够用于 V 后面的 P 往往是单音节的。而汉语的音节结构主流是双音节，因此在 "V+P+NP" 结构中，当 P 附着于 V 时，V+P 形成了一个语音短语，其中 V 具有明显的更重要的句法和语义上的功能，这使得 P 在语音层面上的地位逐渐弱化，有时候变为了轻声，或者甚至会出现脱落的现象。加之介词作为虚词，本身意义就比较空泛，经过长时间的使用，就会使人感觉 V+P 可以被作为一个整体来看待。其实虽然在长期使用过程中，P 的确是产生了虚化，但它的独立性仍是很强的，并不能随意省略，甚至有时没有 P，V+NP 根本无法成立，或者即便成立了意义也大不相同，例如：通向成功——* 通成功；来自农村——来农村。

（二）框式介词的主要句法功能

综合上述讨论，介词短语的最主要功能是充当句子中的定语、状语和补语这样的修饰性成分，而不能充当句子的主干，如主语、谓语和宾语。作为介词短语中特殊的一类，框式介词当然也具有这样的句法特点。其实在讨论介词短语究竟能否充当句子主干所提及的许多具体用例中，很大一部分例句都属于框式介词的范围。

1. 作状语

具体来说，框式介词最基本的句法功能是作状语。作状语的框式介词的句法位置可以在句首，也可以在句中，在句首时是作为全句的修饰成分，而在句中时主要是和句子的谓语中心语发生关系。整体看来，大部分的框式介词作状语时通常位于句首和句中皆可（如几乎所有类别的方所类框式介词，言说义框式介词中的"对于……而言"，起讫义框式介词"从……起""到……为止"，目的/动机义框式介词"为了……起见"），例如：

（35）对于农民工而言，回乡过年不仅是对自己最好的奖励，也是对家人的一种安慰。

（36）不过，这处海滩对于赶海者而言也是最危险的地方。

（37）从我第一次踏上北京的土地起，我便深深地爱上了这座极具魅力的城市。

（38）起义军从8月3日起，分批撤离南昌南下。

（39）到目前为止，世界上所发现的重量超过324克拉的天然金刚石只有35颗。

（40）将全部学习内容一齐学到掌握熟练为止，称为全习法。

（41）为了准确与慎重起见，我们将这三份来信与调查按原文摘录如下。

（42）以色列为了安全起见，可以放弃在戈兰高地建立的犹太人定居点。

有的一般只位于句中（如被动义框式介词"为……所""让……给"，比较/比喻义框式介词"像……似的""比……来得"，跟随义框式介词"同……一起"，以及连接义框式介词"为……而""用……来"），例如：

（43）在场所有人都为他们的这种牺牲精神所感动。

（44）他后来画的画让班主任给没收了。

（45）三人就像回到自己家似的感到亲切与温暖。

（46）没有什么成就比赢得金牌来得更大了。

（47）周恩来同毛泽东主席一起，坚持独立自主的外交政策，破除了旧中国一百多年来的屈辱外交。

（48）他大可不必为此事而感到欠大家什么。

（49）她喜欢用手里的画笔来描绘眼中美好的世界。

如上述各例，这类框式介词通常只位于句中，但也有极少数例外，即框架作定语修饰句子主语时，可以位于句首，如：

（50）像千层糕似的页岩，含天然石油3.5—15%，个别高达20%以上。

（51）同我的书包放在一起的是今天刚买的新词典。

除前面两类，有的则是在大多数情况下都位于句首（如言说义框式介词中的"拿……来说"），有时框架前部还可以加某些副词（如"就""再"等）做修饰语，例如：

（52）拿成都市来说，中小学校普遍缺少专职的心理教育老师。

（53）就拿人权这个话题来说，如何看待人权，什么是人权的根本，目前在世界上确实存在有不同的看法。

（54）再拿住和行来说，无论是造房子需要的木材，造车轮需要的橡胶，还是日常生活用品，都离不开农产品。

对于第一类和第三类，也就是两种位置皆可的，以及大多数情况下位于句首的类别而言，能够制约它们句法位置分布的因素可能是多方面的。首先是语义方面的制约。表示时间、目的、依据和关涉等的框式介词作状语一般位于句首，而表示比较、比喻、工具、目标、与事等的框式介词作状语时多半位于句中。拿"从"类框式介词来说，如果表时间或凭借，框架往往居于句首，此时前后移动较为自由；而表空间时，绝大多数情况下只能位于句中。例如：

（55）从我们结婚以来，这是她第一次看我哭。

——我们从结婚以来，这是她第一次看我哭。（表时间）

（56）从队友坚定的眼神里，他感受到了无穷的力量。

——他从队友坚定的眼神里感受到了无穷的力量。（表凭借）

（57）校长一听这话，从椅子上跳了起来。

——从椅子上校长一听这话跳了起来。（表空间）

（58）我赶紧从口袋里往外掏东西，掏了半天最后掏出了刚刚放进口袋里的那半块红薯。

——*从口袋里我赶紧往外掏东西，掏了半天最后掏出了刚刚放进口袋里的那半块红薯。（表空间）

其次，除了语义方面，还可能有句法结构上的制约。例如，如果句中谓语动词结构简单，框式介词一般和动词紧挨并位于句中；但如果谓语动词为复杂形式，通常可以往前移：

（59）我在山顶上大喊

——*在山顶上我大喊

——在山顶上，我大喊出了这些年压抑在心底的话

有时根据结构安排的要求，框式介词的位置也能调整，这里以目的/动机义框式介词"为了……起见"为例。当句子中有两个或以上的分句共用一个状语，而框式介词充当的是这个被共用的状语，以置于句首更符合语言习惯，如：

（60）为了给同学们提供方便起见，学校调整了早自习时间，也调整了食堂的售卖时间。

有时为了表示强调或者具体的语义表达，需要重复使用框式介词，这时作状语的框式介词往往位于句首：

（61）为了要适应念佛时的环境和心境起见，为了要适应念佛人的根器起见，所以念法便有种种不同，每一种方法，都有它的作用。

如果框式介词所介引的成分较为复杂，也需要将整个框架置于句首，以保持整个句子结构的平衡：

（62）为了适应上中下三根修行人的爱好和便利不同习气的人迅速入门起见，兹择禅、净、密三宗中最简单、最迅速、最方便的修习方法。

2. 作定语

框式介词的第二大句法功能是作定语，在由前置词和名源后置词构成的框式介词中，能作定语的包括"在"类、"从"类、"除"类等的几乎所有类别的方所类框式介词，以及部分含有其他名源后置词的框式介词，例如：

（63）正想要问招待所在哪边，一眼却瞥见了在电线杆上的租房广告。

（64）这个研究小组目前正在进行另一项试验，研究针灸在病人手术之后的镇痛效果。

（65）广播有三个明显特点。一是对象广泛，凡在覆盖范围之内的人，只要有一台收音机，就可以随时收听节目。

（66）这是周恩来主持下的新中国外交在特定条件下的一种独创。

（67）随着 10 多年前，乌鸦从外地入侵香港后，数目急剧上升，已从 1993 年有记录以来的约 30 只，大幅上升至去年的 269 只。

（68）从龙头斗形口上的两颗星引出一条直线向北，可以找到北极星。

（69）但是从 16 日以后的比赛中，阿姆斯特朗可得好好加把劲儿了。

（70）这其实是从工作和游戏的差别说起的一个话题。

（71）在艰苦斡旋之时，他收到了妻子邓颖超从万里之外的北京捎来的一件小礼物——一枝压在书里的海棠花。

（72）雅典奥运会射击比赛将产生 17 枚金牌，是除田径和游泳之外的金牌"中户"之一。

（73）海明威本想捕捉文学的永恒主题之一"生死搏斗的真切感情"，通过他独特的现场笔录，以体验人类除战争而外的最大悲剧。

（74）直到"五四"以后的学者，也保持了这个特点，以为儒家哲学最重要，批判的中心也是儒家哲学。

除了方所类框式介词之外的少数含有其他名源后置词的框式介词，如"在 / 当 / 趁……的时候 / 之际"，不能用作定语修饰名词。而在由前置词和非名源后置词构成的框式介词中，可以作定语修饰名词的包括：言说义框式介词、起讫义框式介词、比喻义框式介词、跟随义框式介词以及连接义框式介词，例如：

（75）我提出我们需要主要而非全部对于科学家来说的新的职业道德，其原因就在于此。

（76）还有许多从物质意义来说的"自然力量"也会给我们扮演产品的角色，例如电流。

（77）这些都是专门针对服务人员而言的"服务忌语"。

（78）为此，中央要求各地要对到目前为止的各种彩票进行自查、自清。

（79）这样，从 1984 年起的 59 年后，即公元 2043 年，将为癸亥年（60 号干支）。

（80）这时就可以观察到像彩虹一样的光环。

（81）如我国敦煌的鸣沙山，当人顺着沙坡向下滑时，能听到像飞机轰鸣一样的声音。

（82）跟张说一起的官员听说他要上朝作证，知道发生了什么事。

（83）因为他觉得这很好笑，所以和他一道的人也都笑起来。

（84）这是因存放于望楼而得名的一部作品。

（85）他这种为了别人的幸福而牺牲自己的精神深深地打动了现场的所有人。

介词短语在作定语时一般都要在后面加典型的定语标记"的"，如上述各例。但"的"在个别情况下也并非必须，不用的情况也是有的，有时是因为介词后面的词语是单音节的，有时是因为想达到紧凑的行文效果，例如：

（86）对华的政策——对华政策

　　沿海的地区——沿海地区

　　对外的汉语教学——对外汉语教学

　　加大对贪污罪的执法力度——加大对贪污罪执法力度

对框式介词作定语的情况来说，定语标记"的"一般不能省略。因为此时作定语的，是由前置词加后置词，包括中间被介引的成分共同组成的整体，如果不用定语标记，可能会造成句子成分辖域的不清，或是理解上的歧义。当然也有极个别的例外，比如当框式介词是修饰作为核心的名词性成分的定语之一时，也就是说，除了框式介词以外，还有另一个句法地位对等的定语存在，此时定语标记或是加在框式介词之后，或是加在另一定语之后，都是成立的，例如：

（87）除战争而外的最大悲剧——除战争而外最大的悲剧

3. 作补语

作补语的框式介词都存在于"V+P+NP"结构当中。名源后置词中常作补语的是"在"类框式介词或前置词为"于""自"的框式介词，在由它们构成的"V+P+NP"结构中，V 还可以细分为几个类别：

V 为单音节动词，例如：

（88）焦裕禄一直<u>活在人们心中</u>。

（89）他接连背了 10 多袋粮食后，<u>昏倒在地上</u>。

（90）她决心<u>留在国内</u>，为祖国的富强出力。

（91）管道多半<u>埋在地下</u>，专门运输某一种油、气产品。

（92）降水<u>来自云中</u>，但有云时未必降水。

（93）李季，1922 年<u>生于河南省唐河县一个贫寒的农民家庭里</u>。

V 为双音节动词，例如：

（94）全国发券系数应当<u>控制在百分之二十五以下</u>。

（95）战士们一听到枪响立马<u>趴倒在地上</u>。

（96）棺葬就是把棺木吊到陡峭的山崖上去，<u>放置在干燥的离地面很高的洞穴里</u>。

（97）严重斜视时，瞳孔及角膜<u>隐藏于结膜囊内</u>，只能见到巩膜。

（98）她常常风尘仆仆地<u>往返于部队、院校、设计单位、军工厂和试验基地之间</u>。

非名源后置词构成的框式介词中，一般能充当补语的，仅限于比较 / 比喻义框式介词，例如：

（99）他昨晚<u>睡得像死了一样</u>。

（100）他的脸黑<u>得像包青天似的</u>。

（101）别不信，幸福往往<u>来得比预期更快</u>。

三、框式介词的层次划分

介词的辖域（domain）（或称范域），指的是介词的管辖范围。介词辖域的模糊会造成句子分析的困难，对介词辖域理解上的差异会造成对句子分析的不同结果，对介词辖域的错误确定也会影响对句子分析的准确性。介词的辖域在一般情况下是明确的，但有的时候也不够清楚，需要仔细考察句子成分才能划定。现代汉语中的框式介词形式多样、意义灵活、表现复杂。其具体构成可以从它们后置词的区别来进行划分，如第三章第二节和第三节所述。无论后置词是方位词、名词还是准助词，框式介词都只是前、后置词的临时性组合，并不是一种单一固定的词项。前、后置词都有各自不同的辖域，并且不同的框式介词有着不同的辖域切分。也就是说，现代汉语中存在着不同类型、不同结构层次的框式介词。

对于框式介词的层次，如何切分是争论的重点。有的学者认为方位词占据的是框式介词中限定词的位置，正因为有框式介词，所以介词与其后的 NP 关系紧密，并在前面有 VP 时共同作动词的补语。照此观点，"在树林里"就被切分成了"在树林/里"。然而实际上"在树林里"（P+NP+L）这样的框式介词应该被划分为"在/树林里"[P+（Np+L）]，这才是正确的结构层次。陈昌来（2002）曾阐述，当框式介词后部是方位词或名词时，前置词处于外层而后置词处于里层。然而如果框式介词后部是准助词的话，那么前置词处于里层而后置词处于外层。外层通常是自由的，而内层往往是强制的，这也就解释了为什么方所类框式介词的前置词总是可有可无，而作为后置词的方位词却要强制性出现的原因。对于后部是准助词的框式介词来说，前置词具有强制性而后置词是自由的。

具体来看，后部是方位词的框式介词，方位词首先与前面的名词性成分组合成为方位短语，然后再受前置词的介引，因而前置词介引的其实是一个方位短语。刘丹青（2002）[①] 曾引用生成语法的 X 标杆理论（X-bar Theory）来论证这一问题。乔姆斯基的 X-bar 理论试图揭示语言中词组结构的普遍规律，即所有的短语结构都按照一种模式进行组合。中心词 X（head）跟补足语（complement）形成一个结构 X-bar。这个 X-bar 结构再跟另一个附加语（adjunct）组合，从而形成更大的 X-bar。这个 X-bar 跟一个指别语（specifier）组合，形成一个短语结构 XP。X-bar 的结构模式适用于各类具体的短语结构，如 VP、NP、AP、PP 等，也适用于各种语言中的短语结构。根据这一理论，介词短语 PP 以 P 为核心，P 带一个 NP 作为其补足语，并赋格于该 NP，如图所示：

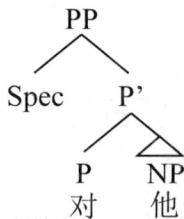

图 5-1

但对于由前、后置词构成的框式介词来说，P 后的补足语却不一定是 NP，也可能是另一个 PP，例如英语的"from under the bed""until after lunch""except on Sundays""since before the war"等结构。以"from under the bed"为例，from 是前置词，等同于"从"；它所统辖的"under the bed"也是一个前置词短语，前置词 under 等同于汉语的后置词"里"。如此便形成了一个双层介词短语，英语将之称作双重介词，

---

① 刘丹青. 汉语中的框式介词 [J]. 当代语言学，2002（4）.

在句中主要充当时间、地点、方式等状语。同样用 X-bar 理论可将之分析为：

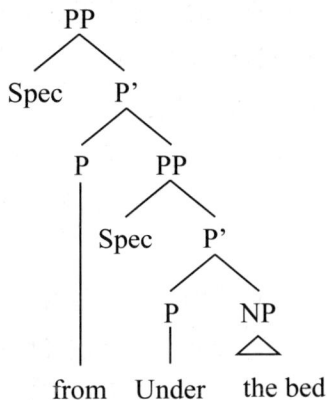

```
                    PP
                  /    \
               Spec     P'
                       /   \
                      P     PP
                      |    /   \
                      |  Spec   P'
                      |   |    /  \
                      |   P   NP
                      |   |    △
                    from Under the bed
```

图 5-2

在这个短语里，from 处于外层，统辖的是身后整个 PP，辖域更大；而 under 处于内层，只统辖后面的 NP，辖域较小，由它组成的 PP 还要受 from 的统辖。上述情况可以看出，介词本身就可以统辖介词短语，而且被统辖的既可以是前置词短语，也可以是后置词短语。关于框式介词的辖域问题，刘丹青和陈昌来的看法是基本一致的，并且刘还提出了辖域的检验方法。如果要检验方所类框式介词，也就是前置词与方位后置词的辖域，一般可采用两种方式：

1. 单用测试

单用测试主要看前置词和后置词中的哪一个可以和 NP 组成可单用的单位。例如对框式结构"从镜子里"而言，能够和 NP 组合形成可单用单位的是后置词"里"，即"镜子里"；而前置词是不行的，"从镜子"不成立。再如：

（102）在本文中——本文中——* 在本文

（103）在一公里之外有条小溪——一公里之外有条小溪——* 在一公里有条小溪

2. 并列测试

并列测试主要看当两个前置词短语并列与一个后置词搭配时，或者一个前置词与并列的两个后置词短语搭配时，哪种情况能够成立。例如可以说"在椅子上和沙发上"，一个前置词就可以统辖两个后置词短语；然而"在椅子和在沙发上"不能说，这说明一个后置词不能统辖两个前置词短语。这个测试说明能够同时统辖两个短语的介词辖域更大，辖域越大，越能够在某些情况下省略，或是有可能统辖更大的结构。框式介词"在椅子上"是前置词"在"统辖后置词短语，后置词"上"统辖前面的 NP，是有层次的，而不能简单看作是一个单一介词"在……上"统辖一个 NP。

关于辖域的问题说明，方所类框式介词中，首先是方位后置词跟前面的名词性成分一起组成方位短语，然后在共同受前置词的介引，前置词介引的是一个方位短语结构。这时前置词处于外层，辖域更大；而后置词在内层，辖域更小。整个框架依然是介词短语，在功能上依然属于加词性短语。这也能有力解释为什么方所类框式介词中经常省略前置词，尤其是当框式介词作句首状语时，后部的方位短语往往不需要介词介引。例如下面两例中的前置词都可以不用：

（104）<u>抗洪救灾中</u>，福州市的人民说："哪里有危险，哪里就有人民子弟兵！"

（105）<u>人类社会里</u>，人们用语音来表达自己的意思，也从语音里来了解别人的意思。

对于方所类框式介词以外的其他类别，如那些由非名源后置词构成的框式介词来说，同样可以参照方位后置词的上述分析。拿起讫义后置词"起、来、以来、为止"来说，它们都能和前面的名词性成分组成一个介词短语，但是同它们相配合的前置词"从""自""打""到"和名词性成分的组合却不一定成立，如：

（106）<u>从这天起</u>，她们就经常站在阳台讲话。

——<u>这天起</u>，她们就经常站在阳台讲话。

——*<u>从这天</u>，她们就经常站在阳台讲话。

对于"到……为止"，可以采取第二种测试方法，因为"为止"一般就不脱离"到"而使用，所以用第一种单用测试不够准确。通过并列测试，可以发现，"到"可以管辖两个后置词短语"NP为止"，而后置词"为止"不能管辖两个"到NP"，因此还是前置词的辖域更大。例如：

（107）若发觉警察与小贩有勾结——那更严重，这一团怒火应该往上烧，烧<u>到</u>警察肃清纪律<u>为止</u>和摊贩离开你家<u>为止</u>。

——*若发觉警察与小贩有勾结——那更严重，这一团怒火应该往上烧，烧<u>到</u>警察肃清纪律和到摊贩离开你家<u>为止</u>。

目的/动机义框式介词"为……起见"中，前、后置词的单用都是可以的，比如"为稳妥"和"稳妥起见"都可以说。但如果采用并列测试法，两种情况都不成立，既不能说"为方便、为快捷起见"，也不能说"为方便起见、快捷起见"。这说明前置词"为"和后置词"起见"互不受统辖，只能合起来作为一个整体重复使用，这说明该框式介词中前、后置词的辖域是相同的。

再如比喻义框式介词"像/跟……似的/一样"，陆俭明（1985）[1]曾分析其层次，认为前置词的层次高于后置词，与方所类框式介词的情况相同，按照上述测试方法也可以得出此结论，例如：

（108）<u>跟</u>不要钱似的——*<u>跟</u>不要钱——不要钱似的

（109）他们俩穿得像乞丐<u>一样</u>和疯子<u>一样</u>。

---

① 陆俭明. 现代汉语虚词散论 [M]. 北京：北京大学出版社，1985.

——*他们俩穿得像乞丐和像疯子一样。

而对于比较义框式介词"比……要 / 来得"和跟随义框式介词"跟 / 同 / 和……一起 / 一道"来说，它们都是更为松散和尚未充分语法化的框式标记。后置词原来是要加在后面的 VP 上，切分为"和我 | 一起去""比我 | 要勤奋"这样的层次的。但由于此处的后置词位于中介位置，起到连接的作用，因而它们逐渐同前面的 NP 关系密切起来。从意义和语感上来讲，应该切分为"和我一起 | 去"。"比……要"的虚化程度还不够，也许也正在朝着"比我要 | 勤奋"的方向去发展。即使能够按照这样将"要"和"一起"归属在前，然而在框式介词中，它们作为后置词的辖域仍然大于前置词"比"或"和"，因为它们并非仅仅与前面的 NP 组合，而应该是和前面的前置词短语组合，层次应该这样划分：

（110）[VP[PosP[PreP 比 [NP 我]] 要] 勤奋]

（111）[VP[PosP[PreP 跟 [NP 小王]] 一起] 去]

有关言说义框式介词，如"对 / 对于……来说"的层次划分，与其他类的框式介词有所不同。这个结构中后部的准助词在许多时候可以自由隐现而不影响语义。如：

（112）对我而言这是一次绝好的机会。

——对我这是一次绝好的机会。

——*我而言这时一次绝好的机会。

准助词能够省略而前置词不能省略，这说明前置词和 NP 的联系更为紧密。当然准助词也不是所有情况下都能隐去的，比如：

（113）小时候钢琴对我来说还很陌生。

——*小时候钢琴对我还很陌生。

在大量语料中，并未发现能够省略前置词而单用准助词的例句，因此可以推断，言说义框式介词中，前置词和 NP 的联系更加紧密，和准助词的联系稍微松散些。比如例（112）中的"对我而言"层次可以切分为：[（前置词 +NP）+ 准助词]，这样的例句也是言说义框式介词出现频率最高的时候。但是例（113）不同，省略"来说"后主客体在语义层面上发生了改变，句子不成立，这样的情况下其层次不容易切分。只能将整个框架看作一个不能分割的准助词短语，但在这个短语内部，NP 和前置词的关系更紧，而和准助词的关系稍远一些。

连接义框式介词"用 / 拿……来"中，前置词"用"可以和 NP 组成短语，而后置词"来"却不行，例如"用热情来招待客人"中的"用热情"成立，但"热情来"不成立。这是因为这种结构的后置词往往只是一个连接性成分，唯一作用仅仅是连接，并不标识题元。它们以前面的整个前置词短语为连接的对象，所以辖域大于前置词。由于它们常常与前置词同现并且关系越来越紧密，因而可以看作是同前置词构成的一种临时性的框式介词，其层次可以划分为：[VP[PosP[PreP 用 [NP 热情]] 来] 招待客人]。如果用测试的方法，同样可以发现一个后置词"来"可以管辖几个"用"构成的前置词短语，而一个前置词"用"却不能管辖几个"来"构成的后置词短语，这也就说明在这种结构中后置词的辖域要高于前置词。例如：

（114）<u>用</u>好酒、<u>用</u>好菜、<u>用</u>好茶<u>来</u>招待贵宾们

——*<u>用</u>好酒<u>来</u>、好菜<u>来</u>、好茶<u>来</u>招待贵宾们

第二节　框式介词的语义分析

介词作为虚词是几乎没有实在意义的，它所要表达的意义是由它介引的词语和核心动词之间的关系所决定的。虽然不表实义，但它却具有相应的语义功能，从深层语义到句法层面的投射中也可以发挥重要的作用。"在现代汉语的句法语义体系中，介词不仅用来标识语言成分之间的句法关系，而且还是述语动词与体词性成分之间的论元角色关系的显性标记，这是介词在语义层面上的主要作用。"（刘兵 2005）

从上节的论述中可以看出，框式介词有一定的层次或辖域，本质上可以看作一种双层介词短语，而这些层次结构的由来可以从框式介词层次结构的背景或者说语义特征中找到答案。在一些语言中，如果可以同时使用两个介词于同一个体词性成分上，那么这两个介词通常会呈现不同的语义抽象度。Hopper 和 Traugott（1993）从语义抽象度的角度将介词划分为基本介词和次要介词两大类。刘丹青（2002）将介词语义抽象度分级理论和汉语实际情况相结合，把汉语介词分为了三个等级。

一级介词：纯联系项介词，这一级主要包括定语标记"之"和状语标记"而 / 来 / 以"等。它们都是后置词，本身并不能标识明确的语义关系。只有在前置词短语位于谓语前时，它们才起到联系项的作用。倘若前置词短语置于谓语后，此时的联系项位置被前置词所占据，因此这类纯联系项介词也就没有了使用条件，例如"装备以高科技"。一级抽象度的介词并没有赋元作用。

二级介词：基本关系介词，这一级涵盖了普通话中几乎所有前置词，标识的是各种基本题元。同属这一类别的前置词的抽象度也不相同，其中有较为抽象的基本题元标记，如：在（静态方所；时间）、到（时空终点）、对（对象；客体）、给（接受者；受益者）、把（受事）、被（施事）、比（差比基准）等。也有表义较为具体的如：论、沿着、顺着。还有极少数后置词的语义抽象度和前置词相当，如"像"和"似的"都是等比基准的标记，几乎同义。能够标识题元的大部分是具有二级抽象度的介词。

三级介词：具体关系介词，这一级涵盖了汉语中绝大部分后置词，标识的是更加具体的题元关系，尤其是方所类题元内部的具体方位。例如后置词"上、下、里、外、前、中、后"等，可以与前置词搭配使用表达更加明确的具体位置；也有一些后置词表示实体和时空的范围，如"以前、以下"等；还有一些除方所类以外的，比前置词更为具体的后置词，如"起""为止""一起""一样"等。三级抽象度的介词能起到为题元内部做更细致语义区分的作用。

根据对前、后置词语义抽象度的划分，可以确定它们各自在句法辖域上的差异。语义抽象度越高的介词，辖域就越大；相反地，语义抽象度越低，辖域也就越小。对于方所类框式介词来说，前置词部分是二级介词，而后置词是三级介词，因此往往是前置词的辖域更大，例如：

（115）在电视柜上——[PreP 在 [PosP[NP 电视柜] 上]]（"在"类框式介词）

（116）从他的心里——[PreP 从 [PosP[NP 他的心] 里]]（"从"类框式介词）

（117）除了不及格的同学以外——[PreP 除了 [PosP[NP 不及格的同学] 以外]]（"除"类框式介词）

再以带"的"的名源后置词构成的框式介词为例，"的"是一级介词，由于它的抽象度很高，因此在用于框式介词中作定语时往往具有很高的辖域：

（118）在很寂寞的时候——[NP[PosP[PreP 在很寂寞] 的] 时候]

非名源后置词构成的框式介词情况要稍微复杂一些。例如之前讨论过的连接义框式介词"用/拿……来"或"因/以/为……而"，由于后置词"来"和"而"属于一级介词，抽象度最高，因此它们的辖域高于作为二级介词的前置词。

（119）为人民的利益而牺牲——[PosP[PreP 为 [NP 人民的利益]] 而牺牲]

再如表起讫义的框式介词，后置词"起""以来""为止"等同属三级介词，而前置词是"从""到"等二级介词，因而前置词辖域更大：

（120）到下个月为止——[PreP 到 [PosP[NP 下个月] 为止]]

不同于上面所讨论的类别，也有少量框式介词的前、后置词的语义抽象度大致等同，难以区分谁的辖域更大。其中有的性质像一个单一介词，如目的/动机义框式介词"为/为了/为着/……起见"。也有的句法上有着不同的辖域，如比喻/比较义框式介词"像/跟……一样/似的"，前置词辖域更大，处于外层。在这种情况下，语义抽象度没有决定辖域的大小，而是其他原因，如前、后置词各自不同的虚化程度造成了这种差异。

正是由于语义抽象度不同，因此框式介词或者介词连用会造成语义冗余现象，这是因为某些具体的题元义又同时包括了更为抽象的题元义。比如某些方位后置词本身涵盖了处所题元，于是再加上同样标识方所题元的前置词"在"就可能是多余了。有时方所后置词所表示的位置不够具体，这时候前、后置词也只需要使用其一就行。正是由于大部分时候，框式介词中的前、后置词有着不同的语义抽象度和辖域，因此它们实际并非固定的词项，而只是一种句法组合或现象。

汉语的词没有什么屈折变化形式，吕叔湘就曾以动词为核心，分别采用起词、止词和多种类型的补词（包括受事补词、凭借补词、交于补词、关切补词、时间补词、方所补词、方面补词、目的补词、原因补词、比较补词等）来对句子的语义结构做出分析，这对当时的汉语句子语义关系研究起到了巨大的推动作用。后来随着研究的不断深入，尤其是三个平面理论的提出，人们逐渐意识到，施事和受事同主语和宾语，来自两个不同的层面；句法、语义、语用是汉语研究中三个截然不同的结构，三者既紧密联系又互为区别。句法平面主要研究语言符号同语言符号之间的关系，语用平面主要研究语言法符号与使用者之间的关系，而语义平面主要研究语言符号同所指事物之间的关系。

格语法就是主要研究句子语义平面的语法分支。为了从语义的角度弥补转换生成语法的不足，菲尔墨（Fillmore）1966 年发表了《关于现代的格理论》（*Toward a Modern Theory of Case*），1968 年发表了他著名的代表性论文《"格"辨》（*The Case for Case*）。后来他不断发表文章补充和完善自己的观点，1971 年他发表了《格语法的某些问题》（*Some Problem for Case Grammar*），1977 年又发表了《再论格辨》（*The Case for Case Reopened*），这一系列论文代表着他格语法学派的形成。他认为"句子在结构中包含一个动词和一个或几个名词短语，每一个名词短语以一定的格的关系和动词发生联系。这样一种框架的'说明'作用在于必然会主张在一句简单句中每种格的关系只能出现一次，尽管可能出现同一个格的复合情况（通过名词短语的联结）"。[①] 由此可见，他将格定义为句子语义结构核心位置的谓词性成分与其周围的体词性成分之间的某种逻辑语义关系，他认为这种格框架存在于任何自然语言的深层结构中，仅仅是由于转换方式的差异而导致了它们在句法形态上的不同。菲尔墨最初列出的格只有六种，分别是：施事格（Agentive）、客体格（Objective）、使成格（Factive）、与格（Dative）、工具格（Instrumental）和处所格（Locative），以后又提出了受益格（Benefactive）、源点格（Sourse）、终点格（Goal）和伴随格（Comitative）等。

汉语缺乏严格意义的形态变化，想要表达句法结构关系以及语义关系主要靠的是虚词的使用和词序的改变，因此格语法理论的观点和方法如果要应用于汉语需要做出适当的调整和适应。不少学者都曾对汉语语法中的"格"提出自己的观点和分类方法，其中作为最早运用格语法理论研究汉语的学者，在美国密西根大学任教的李英哲

---

① 菲尔墨. "格"辨 [J]. 胡明扬，译. 语言学译丛（第二辑），1980.

（1971）在《汉语语法中格的调查研究》一文中将汉语格分为九种（施事格、工具格、客体格、与格、施役格、使役格、方位格、永存格和伴随格）。台湾学者汤廷池在《国语格变语法试论》（"A Case Grammar of Spoken Chinese"）（1972）中区分了格的用法和形式，并主张在菲尔墨的九种格之外，再在汉语中增加三种（结果格、对象格和比较格），共将格分为 12 种。另一位美国学者邓守信在《汉语及物性关系的语义研究》（A Semantic Study of Transitivity Relation in Chinese）（1975）中，将菲尔墨等人所列举的各种不同的格区分为了两个性质不同的组。其中第一组和动词的搭配关系为"及物性关系"，一般不用介词作格标，如施事格和使役格等；另一组和动词的搭配关系为"状语性关系"，如工具格、伴随格、方位格等。格分为 13 种。孟琮等在编纂的《动词用法词典》（上海辞书出版社，1987）中提出 14 类的格分类（施事、受事、结果、对象、工具、方式、处所、时间、目的、原因、致使、同源、等同，再加上"杂类"共 14 类）。

此外一些学者也开始运用格语法的观点来探讨与汉语介词有关的问题。例如鲁川和林杏光（1989）[①] 将格分为 18 个（或 24 个），并将介词分为主体介词、客体介词、邻体介词、工具介词、根由介词以及环境介词六大类。黄锦章（1994）在其博士论文《现代汉语各系统研究》中，提出了他的"汉语格系统网络"。金昌吉（1996）比较了汉英介词作为"格标记"的异同，并且根据介词与其所附着的名词性成分（有时也可以是谓词或小句）在格框架中承担的格语义功能，对以介词作为标记的"格"分为了六大类：主体格、客体格、邻体格、时地格、根由格和关涉格。而陈昌来（2002）将介词按照格理论分为了八大类，分别是：主事介词、客事介词、与事介词、境事介词、凭事介词、因事介词、关事介词以及比事介词。

参照上述以介词为标记的格的分类，现代汉语中框式介词所担任的语义角色可以做出下列划分。

一、标记主体的框式介词

这主要指框式介词中被介引的 NP 是相关谓语的施动者或者承担责任者，具体来讲主要以标记施事为主。

标记施事格：被/由……所、被/叫/让……给、由……来

（121）尊敬老人和赡养父母一直<u>被</u>我国人民<u>所</u>重视。

（122）这么好的一些画纸就<u>叫</u>他<u>给</u>浪费了。

（123）社会主义事业必须<u>由</u>共产党<u>来</u>领导。

---

① 鲁川，林杏光. 现代汉语语法的格关系 [J]. 汉语学习，1989（5）.

二、标记客体的框式介词

这主要指框式介词中被介引的 NP 是相关谓语的承受者或相关客体，具体来讲以标记受事为主。

标记受事格：把 / 将……给

（124）我把他给打了。

（125）他把我说的话给忘得一干二净。

三、标记邻体的框式介词

这主要指框式介词中所介引的 NP 是相关谓语的与事、工具、对象或受益者等等，具体来讲可以如下面再细分：

1. 标记工具格：用 / 拿 / 以……来

（126）我对用长途电话来讨论数学问题感到很陌生。

2. 标记材料格：用 / 拿 / 以……来

（127）光彩与不光彩，究竟用什么标准来划分？

（128）一个概念也只允许以一个术语来表达。

3. 标记方式格：用 / 拿 / 以……来、通过……来

（129）他脚踏实地用辛勤劳动来弥补自己的过失。

（130）另一方面是通过办学校来解决干部问题。

4. 标记依据格：按 / 按照 / 照 / 根据 / 据……来、凭 / 靠……来

（131）这种按照居住地点来组织公民的办法，是一切国家共同采用的。

（132）正确的决策要靠各类专家来进行。

5. 标记基准格（参照格）：比……更、比……要 / 来得、像 / 跟……一样 / 似的

（133）徐场长一盘算，包出去比自己干要多花十几万元。

（134）性格跟能力一样，也由两种因素所构成。

四、标记伴体的框式介词

这主要指框式介词被介引的 NP 与主语之间存在着某种共同、协同、排斥关系，或者 NP 是动作或事件的关涉者。具体又可细分为：

1. 标记共事格：和 / 跟 / 与 / 同……一起、连 / 连同……一起、除 / 除了……以外

（135）皇帝批阅后，连同奏匣一起发还具奏人，按皇帝的批示执行，就可以了。

（136）除了五十多封来信以外，编辑部还接到了好几个电话，不赞成阿凡提检讨。

2. 标记与事格：对 / 对于 / 就……来说 / 而言、在……看来、按 / 依 / 照 / 按照……说 / 看 / 来说

（137）<u>在中国传统文化看来</u>，废万机之务，用心于巧计，就会使人心学坏，贻误大事。

（138）人类的传染病种类很多，<u>按照传播途径来说</u>，可以分为四大类。

五、标记时地的框式介词

这一类又可以细分为：

1. 标记时间格：当 / 趁……时 / 的时候、在……下、借……之际、在……的同时、在 / 于……之前 / 之后 / 之内 / 之间、在……以前 / 以后 / 以内

（139）<u>趁人们不注意的时候</u>，太阳已经躲到山背后去了。

（140）他<u>在搞好本职工作的同时</u>，还热心为群众服务。

（141）<u>借伙伴们吃饭之际</u>，他去采摘了这些森林的特产。

（142）<u>在十八世纪中以前</u>，英国银行事业是几乎全部集中在伦敦的。

2. 标记空间格：在 / 于……（之）上 / 中 / 下 / 里 / 间 / 前 / 后 / 外 / 旁 / 边、当着……的面

（143）她和理查德<u>在厨房的饭桌旁</u>坐下。

（144）<u>在他的茅屋和农场之间</u>有一条清澈的小溪。

（145）<u>当着我的面</u>伤我的锐气，这种人可真是太少了。

3. 标记范围格：在……上 / 下 / 中 / 里 / 间 / 之间 / 之下 / 之中 / 方面、就……而言 / 而论 / 来说 / 而言 / 来看、论起……来、拿 / 从……来说 / 来讲 / 来看

（146）文学评论，<u>就其性质而言</u>，当然应该划入刘勰的"论"的范围。

（147）<u>拿鸟类来说</u>吧，原有344种，现已灭绝近一半。

（148）这样就<u>在戏曲文化积淀与当代意识之间</u>架起了一座桥梁。

4. 标记起始格：打 / 从 / 打从……起 / 以来 / 以后、自打 / 自 / 从……以来 / 以后、到……为止

（149）<u>打从进厂起</u>，我俩就在一块儿工作、一块儿学习，有时还一起去看电影。

（150）孙悟空<u>自打出世以来</u>，哪里遇到过这种尴尬的场面。

5. 标记经由格：从 / 由……上 / 中 / 下 / 里

（151）至于《红楼梦》，人们<u>从宝黛的爱情悲剧中</u>几乎看到一个时代、一段历史。

（152）方波<u>由桌下</u>爬出，坐回位子，茫然环顾四周："都喝好了么？"

六、标记根由的框式介词

这主要指框式介词所介引的 NP 表示的是动作的条件、目的、依据等，具体来讲以标记目的格为主。

标记目的格：为了……起见

（153）为了稳妥起见，它前面的几场比赛，一定要全力以赴，势夺先声。

（154）为了研究问题的方便起见，我们在这里谈一下关于国家和法的类型问题。

第三节　框式介词的语用分析

语用层面，连同句法层面和语义层面，共同构成了句子的语法结构。汉语学界一直关注句法层面的研究，随着菲尔墨"格语法"理论的提出，语义层面的研究也发展迅速。近年来语用层面的研究越来越受关注，它主要指对句子进行的语用分析，其中主要包括句型或句式变化、主题和述题、语气、口气（肯定、否定、迟疑、委婉等）、评议性成分，以及语用重心或焦点等方面的内容。如果说句法和语义是显层和隐层的关系，都属于静态的研究，那么语用则属于动态研究。关于介词的语用功能，陈昌来 [①]（2002）认为它涵盖了六个方面内容：第一，介词能够标记话题，例如表关涉的介词"对于、关于"等；第二，介词能够凸显焦点；第三，介词能够充当连贯小句或段落的形式标记；第四，某些介词的前置定位功能往往可以使该介词短语在篇章中起到管界作用；第五，同一介词的并列使用能够起到分类或列举的作用，可以起到修辞效果；第六，介词的隐现或是移位也是介词语用层面研究的重要内容。不同的框式介词由于自身语义或内涵的差异，以及句法位置的分别，语用特点各不相同，应该说框式介词既具备介词的基本语用功能，也具有自身独特的语用特点。隐现问题是框式介词的重要语用特征之一，由于隐现情况具体而繁复，制约隐现的因素也多样化，因此将在下一章对框式介词的隐现问题做详细论述，这里将着重讨论框式介词在标记话题、凸显焦点和篇章方面的主要语用特征。

一、框式介词的话题标记功能

话题（Topic）和述题（Comment）是话语语言学中的两个重要概念。其中话题是叙述的对象或起点，是已知信息；而述题是叙述的内容或核心，是新信息或包含未知信息。两者的关系反映出某一言语在语境中以特定对象为基础进行信息传输的心理模式。对于缺乏形态变化的汉语来说，主语、谓语等句法成分有时没有显性的标记，因此话题研究尤为重要。主语、施事、话题就是分属句法、语义和语用三个不同平面的概念，三者有性质上的区别，但也有一定对应关系。

这里所说的"话题"和"主语"同样是现代语言学中的两个基本概念，它们的异同点和关系是一个重要研究课题。通常主语在语义上是施事或者性质状态的主体，属

[①] 张斌，范开泰，陈昌来. 介词与介引功能 [M]. 合肥：安徽教育出版社，2002.

于语法结构成分，它描述的是动词所谓。主语可以是无定的，由于它常常位于句首，因此在认知上具有凸显性，可以被看作是无标记的话题。而话题是一个语用层面的概念，是句子信息结构的组成部分。作为叙述的重心，话题描述的是句子所关，它往往是有定的，不能泛指，并且与句子其他部分之间往往有停顿。在汉语的一个句子中，主语和话题可以同时存在，也可以只有主语没有话题，或只有话题没有主语，甚至主语和话题都没有。主语以外的成分如果想要成为话题，则需要带有话题标记，并经历话题化的过程。能够标记话题的手段包括语序的变换、添加虚词等语法标记、回指等。由此可见主语和话题是性质完全不同的两个概念：主语来自句法层面，因此能够在静态的句法分析中得到确认；话题来自语用层面，具有一定话语功能和篇章特点，因此只能在动态的语境中加以分析。

可以引导话题的框式介词主要有能够介引范围的"在"类框式介词和"从"类框式介词，如"在 / 于……上 / 中 / 下 / 内 / 外 / 以内 / 以外 / 以下 / 之外 / 而外 / 方面 / 之间"以及"从……上 / 方面"等等，例如：

（155）在文化生活上，庄内有俱乐部，有固定的电影放映机，经常放映艺术片和纪录片。

（156）在造林方面，播种和必要的预备劳动结束以后，也许要过 100 年，种子才变为成品。

（157）在李奶奶和李玉之间，我们看到了真正的革命同志之间的深刻关系。

（158）显然，从指导思想，研究方法到编撰体例等方面，吕振羽的著述与胡适的《中国哲学史大纲》和冯友兰的《中国哲学史》相比较，都是别开生面，焕然一新的。

（159）从城市建设来讲，元朝京城大都（北京）规模宏大，庄严雄伟，格局美丽而又巧妙。

（160）于教育方法上，我承认我是有失败之处。

例（155—160）中，框式介词短语都标识的是句子的话题，而句子主语分别是"庄内""种子""我们""吕振羽的著述""元朝京城大都"和"我"。除了上述框式介词外，还包括能够介引某种选择或限定某种话题的，表言说义的框式介词，如"对 / 对于 / 针对 / 从 / 拿 / 就 / 按 / 按照 / 围绕……来说 / 来讲 / 而言 / 而论"。例如：

（161）对美国商人来讲，加价高是无伤大雅的。

（162）对于作为认识系统的科学而言，创造和发展专门形式的人工语言是科学得到进步的基本前提。

（163）按照银行贷款的一般原理来说，贷款必然分解为现金和存款。

（164）按相声界的辈分来讲，他比我高，论年纪他大约只比我大四岁。

（165）再拿我这俩孩子穿的来说吧，不到一个月，就得一双鞋。

上述例子中，充当话题的仍是框式介词短语，例（161）—（163）的主语分别为"加价高""创造和发展专门形式的人工语言"以及"贷款"。例（164）实际包含两个分句，除去"按相声界的辈分来讲"这个话题之外，还有一个由前置介词标识的话题"论年纪"，两个分句的主语都是"他"。而（165）中的主语虽未直接出现，但其实已经暗含在了话题当中，真正的主语应该是隐含了的"我这俩孩子"。在言说义框式介词置于句首介引话题时，既可能与句子述题没有语义选择的关系，也可能是述题中某些关键成分的论元。针对后一种关系，又有几种不同的情况。

第一，被介引的话题首先有可能是后面的谓词性成分的施事，实际上这里的话题和句子的主语是得到了重合，例如：

（166）对于在火线上颠簸惯了的人而言，关在病房里简直是受洋罪。

（167）就温玉成将军来讲，做到这一点是很不容易的。

第二，言说义框式介词介引的话题也可能与句子的主语存在着复指的关系，句子的主语是代词抑或是含有代词性成分，例如：

（168）拿学习外语来说吧，这就是耳听、眼看、口读、心想和手写同时并举。

（169）对于伪造者而言，他伪造的目的就是要行使，而贩运是为达到行使目的所必经的阶段。

第三，言说义框式介词介引的话题与句子的主语之间可能存在整体与部分，事物与属性，又或者包含与被包含这样的关系，例如（170）中的主语"触觉"是作话题的"盲人"的诸多感官中的一种，而（171）中的主语"事情的真相"正是指的话题"今天这事"的真相：

（170）对于盲人来说，触觉更有特别重要的意义。

（171）就拿今天这事来说，事情的真相，你们都还没有弄清楚，单以为抓住我就行了。

第四，句子的主语是"的"字短语，而言说义框式介词介引的话题是这个"的"字短语的施事，例如：

（172）就拿新婚夫妇来讲，最需要注意的也是如何包容对方的缺点。

（173）对刚进大学的新生而言，首先要熟悉的就是校园环境。

从上述例句可以看出，能够介引话题的多为能表对象、范围、范畴、领域或关涉的框式介词，它们在标记话题时往往位于句首，但这并非绝对。徐烈炯和刘丹青（1998）就曾区分三类不同话题：位于句首的主话题（main topic），位于主语和动词短语之间的次话题（subtopic），以及位于动词之后的次次话题（sub-subtopic）。次次话题出现频率较低，一般只在兼语式、双宾语句或是数量短语前才存在。而能够标记话题的框式介词，一般既可以充当主话题，也可以充当次话题，但不能充当次次话题。位于句首时符合陈昌来提出的介词短语的第一种基本格式 PP+NP+VP，而位于主语之后谓语之前时符合他提到的第二种基本格式 NP+PP+VP，如：

（174）威望之隆，在中亚方面，算达到了最高度。

（175）因为，购销双方在共同的利益以外，有着各自的经济利益。

（176）历史造成的不幸，在父母和子女两代人之间造成了麻烦。

（177）下面我们从经济、政治、军事三个方面来加以论述。

（178）这个镜头，对她的动人美貌来说，自然是大不敬的，但在渲染情节气氛上，却获得极大的成功。

（179）鞋子对于一个人来说毕竟是次要的。

（180）人类的传染病种类很多，按照传播途径来说，可以分为四大类。

相对于主语，话题总是指示有定的事物，已知的信息，它是不能像主语一样可以用疑问代词来进行提问的。并且话题不能用于句子内部的成分——从句层面，而只能用于句子层面。例（174）—（180）中的框式介词虽然不是位于句首，但它们所介引的内容完全满足话题的基本特征，都是有定事物，且都不能用疑问代词来进行提问。这几个例句中主语分别为"威望""购销双方""历史造成的不幸""我们""这个镜头""鞋子"和"人类的传染病种类"，句中的框式介词所介引的部分都充当的是句子的话题。

二、框式介词的焦点凸显功能

焦点（focus）是同主语和话题的区别关系密切的另一个重要概念，Trask（1993）[1]将其定义为"句子中的某个成分被赋予特别的重要性，该成分代表的是句子中最重要的新信息，或者是与其他成分具有明确的对立"。与话题所不同的是，焦点是最重要的新信息，是说话人想要突出表示的部分，而不是已知的旧信息。由于在语义上焦点和话题是对立的，因此已经话题化了的成分就不能再加上焦点标记了。

焦点这一概念又是相对于背景（background）而存在的。背景可以有两种存在方式：一是实际出现在句中的话语成分；二是并未出现在话语中，只是隐含了的，存在于上下文或是人们的共享知识中的某项内容。徐烈炯和刘丹青（1998）根据焦点和背景的位置关系，讨论了三种不同的焦点：自然焦点、对比焦点以及话题焦点。其中自然焦点的特征是 [+ 突出] 和 [- 对比]，对比焦点的特征是 [+ 突出] 和 [+ 对比]，话题焦点的特征是 [- 突出] 和 [+ 对比]。

汉语句子中突出焦点的主要手段包括：语音手段，如逻辑重音的使用；词汇手段，如利用"就"或者"是"来标明焦点所在；以及句法手段，如语序的变化等。作为词

---

[1] R. L. Trask. A Dictionary of Grammatical Terms in Linguistics[M]. London: Routledge, 1993. p. 195.

汇手段的一种，介词短语的使用也能凸显焦点。通常焦点出现的位置是在句子的末尾，例如下面几例中句末的框式介词短语就是句子的焦点所在：

（181）因此，思维与存在的分裂只存在于人的头脑之中。

（182）理所当然，马克思把科学的实践观作为改造旧哲学的基本点，并把自己的新哲学整个建立在实践的基础上。

（183）再大的怨恨，也会被恋人的一个微笑、一个眼神、一句问候所驱散。

（184）说来您也许不信：我好睡懒觉的毛病是让二环路新街口豁口施工现场的一副标语给"治"好的。

（185）浙江山区产有一种毛冠鹿，因它们的头上有一撮黑色长毛向上竖起，非常美丽而得名。

（186）刚进大学时，我还为自己是班上最小、最孩子气的学生而感到自豪。

（187）但是中国青年是永不会被暴力所屈服的，英勇壮烈可歌可泣的事迹，像日月一样永远放射着光辉。

（188）中国的文人，都跟抗大件似的，肩膀头上太沉、太沉。

上述例句中，例（181）和（182）的焦点，就是末尾的框式介词短语，"人的头脑"和"实践的基础"就是句子最核心的新信息。有人认为这里的焦点应该是框式介词所介引的成分，而不是整个框式介词短语。但实际情况是，框式介词短语和被介引的成分之间关系十分密切，不宜分开来看，最好作为一个整体看待。例（183）和（184）中的焦点并非整个介词短语，句中使用的被动义框式介词"为……所"和"让……给"起到的是凸显焦点的作用，句子真正的焦点是置于后置词后的述语部分，即"驱散"和"治好"。同样的，例（185）和（186）中连接义框式介词"因……而"和"为……而"的使用，也是为了凸显句子末尾的述语部分"得名"以及"自豪"，它们也才是句子真正的焦点所在。例（187）和（188）中的比喻义框式介词"像……一样"和"跟……似的"凸显了末尾的焦点"永远放射着光辉"和"肩膀头上太沉"。

当然，框式介词所标注的焦点不一定位于句子的末尾，例如在对疑问句作出回答时，又或者在表示对比的句子中使用框式介词时，焦点都可能位于句首，例如：

（189）——你是从什么时候爱上她的？

——从第一次见到她起我就已经被她深深地吸引了。

（190）这种行为在法律上不被允许，在人伦道德上也不被允许。

在例（189）中，疑问句本身就是针对焦点提出的，而回答中的焦点即位于句首的框式介词短语。而对于例（190）这样的对比句而言，焦点往往是做对比的部分，即此处位于句中的"在法律上"和"在人伦道德上"，可见由框式介词短语凸显的焦点并非都位于句末。

三、框式介词的篇章功能

话语是具有连贯性的，无论是篇章、段落、句群、句子还是分句之间都必须保持一定的连贯性。对篇章中某一语言成分的解读往往依赖于对同一篇章中另一个语言成分的解读。正是因为两个或多个语言成分之间具有这样的依存关系，才使得篇章具有自然衔接和连贯的效果衔接。作为功能词，介词除了具有自身语法意义之外，也具备一定的篇章功能。例如，它有时可以充当段落与段落之间，或者句子与句子之间的形式标记。一部分介词在使用时往往位于句首，它们所具备的前置定位功能常常可以使得该介词短语在篇章中起到管界约束的作用。介词的使用也会在语用上产生某些修辞效果，比如某一介词的连用或是几个同义介词的连用，有时会起到分类列举，或者是表达上的对比作用。例如：

（191）用电脑帮助设计产品，大大节约了设计绘图的工作量。在设计出结构图形的同时，电脑还根据需要立即算出零件的体积和重量。

（192）巴斯德经过多次实验确认：把鲜牛奶加热到 71 摄氏度，持续 15 分钟，既可以消灭其中的结核杆菌和伤寒杆菌，又不致损坏牛奶的营养价值和风味。在这之后，人们普遍地使用这种方法保存牛奶。

（193）这个年轻的姑娘已经有六七年没有看见她的妹妹了。打从她妹妹失踪以后，不论是她还是别人，都没有得到过任何有关她的消息。

（194）近几年来，随着生产的发展，我国城乡人民的收入逐年增加，生活水平有显著提高。除了工资、奖金等收入的增长以外，集体福利事业也有所发展。

在例（191）中，框式介词的介引成分"设计出结构图"就是与上句提到的"电脑帮助设计产品"的结果；例（192）中"在这之后"的"这"，以及例（193）中"打从……以后"介引的"她妹妹失踪"，都是对上一句的概括，也就是回指的前一句内容；而例（194）中"工资、奖金等收入的增长"是和上句中提到的"人民收入逐年增加"相呼应的。这几处框式介词的使用，都很好地起到了承上启下的衔接作用。

能够表示回指的框式介词还有言说义框式介词，如"拿 / 对于 / 针对……来说 / 而言 / 而论"，例如下句中框式介词的介引成分"这样一个整体"就回指的是前一句中"文学形象是一个整体"这部分内容：

（195）文学欣赏之所以离不开对形象的感性关照，这是因为文学形象是一个整体。对于这样一个整体而言，悟性通过它的诸概念是永远不能企及想象力的全部内在的。

框式介词短语除了能在篇章中起到衔接作用以外，有时还能对小句的内容在时间、地点、目的、动机、范围、依据、话题等方面进行限定，起到篇章管界的作用，例如：

（196）在通常情况下，由于考虑到人类的血型系统种类较多，为了慎重起见，即使在 ABO 血型相同的人之间进行输血，也应该先进行交叉配血实验，即不仅把献血者的红细胞与受血者的血清进行血型配合试验，还要把受血者的红细胞和献血者的血清进行血型配合试验，两者都没有凝集反应，才是配血相合，才能进行输血。

（197）中国在人权问题上一贯主张对话，反对对抗。多年来，中国与世界许多国家就人权问题开展了对话和合作。中国领导人在与外国国家元首、政府首脑和有关人士会晤时，就人权问题进行了广泛的探讨。

例（196）中"为了慎重起见"表示的是动机或目的，后续内容都是为了说明为了出于"慎重"的考虑或者说达到"慎重"的目的所做的努力。而在例（197）中框式介词短语"在人权问题上"统领了其后的内容，无论是"开展对话和合作"还是"进行广泛的探讨"都是围绕着人权问题进行的。

框式介词的篇章功能还体现在由它构成的介词短语有时具有语用上的修辞效果这一点上。例如，有时并列使用框式介词短语，可以达到对比的效果，如下两例：

（198）他的脱颖而出，对于一个进行着深刻反省的民族来说，对于一个频临危机、思贤若渴的企业来说，已是历史的必然。

（199）对于森林生态系统来说，其基本组成是植物群落和动物群落和动、植物个体。对于化学物质来说，我们需要研究物体、分子、原子、外层电子等多个层次组成，但其中原子、分子则是基本组成。

有时反复使用某一框式介词或是几个意义相近的框式介词，可以达到排比的语用效果，例如：

（200）他们为前期工程的顺利而高兴，同时也为这一新问题而烦恼。

（201）像树上槐花一样的白，像水里荷花一样的红，还有，像地上野生的二月蓝一样的蓝。

（202）在月色融融的校园里，在杨柳依依的林荫道上，在荷花盛开的小湖边，他们曾互相倾诉着对未来生活的理想。

第六章　框式介词的隐现机制

第一节　介词隐现的分类

介词的隐现是现代汉语语法的显著特点，所谓"隐现"实际是"显现"和"隐含"这两个名称的合体。虽然介词在汉语的句法、语义和语用层面都起着重要的作用，但它的使用也和其他虚词一样并非绝对，有一定的弹性，既有强制性的一面，同时也有灵活性的一面。也就是说在该用或者可用介词的地方，有时可以不用，不会对句子表达产生什么影响。于是介词出现和不出现被分别归为了显性和隐形这两个相对的语法范畴，即前面提到的"显现"和"隐含"。

"隐含"和"省略"是两个不同的概念。吕叔湘先生明确提出"隐含"这一概念并将它与"省略"做出了区分，在此之前这一对概念常常被语法学界混淆。《汉语语法分析问题》一书中，吕先生（1979）[①]提出省略必须具备两个条件："第一，如果一句话离开上下文或者说话的环境意思就不清楚，必须添补一定的词语意思才清楚；第二，经过添补的话实际上是可以有的，并且添补的词语只有一种可能。"而针对隐含来讲，他认为"跟这个（指省略）不同，'你一言'和'我一语'可以在'一言''一语'前添补'说'或者'来'，但不能只限定'说'或者'来'，我们就只能说这里隐含着一个'说'或者'来'，不能说省略了一个'说'或者'来'"。吕叔湘先生所提出的省略的两个界定条件，不仅将"隐含"从广义的"省略"中抽离了出来，而且也可以作为区分两者的两个必备条件。根据条件一，省略是指句法结构上必不可少的成分在一定的语境中没有出现，一旦缺失句子的意思就不明确了；而隐含句在句法语义平面是明确的，缺失后也无须添补其他成分。根据条件二，省略掉的成分是可以添补的并且只有一种添补的可能；而隐含句或是无法添补，或是不止一种添补的可能。

介词也存在省略和隐含的差别，过去介词不出现的情况就都被笼统地称为介词的省略，但这种一刀切的说法不够确切。如果按照吕叔湘先生的区分标准，对介词而言，当句子脱离语境时，如果介词隐去不用，大多数情况下是不会影响句子准确性的，也就是说句子的语义仍是自足的。只有一种例外，就是在针对由介词提问的疑问句的回

---

① 吕叔湘. 汉语语法分析问题 [M]. 北京：商务印书馆，1979.

答中，不用介词只能称为省略，因为一旦脱离语境意义便不明确了。同时，还原性对介词也具有约束作用，省略掉的介词可以根据语境还原从而使得句子结构重新变得完整，而隐含的介词要么无法添补，要么添补的可能不止一种。

总体来说介词在表层结构上的隐现情况可以分为三种：介词必现（或多现），介词必隐（或多隐），以及介词可隐可现。必现的情况指的是介词一般都出现，必隐的情况指的是介词一般不出现，而可隐可现则指介词的出现或隐含对句子本身来说不会产生太大的影响。例如：

1. 必现（或多现），例如：

（1）小鸟们在树上筑了一个窝。

——* 小鸟们树上筑了一个窝。

——* 小鸟们在树筑了一个窝。

（2）她从小就对下围棋表现出了超乎同龄人的浓厚兴趣。

——* 她从小就下围棋表现出了超乎同龄人的浓厚兴趣。

2. 必隐（或多隐），例如：

（3）上有天堂，下有苏杭。

——* 在上有天堂，在下有苏杭。

（4）东起山东，西至襄樊，南讫长沙，在绵延数千里的战线上，百万大军战来了难分难解的大厮杀。

——* 从东起山东，向西至襄樊，向南讫长沙，在绵延数千里的战线上，百万大军战来了难分难解的大厮杀。

3. 可隐可现，例如：

（5）从战争爆发的次日起，就涌现出了大量的诗歌、特写和短篇小说。

——从战争爆发的次日，就涌现出了大量的诗歌、特写和短篇小说。

——战争爆发的次日起，就涌现出了大量的诗歌、特写和短篇小说。

（6）与他形成鲜明对照的是，长得像矮脚鸡似的卡尼基却对首演式的成功深信不疑。

——与他形成鲜明对照的是，长得矮脚鸡似的卡尼基却对首演式的成功深信不疑。

以往关于介词隐现的研究既涉及省略，又涉及隐含。省略是指介词可隐可现的情况，而隐含则指必隐的情况。在句法平面上，介词主要起介引作用，将体词性成分介引给谓语动词，用来标识语言成分之间的句法关系；而在语义平面上，介词能充当谓语动词与体词性成分之间论元角色关系的显性标记。现代汉语动词的论元结构中，主体和客体论元，如施事和受事承担了核心角色，它们与述语关系最为密切，属于直接论元，因此通常不用介词标识。而动词论元结构外围的角色属于间接论元，与述语动词的关系较为疏远，一般需要用介词标识，它们包含了如时间、范围、处所、工具等状况论元。虽然介词具有突出的论元角色标识功能，但介词的使用只是标识论元角色的充分条件而非充要条件。也就是说，介词可以标识论元角色，但论元角色不一定都要用介词来标识，例如：

（7）<u>从</u>进入大学<u>起</u>，他就开始勤工俭学了。

——进入大学起，他就开始勤工俭学了。

（8）他<u>在</u>欣喜的<u>同时</u>，心里也掠过一丝淡淡的忧伤。

——他欣喜的同时，心里也掠过一丝淡淡的忧伤。

（9）<u>关于</u>他能否破格入党<u>一事</u>，学院还准备慎重考虑。

——他能否破格入党一事，学院还准备慎重考虑。

介词必隐的情况并不多见，它与必现这种情况一起突出体现了介词使用的强制性。这种强制性多是受到句法、语义等各方面客观因素的影响，其中句法是显性因素，而语义是深层因素。相对的，介词可隐可现不会对句子表达产生影响，也不会改变句子的句法语义结构，这体现的是介词使用的选择性。这种选择性也并非完全随意或无迹可寻的，约束它的往往是语用、语篇、个人说话风格以及不同个体使用的倾向性等因素，主观性很强。语用因素是以句法和语义因素为前提的，它只会在句法和语义因素对介词的隐现起不到强制性作用的时候才会发挥作用。介词的隐现只是一种语言表象，但它却是句法、语义、语用等多重因素共同作用的结果，由于这些因素来自不同层面，因此在制约过程中必然会有所交叉。

第二节　框式介词的隐现规律探讨

一、前置介词及方位词的隐现情况考察

吕叔湘在《现代汉语八百词》中曾指出，某些语言里的"介+名"短语，汉语需要用"介+名+方"来表达，"介"有时可能不用，但不能没有"方"。这句话是想表明汉语的处所表达不一定需要依赖介词，介词可以时隐时现。吕先生所说的"介+名+方"结构，其实就是框式介词，然而这种观点略显绝对。汉语的框式介词里，不光前置词能可隐可现，后置词同样也可以。

关于前置词的隐现，汉语中讨论得最多最深入的莫过于"在"了。郭熙（1986）分别从语音变化、动词的音节以及动词的语体三方面讨论了动词后的"在"隐去的条

件。储泽祥（1996）[①] 主要从"在"的涵盖义及其篇章连接作用来考察了句首处所前"在"的隐现情况。张宏胜（1996）[②] 还从汉维对比和对外汉语的角度对汉语介词"在"位于句首时的隐现形式做了细致的描写。此外，张谊生（2000）从语义角度、搭配关系和句法位置三方面概括论述了介词隐现的规律。他认为，凡后面还有方位词的介词短语，前面的介词一般都能省。张的论述虽较为全面，但不够具体深入，也过于笼统。储泽祥后来（2010）又继续完善了自己的研究，这次主要从"在"的不同位置来考察其隐现情况，例如方位短语前介词的"在"，句首修饰语位置上的"在"，定语位置上的"在"，动词后的"在"，以及动词前状语位置上的"在"。

除了相关文章，有一些硕士学位论文围绕"在"的隐现问题展开。比如，麦子茵（2007）就对"在"的隐现情况做了较为细致的考察。她切入的视角是"在"所处的具体位置，如存现句句首和非存现句句首的"在"，与定语位置上的"在"，隐现情况各不相同。作者还进一步阐释了介词"在"的调节句子平衡、完句以及跨界这三种功能，并证明了这三种功能在"在"的隐现研究上的解释力和适用面。冷淑梅（2008）在对"在 +X"中"在"的考察中，也提出"在"的隐现受三个层面的影响。句法上，主要受介词短语的句法位置、介词宾语的复杂程度和介词短语前的修饰成分所制约。语义上，都和介词短语的时间、处所定位功能以及介词的论元标示功能有关。语用上，都受使用语境，如介词短语的共现，或介词的对比功能的影响。同样从三个平面的角度来探讨介词"在"的隐现的还有张友学（2010）。

除了介词"在"之外，也不乏一些对其他前置词隐现问题研究的成果。例如陈信春（1996）[③] 就曾考察"对 +NP"中"对"的隐现问题。他认为不管该结构必须整体出现，还是"对"可以自由隐现，都受到几个条件的制约：一是该结构同相关成分间的语义关系；二是结构中"NP"的性质；三是结构所处的句法位置。其他方面，有林莉铭（2008）的《与话题相关的介词"对"的隐现》以及王可可（2009）的《〈左传〉介词"于"的隐现问题研究》等文章在探讨前置介词的隐现情况。此外，还有个别笼统地讨论前置词隐现情况的文章，如马小成、鲍红霞和李云云（2008）的《"介词 + 方位词"作状语时介词隐现情况的历史考察》。

由于汉语长期缺乏对后置词这一概念的认同，后置词的隐现问题研究远远少于前置词，并且这其中大部分研究是关于方位词的，并不能概括整个后置词的种类。虽然不能涵盖后置词的所有类别，但方位词的隐现研究往往是在框式介词这一概念的指导

① 储泽祥．"在"的涵盖义与句首处所词"在"的隐现 [J]．汉语学习，1996（4）．

② 张宏胜．从汉维语的对比中看句首介词"在"的省略 [J]．语言与翻译，1996（3）．

③ 陈信春．介词运用的隐现问题研究 [M]．郑州：河南大学出版社，1996．

下进行的。这其中储泽祥（2004）[①]详细探讨了汉语"在 + 方位短语"里方位词的隐现机制，他认为该框架中方位词的隐现主要取决于：所介引的 NP 的属性和特征；方位词所起的作用；参照物和目的物的空间关系，以及位置的具体与维向的确定。对现代汉语方位词的隐现问题研究得比较细致透彻的是樊海燕（2008）的硕士学位论文。她认为，方位词隐现的动因之一，是方所赋元实词中有一部分因具有较强的"处所性"而能够自我赋元，因此不需要方所标记。另外方所赋元实词中的趋向动词所支配的体词性成分通常不带方所标记便能充当方所题元；而置放类动词所支配的体词性成分的"受事性"强弱也能决定其方所标记的有无。

二、框式介词的隐现情况考察

国内汉语学界对框式介词的细致研究是从 21 世纪初才开始的，其中以陈昌来和刘丹青两位学者的研究最为突出。对框式介词隐现情况的考察及规律和机制的探寻也是近年来才有的事。作为"前置词 + 介引成分 + 后置词"这样一个特殊结构，框式介词必然牵涉到前置词以及后置词各自的隐现特点。但由于前后置词各自也有丰富的数量和种类，当两者搭配构成框架，共同介引某一成分时，也必然会呈现出十分繁复和困难的研究局面。综观这些年对框式介词隐现情况的考察，不难发现它们都具有几个明显的特点：其一，大部分只针对某一特定框式介词隐现问题进行研究；其二，基于问题的复杂性和深入性等原因，对框式介词隐现问题的考察多出现在硕士学位论文中；其三，少数文章只从框式介词的前置词切入，而多数都尝试分析前、后置词各自的隐现特征和机制。

（一）对框式介词中前置词的考察

孙剑（2007）在硕士论文《介词框架"在 X 前"的考察》中分析了前置词"在"的隐现情况，他认为"在"的隐现是句法、语义、语用和语音等多方面因素共同作用的结果。句法方面，有前后对称性质的成分出现于句中时，"在"可隐；如在句子中框架的相邻位置有其他介词出现时，"在"不出现。除此以外，能充当 X 的成分也能制约"在"的隐现。比如 X 为"这""那""此"等代词时，分两种情况：如框架位于句首则"在"必现；如框架位于句中则"在"可隐可现。而 X 为"N+V"式的偏正短语时，"在"可隐。语义方面的制约情况有几种：框架如表时间时，"在"可隐可现，但如果"在"前有副词修饰，则不能隐；框架如表处所，"在"可隐可现，但如果介词前或后有述语出现，那么"在"没有活动自由；框架如表方位且作定语，"在"应该隐；但框架如表时间且作定语，则"在"可隐可现。语用方面，在一些固化了的结构中，如"当前""眼前""目前"等，"在"一般隐去。如果使用了"在"，应

[①] 储泽祥. 汉语"在 + 方位短语"里方位词的隐现机制 [J]. 中国语文，2004（1）.

该是后部另有一个方位词或准助词出现。而就语音制约来说，X 如果是较简单，如为单音节名词，则"在"可隐。

讨论框式介词中"在"的隐现机制的还有顾振立，在他（2008）的硕士论文《介词框架"在 X 中"考察》中，他同样从句法、语义和语用几方面来探讨"在"隐现的制约因素。首先是句法制约，框架"在 X 中"作补语和状语时"在"一般必现；而在框架充当定语时情况，"在"必现的情况占大多数，可隐可现的几率较小。其次是语义制约，当框架表所在时间、形状及方位意义时，"在"一般可以隐去；而有时篇章结构较为复杂，需要有介词充当标记语义成分时，"在"通常不隐。语用方面，介词框架"在 X 中"具有衔接、管界和标类等语用功能，在表相关意义时，"在"通常必现。

杨子琴（2008）在谈到《"从 X 起"介词框架及"起"的隐现规律》时，认为"起"的隐现是由多重因素造成的。首先她专门对该结构中可能充当"X"的词语进行了分类，并提出这些"X"具有一个相同的特征——序列性。"起"的隐现随着"X"时间序列性的增强而相对更自由，如当"X"为时间名词或短语、表时间和阶段的有序名词、以及表社会称谓和机构的有序名词时。然而当"X"为社会称谓和机构的有序名词、专有词名和其他名词时，序列性不强，这时"起"就必须强制性出现。当"X"为处所名词或短语时，"从 X 起"表空间的起点，"起"的自由度比较大，而如果"X"为动词性词语，它们的序列性则体现在动作发生的时间顺序上。

杨认为"X"的内容并非造成"起"隐现的唯一原因，其他一些因素的制约作用或许更强，这其中包括：①句子的情状，即"从 X 起"结构表示的是时间段，因此句中不能是一次性完成的动词性词语，例如不能说"从早上起来起，他就把房间打扫干净了。"②"X"中有序数词，如 "第一次 / 遍 / 眼""那次"等，"起"的隐现也较为自由。③"从 X 起"结构与"到"共现时，"起"可以不出现。④"X"的长度，出于韵律的考虑，当"X"为双音节词语时，"起"不能隐。⑤"从 X 起"结构作状语的具体位置，当作句中状语时，"起"的隐现更为灵活。⑥口语或书面语等语体的影响，即在口语中"起"的隐现更为自由。

（二）对框式介词中前、后置词的全面考察

王萌（2006）在其硕士论文《"里"类介词框架的句法、语义及隐现规律研究》中，分别从"P"的隐现和"里"的隐现两方面来探讨了"PX 里"的形成及隐现规律。首先能制约前置词"P"隐现的有几方面因素：①句式特点，如在句中所处的具体位置。②句法功能，如"PX 里"作补语、状语和定语时的不同。③介词的虚化程度。意义较虚，使用较多的"P"，如"在""从"等往往可以隐去；而虚化程度较低，还保留着较为实在意义的"P"，如"朝""往"通常不能隐去。④语义影响。表所在时间、发生地和范围的"P"容易被隐去；而相对而言，表起点、终点、方向、来源等"P"不容易被隐去。⑤语用影响。其次是后置词"里"的隐现情况，它主要能由下列因素影响：①"X"的类别。②"P"的语义和"PX 里"所处句法位置的影响。③"PX 里"语义的影响。④"X"音节数的影响。

朱峰（2006）在其硕士论文《介词框架"除了……以外"考察》中详细考察并总结出了"除了"和"以外"的隐现规律。他同时指出，通常情况下隐去"以外"的情况较普遍，而"除了"隐去的现象较少见。框架中的后置词"外""以外""之外"或"而外"通常都可以隐去，但如果前置词只是单音节的"除"时，后置词倾向于出现。而"除了"的隐现规律又有五个方面：①省略"除了"后，后置词"之外"等必现。②框架作句首状语时，后置词如果为单音节的"外"，则前置词"除了"必现。③框架作句中状语并表加合补充义时，前置词"除了"可隐可现，而表排除义时前置词必现。④框架作后置状语位于句末时，前后置词都必现。⑤上下文若同时出现两个"除了"，则后一个可隐可现。其实从朱峰总结的规律可以看出，他对介词框架"除了……以外"隐现情况的考察主要也是从句法和语义两方面来进行的。

同样将前、后置词隐现情况分别讨论的有黎氏月草（2008）的硕士论文《"为X 而 Y"介词框架的多角度考察》。首先由于"为"本身的语义较实，使用频率高，因此不管框架本身是表目的还是原因，它一般都是强制性出现。不过也有例外情况，即由"为 + 受介词语"组成的并列结构作状语，那么作为后项的介词"为"可以自由隐现，如：

（10）我一向为国家独立，（为）民族振兴而奋斗。

虽说"为"可隐，但仍受制约。如果它后面的受介词语构成的几项并不一致，那"为"同样不可隐，如：

（11）这些'男儿团'的公民们，为人民，为中国，为开发这块世界上唯一未被开发的处女地，立下了汗马功劳。

此外，X 与 Y 如果都是动词或动词短语，且动作的主体是同一个人，"为"也可以隐省。例如下面句子中的 X 和 Y 分别为"求学而来"和"记住自己是大学的人"，都是动词短语，并且动作的主体同为"自己"：

（12）记住自己是大学的人，是（为）求学而来的。

就后置词"而"的隐现情况而言，由于它的主要功能是把目的、原因等成分连接到动词上，因而一般情况下它的隐现是自由的，尤其是在口语中，它的隐现也是符合语言的经济性原则的。虽然"而"的使用有一定的自由度，不过在某些情况下，"而"是否出现也跟介词框架的意义有关。想要强调方式、手段、原因或目的等，"而"必须出现。并且，当"而"前面词语太长时，加上它才能很快找到句子最重要的部分。同时，在一些已经基本固化了的结构中，"而"是不能隐去的。

杨丹毅（2007）在硕士论文《"对于"类介词框架及相关研究》中并没有分开讨论前、后置词各自的隐现情况，而是笼统地将该介词框架作为一个整体的隐现分为必现和可隐可现两种情况。他认为介词框架必现的机制是由于：①框架前有一些可修饰句子的词类，如副词、连词以及时间名词等。②框架位于句中作状语时。③介词宾语虽位于句首但不对句中任一动词有施动力时。④介词宾语是句子的感事，即句子的主体时。相对的，当介词框架可隐可现时是因为：①介词宾语是如"谁"之类的任指性代词。②当关联词和框架层层叠叠，或由两个框架对举出现时。③当"对于框架"是"Pp+Np+Vp"句式，且主语与介词宾语形成复指关系时。

朱攀（2009）的硕士论文从句法和语义两个方面分析了介词框架"PX 以来"的隐现机制。句法方面，当前置词必现时，句法的制约体现在：①该框架位于句首时前置词容易被省略，而框架位于句中时不易被省；②框架中的 X 如果是指示代词"那"，那么前置词不能省。③框架前还有修饰语如转折副词"但、可、而"等或连词时，前置词必现。而当介词框架可隐可现时，句法制约体现在：当框架居于句首时前置词容易省略，但当 X 是时间点时，框架内的前、后置词不能同时省略。此外，前、后置词的省略还出现在当句中有两个框架对举出现，或是框架层层叠叠的时候，此时的隐现是出于语言经济性原则，以免短距离内重复使用相同的结构。另一方面，语义对于介词框架"PX 以来"的制约也是显而易见的，例如有的句子在省去后置词"以来"后，句法和语义上看似没有问题，但意义较之以前却会发生变化，如"从去年 12 月以来"和"从去年 12 月"的差别，前者的意思是"从去年 12 月到说话时的这一段时间"，该时间范围大于一个月，而后者的时间范围只是 12 月这一个月。

李宗宏（2011）探讨了汉语介词框架"P+X+ 名词"，具体来讲就是"在 / 当 X 时 / 的时候"这个框架的句法功能以及框架中前、后置词的隐现规律。通过他的分析，前置词"在""当"的隐现与否取决于整个框架在句中的位置：当该框架作句首状语时，前置词通常可以省略；而当框架位于句中时，前置词省略的概率较低。此外，当框架前面还有其他修饰语，如"早""就""每""还""仅仅""即使"等成分时，前置词也不能省。框架后部的名词隐现情况根据前面前置词的不同而不同。当前置词是"在"时，后部名词"时""时候"的隐现取决于框架中间 X 的性质：如果 X 是体词性成分，那么框架后项的可省略程度较高；但若 X 虽是 NP 却不是时间词，那么框架后部也不能省，例如（13）中的"明朝明成祖"，只是专有名词而非时间词，因而其后"的时候"不能省；而如果 X 是谓词性成分，那么框架后项一般不能省，如（14）中的 X "考虑这些困难"就是动词词组，其后"的时候"也不能隐省：

（13）恐怕在明朝明成祖时候，郑和下西洋还算是开放的。

——*恐怕在明朝明成祖，郑和下西洋还算是开放的。

（14）<u>在</u>考虑这些困难的<u>时候</u>，最重要的是，要使青年人根据自己之所长，尽力地去工作。

——*<u>在</u>考虑这些困难，最重要的是，要使青年人根据自己之所长，尽力地去工作。

当前置词是"当"时，框架中的 X 极少是体词性的，即便是，其后的框架后项也不能省，如例（15）；而如果 X 是简单形式的 VP，框架后项同样很难省略，如例（16）；只有当 X 是复杂形式的 VP 时，框架后项的自由度才比较高，如：

（15）每<u>当</u>这个<u>时候</u>，便有许多男女老少聚集在这里随音乐起舞。

——*每<u>当</u>这个，便有许多<u>男女老少</u>聚集在这里随音乐起舞。

（16）<u>当</u>结婚的<u>时候</u>，钱是可以随便花的。

——*<u>当</u>结婚，钱是可以随便花的。

在对前、后置词隐现规律的探讨中，有一类文章并不拘泥于某一个特定的框式介词，而是给出一个框架，只固定前、后置词中的某一方，而另一方则有多种选择。由于不固定的一方往往可以由多个介词来添补，因而也使得在此框架下的隐现规律研究变得异常复杂。例如陈全静（2006）在硕士论文《汉语介词框架"PP 上"研究》中，分别着眼于该框架中不同介词的使用、"PP 上"的句法位置以及所表语义三个方面来描写介词框架"PP 上"中介词的隐现情况。首先根据她归纳的"PP 上"的 11 种形式，该框架中可以出现 11 个不同的前置词，如"于……上"的"于""从……上"的"从""在……上"的"在"等。她分别讨论了这 11 个前置词在不同条件下的隐现情况，这个过程虽然十分繁复，但确是很全面的探讨。她认为在这些纷繁复杂的隐现特点背后，是句法结构、语义和语用的多重制约。从句法上看，介词框架所处的句法位置对前置词的隐现机制有很强的制约性。此外，句子结构的复杂程度，以及介词框架"PP 上"充当不同句法功能时，前置词的隐现情况也不同。语义制约主要表现在，由于"PP 上"能够表示 11 种不同意义，因此当框架表示不同意义时，前置词的隐现也有所不同。例如，"PP 上"作状语表时间、范围、方面等意义时，前置词相对自由；而表来源、方向、视角等意义时，前置词一般必现。最后从语用上看，不用介词本身符合语言的经济性原则，但有时在句子结构太复杂的情况下，为了使条理更清楚，前置词还是必须使用的。

相对于这个结构中前置词的隐现情况，后置词"上"的隐现机制就要简单得多了。"上"有必现和可隐可现两种情况，同前置词一样，它也受到了句法、语义、语用等多重因素的制约。句法上，首先是结构的中间词语对"上"隐现的影响：中间词语如果是单音节，则"上"必现；中间词语如表示水平、程度等度量意义，则"上"可隐可现。其次，"V+介"组合成动介复合词时，如后面的 NP 能作其宾语，则"上"可隐。再次，当框架后还有"下""下来"等词语时，"上"可隐。语义上的制约体现在，表方向、来源、起点等义时"上"容易被隐；而表方面意义、明确表示"……的上方"，以及表参照基点时，"上"都不能隐。从语用来看，"上"的隐现受语言预设的影响很大。当句子中已经预设了某个欣喜，那么表达时受经济原则的影响，这个已经预设了的欣喜便不再需要表达出来。

第三节　框式介词隐现制约因素

现代汉语框式介词的隐现时而具有强制性，时而具有选择性，究竟有哪些因素和条件在制约它呢？金昌吉（1996）认为，最根本的是语义层面的制约，这也是变化得以产生的基础；句法层面既会受到各层面的影响，同时也能对其他层面形成反制约，它是显性因素；而语音层面以及外部因素的影响只有在句法结构允许的前提下才能产生作用。可见框式介词的隐现与否虽然只是一种语言表象，但却受到了来自不同层面的多种因素的共同制约。由于这些因素十分复杂且来自不同的层面，因此它们相互联系，或相互交叉，很难截然分开。简而言之，框式介词的前、后置词部分最终在实际句子中是否出现，其规律不是绝对的，是由多重因素共同作用的结果。

一、句法制约

语法研究中的句法平面指的是对句子进行句法分析，而句法分析通常从两方面进行：一方面是对句法结构内部的词语之间的关系进行成分分析，即着眼于句子成分的确定和结构方式的判别；另一方面则是对句法结构内部的词语之间的层次关系进行分析，即着眼于句法结构的层次切分。对于框式介词的隐现来说，句法是语言结构表层显性的制约因素，它主要体现在下面几大方面：

首先，框式介词在句中所处的句法位置。这一因素对框式介词的隐现机制具有很强的约束性，但这个问题必须一分为二地来看，句法对于前置词和后置词在框式介词中的具体隐现的影响是不一样的。对于前置词来说，居于句首的框架中的介词最容易被隐含，相对而言，居于句中（主语之后谓语之前）的介词倾向于显现。另一方面，对于方位后置词而言，一般来说要求强制性显现的情况有三种：位于句首的框式介词作为存现句的第一段时；框式介词作句首修饰语或是充当句子状语时；框式介词充当动作的补语时。

能充当句首状语是介词短语的一个重要的语法特征，对于框式介词而言，几乎所有的方所类框式介词都可以置于句首；而带有非名源后置词的框式介词中，言说义的、起讫义的以及目的/动机义的框式介词也常常位于句首。当方所类框式介词标识时间、处所、源点、终点以及范围等论元时，前置词"在、从、自"经常省略。例如：

（17）自从"阿波罗"11号登月以来，先后几次采集到几百千克的各种月球岩石样品。

——"阿波罗"11号登月以来，先后几次采集到几百千克的各种月球岩石样品。

——? 自从"阿波罗"11号登月，先后几次采集到几百千克的各种月球岩石样品。

（18）在首届青少年运动会上，一颗耀眼的新星冉冉升起。

——首届青少年运动会上，一颗耀眼的新星冉冉升起。

——? 在首届青少年运动会，一颗耀眼的新星冉冉升起。

例（17）和（18）中，前置词可以隐去是毋庸置疑的，后置方位词虽然可以隐去，表面上似乎不影响句义的表达，但一般来说仍以强制出现为最佳。某些置于句首时能隐去的前置词，在位于句中时，隐去的可能性会大大降低。例如下面两个例句，置于句中的前置词都不能隐省：

（19）海底含燧石的沉积物从侏罗纪以来都有发现，但主要出现在始新世末以前的地层中。

（20）有的人可能会说，待到地球毁灭时，人类已经能在其他星球上生存了。

而由准助词作后置词构成的框式介词，如"就……而论""对于……来说""针对……而言"等，置于句首时也可以省略掉后置词，如例（21）和（22）。然而当这类框式介词位于句中时，后置词不能隐去，如例（23）和（24）：

（21）就他的才华和战功而论，上将我不敢讲，应该可以升到中将。

——就他的才华和战功，上将我不敢讲，应该可以升到中将。

（22）针对大多数群众而言，这种诗歌还是很晦涩的。

——针对大多数群众，这种诗歌还是很晦涩的。

（23）当然，这只是针对单因素而言的，要是再考虑其他因素，问题将会复杂得多。

（24）但是变异是针对什么而言的呢？

第二，框式介词宾语，即所介引对象的内部构成和复杂程度。一般来讲，宾语越复杂，介词越需要出现，因为这时作为修饰语的整个框式结构与谓语动词的距离较远，需要依靠介词来标注主从成分之间的关系。相反地，如果所介引对象比较简单，那么介词较容易省略，例如：

（25）在香港回归祖国这个大好的日子里，他们俩举行了隆重而简朴的婚礼。

（26）这比过去几年中，强调"拜拜要用黑松""庆宴要用黑松"，来得有效多了。

（27）除了安排他们轮流从事一些生产劳动，例如植树造林、修路、修水利、搞市政建设和卫生设施之外，主要应该有计划地、认真地对他们进行正规培训。

（28）为了适应上中下三根修行人的爱好和便利不同习气的人迅速入门起见，兹择禅、净、密三宗中最简单、最迅速、最方便的修习方法。

（29）对于排字工人、火车、汽车、飞机的驾驶员和体育裁判员来说，注意的广度更加重要。

上述各例的框式介词本身都具有隐现的可能性，如果介引的成分相对简单，它们的后置词通常都可以隐，有时甚至也可隐去前置词，例如"为了方便起见"和"方便起见"，前置词虽隐去了，但意义不变。然而在这几句中由于它们介引的成分过长，结构过于复杂，因而距离谓语动词较远，如果隐去介词，就会直接导致主从关系不够明确。

第三，句中其他成分的制约。很多框式介词短语在充当句首状语时，为了表达或强调时间、处所、条件和范围等意义，往往在前置词的前面加上一些副词或连词，修饰语和前置词联系十分紧密，这时的框式介词是不能隐去的。框式介词词组前面的修饰成分，包括如"就、正、只、才、又、仅仅、刚刚、恰恰"这样的副词，或"但、倘"这样的连词。凡有这样的成分修饰，框式介词都不能隐去，例如：

（30）仅仅就听过的音乐而言，我都可以做一个教授了。

（31）疤爷又从腰里抽出一根烟袋。

（32）但在自然灾害到来之前，人们并不是无能为力的。

（33）由于精神崩溃而造成的心灵创伤，不管这似乎是多么奇怪，恰恰像肉体的创伤一样，在渐渐愈合。

（34）倘因时机未成熟或由于别的缘故而遭致失败，那不是什么"历史性的错误"，而是历史性的悲剧。

（35）正当太阳快要落山的时候，我们终于返回了宿营地。

第四，框式介词本身的层次划分。在对框式介词内部层次的划分和介词隐现的强制性这两个问题上，陈昌来（2002）和刘丹青（2003）的看法是一致的。他们都认为，如果框式介词后部是方位词，那么介词处在外层，方位词或名词处在内层；反之，如果框式介词后部是准助词，那么准助词位于外层，介词处于内层。外层的往往是自由，即可隐可现的；而内层的往往是强制的，即必现的。换言之，从层次角度来说，框式介词后部是方位词时，前置词可隐，例如（36）和（37）；而框式介词后部是准助词时，后置词往往可隐，例如（38）—（40）：

（36）从复校以来，已有几千人从高等航校毕业。

——复校以来，已有几千人从高等航校毕业。

（37）除了生理的需要之外，人还有心理、精神以及社会生活的需要。

——生理的需要之外，人还有心理、精神以及社会生活的需要。

（38）作为中小城市的一市之长来说，他们分管的工作各有侧重点。

——作为中小城市的一市之长，他们分管的工作各有侧重点。

（39）但是，复习时可按照新的联系和方式来进行。

——但是，复习时可按照新的联系方式进行。

（40）对于我们这一代人来说，这本书真是太熟悉不过了。

——对于我们这一代人，这本书真是太熟悉不过了。

第五，句子结构的复杂程度。句子结构越复杂，述谓动词所带的相关成分越多，越需要用介词来显示和标记语义成分的性质，显示出各成分与述谓动词之间的结构关系。例如陈昌来（2002）就曾通过比较一组句子来说明[①]：

（41）我买了一套《红楼梦》。

　　　昨天我在新华书店买了一套《红楼梦》。

　　　为了了解清代文学和文化，昨天我在新华书店买了一套《红楼梦》。

　　　为了了解清代文学和文化，昨天我在新华书店给孩子买了一套《红楼梦》。

　　　为了了解清代文学和文化，按老师的要求，昨天我在新华书店给孩子买了一套《红楼梦》。

同理，这个制约因素也适用于框式介词：

（42）为了省钱，她同亚明一道租了一间很简陋的平房在市郊。

二、语义制约

介词的语义功能就是赋予间接论元，标记述语动词与体词性成分之间的论元角色关系。论元是指带有论元角色的体词性成分，而论元角色则是指由谓词根据其与相关名词短语之间的语义关系而指派给这些名词短语的语义角色（袁毓林 2002）。[②]汉语句子中，主语和宾语位置上的名词短语，被分别赋予了施事和受事的论元角色。论元结构中的施事和受事，由于和述语动词的关系密切，所以一般不需要由特殊词汇或语法标记来进行标识，总是倾向于采用无标记的形式出现。而在动词论元结构中的外围角色，时间、处所、范围、工具、关涉对象等，是可选论元或者间接论元，由于和述语动词之间的关系较为松散和疏远，动词不能有效地制约它们的句法语义属性，因而一般需要由介词来标识。介词前置于某种语义成分之前，标识出该语义成分与动词的语义关系，表明该语义成分在句子语义结构中的地位和价值。从语义的角度，框式介词的隐省，就是介词不能够或者不需要发挥赋元作用的情况。这种语义的制约可以从以下几个方面体现出来：

首先，部分后置词的赋元特征。框式介词中的部分后置词可以在一定程度上分担

---

① 张斌，范开泰，陈昌来. 介词与介引功能 [M]. 合肥：安徽教育出版社，2002.

② 袁毓林. 论元角色的层级关系和语义特征 [J]. 世界汉语教学，2002（3）.

赋元的任务，例如某些方所类后置词、表起讫义的后置词"起"和"为止"、表比喻或比较义的后置词"似的"和"一样"，以及表动机义的后置词"起见"等。当介词的赋元作用被后置词分担时，就造成了语义的冗余，这时前、后置词至少有一端能够省略成为单纯的 PreP 或者 PostP，例如：

（43）在悬崖峭壁上，画着许多人物，色彩土红，鲜艳夺目。（标识处所）

（44）到目前为止，已有 140 多名博士后研究人员进站工作。（标识终点）

（45）他像没听见似的，手扶着枪，平静地看了看。（标识方式）

（46）为了谨慎起见，我还特意走访了有关部门。（标识目的）

上述各例框式介词中，后置词都具有赋元特征，前置词或后置词随意隐现某一个，句子都是成立的。

其次，框式介词所介引对象 NP 的语义特征。框式介词是否可以隐现跟它所介引对象的语义特征有着密切的联系。一些语义成分在通常情况下可以由框式介词介引，但在特殊情况下又不能用之来介引。例如某些框式介词的宾语具有较为固定的论元角色，如时间论元、处所论元等，这样的论元在很多情况下也不需要用介词来标识。境事介词中表所在时间和处所的介词，如"在""当"容易被省略；而表起点、经由点、方向的介词，如"从""由"不容易被省略。在关事介词中，所介引的对象容易成为话题的，介词容易省略，否则不容易省略：如表范围、方面的介词容易省略，而表对象、条件的介词不容易省略。这也同介词宾语论元角色是否固定有关，例如：

（47）当你身体不好的时候，他来了，嘘寒问暖。

（48）在树梢上有一个含苞待放的花骨朵。

（49）从现在南京的中山门到孝陵卫，四周筑有皇墙，长达四十五里。

（50）由地球上运去，显然是很不经济的。

前（47）和（48）两例中，框式介词介引的是时间或处所论元，前置词"当""在"等往往可以隐去，隐去之后框式介词的标识功能就全部转移到了后置词身上，并不影响句子意义的表达。而标识经由和起点的框式介词，如（49）和（50）两例，前置词往往不能隐，否则意义上不够准确，不能明确标识论元角色。

樊海燕、钱小飞（2008）曾讨论体词对于方位词的制约。当 NP 为"固定组合类处所词"[①]或"命名性处所词"[②]时，后置方位词的隐现倾向自由。充当方所题元本身就表示了处所意义，人们往往认为在其后添加相应的方位词通常只起到强化其处所属

[①] 樊海燕、钱小飞（2008）总结出的 11 个"固定组合类处所词"分别是："位置""场合""边缘""角落""拐角""领域""源头""上风""下风""地盘"和"四野"。这类词在语义上表示"非定域性处所"。

[②] "命名性处所词"在语义上既可指方所也能指实体，它包括表示定域处所的专名性词语，如"张家界"，以及表示非定域处所的类名性词语，如"教育部"。

性的作用。其实方位后置词的添加对于它们各自起着不同的作用：对"固定组合类处所词"可以指明其位置和维向；对"命名性处所词"可以择定其是充当"处所"成分而非"事物"成分。例如：

（51）他们的年龄大多在50岁至60岁之间，正<u>处在退休边缘（上）</u>。

（52）记者<u>在福州市公安局（里）</u>捡到了台湾"蛇头"陈瑞利。

"准方位标类处所词"[①]处所性较强，与方位词的性质也比较接近，在充当方所题元时后面的方所标记一般可以不出现。"准方位标类处所词"往往能够直接充当方所题元，但有时后部添加方位词并不影响其句法功能和语义，如：

（53）我们不约而同地<u>从炕沿（上）</u>跳下来站在地上，面对面站了许久。

"数量性方所词"[②]表方所题元时由于自身具有的处所性，其方所标记，也就是其后的方位词，通常可以自由隐现。这类词中的量词空间义很强，与体词组合以后凸显了体词的空间性，而如果带有序数词的话名词的确定性又得以增强。例如：

（54）最近吴敬琏先生<u>在他新出版的书的第一页（上）</u>，就提到了小宫先生关于中国无企业的观点。

袁静（2007）曾提出介词介引对象的语义范畴的典型性问题。她认为介词的标记功能与其介引对象的语义范畴的典型性有着对应关系：当后者典型性不高时，即介引对象的语义不能表达预定意义时，介词需要显现；相反地，当后者典型性较高时，其语义已经能够确定与动词的语义关系，介词所能起到的语义标记功能也就相应减弱，介词便有可能被隐去。按照这一说法，具有最高语义范畴典型性的就是时间词，这也就是为什么含有"当""在"的框式介词介引时间词时，前置词往往能够隐去不用的原因。而对于以方位词如"上""中""里"作后置词的框式介词来说，框架所介引的表处所的普通名词本身语义范畴的典型性并不高，但在与方位词组合后语义范畴的典型性增强，能够表达确定的处所意义，因此这类框式介词的前置词往往可以隐去。例如：

（55）<u>在</u>皎洁的月光<u>下</u>，小树林显得异常静谧。

——皎洁的月光<u>下</u>，小树林显得异常静谧。

三、语用制约

语用制约主要是指言语使用者的语用目的、个人风格、语篇和语境等因素。当句法、语义因素对框式介词的隐现不构成强制性制约时，语用因素可以起到决定作用。

[①] "准方位标"这一概念来自储泽祥（1997）的《现代汉语方所系统》一书，他将现代汉语方所语形归类为三种形式标志：方位标、命名标和准方位标。其中准方位标指"旁、边、方、处、脚、心、腰"等方所标记形式。
[②] 由数量词语构成的短语具有 [+处所性] 的语义。

从语用上看，不用介词是符合语言的经济性原则的，但语用因素对框式介词隐现的制约还需要在语段甚至是语篇中进行考察，具体来讲体现在以下几个方面。

首先是语体的影响。语体一般有口语体和书面语体之分，书面语中处于句首的框式介词，在口语中大多可以省去，而口语中所省略的，大部分是来自句首的框式介词。例如：

（56）（在）结婚仪式之后，我们宴请了亲朋好友。

（57）为了保险起见，我们还是再做一个文件备份吧。

——为了保险，我们还是再做一个文件备份吧。

——保险起见，我们还是再做一个文件备份吧。

（58）除了新客人（以外），投洽会依然受到不少老朋友的青睐。

其次，框式介词所承担的多种语用功能。当框式介词的话题标记、衔接连贯、篇章管界、分类对比列举等语用功能无法用其他手段代替的时候，框式介词不能省，例如：

（59）单就科研能力而言，她已经具备教授资格。

（60）两天以后，安德逊却突然变得暴躁起来，据说接到了一个电话，有个女人要从美国来看他。在工地上，安德逊和工长干了一架。

（61）就在那个村子里，我完完全全地醉倒了，醉倒在酽酽的老白干里，醉倒在稠稠的乡情中。

例（59）中的"就……而言"具有选择或限定某种话题的意味；例（60）中的"在……上"起到了转换衔接的作用，使得上下文转换话题时更加自然；而（61）中的"在……里"后面统辖了几个分句的内容并限定了这几个分句的处所，体现了框式介词的管界功能，这些句子当中，框式介词都不能隐省。

从语篇角度来看，框式介词还有分类、列举或排比的功能。有时受上文的影响，下文中的同形框式介词可以只保留前置词或后置词中的某一个，同时管辖多个对象，例如：

（62）人们只有一个心愿，并从小到大，从年轻到年老，从生到死地力求实现它，那就是：物质生活要比别人稍微丰富一些。

（63）为了要适应念佛时的环境和心境起见，为了要适应念佛人的根器起见，所以念法便有种种不同，每一种方法，都有它的作用。

（64）他们是为公共汽车票，为房租，为学费而发愁。

——他们是为公共汽车票，房租，学费而发愁。

（65）孩子们在黑板上、在教室里的墙上、在走廊的大柱子上，都贴上了标语。

——孩子们在黑板上、教室里的墙上、走廊的大柱子上，都贴上了标语。

例（62）和（63）中框式介词的连用都是为了保持一种平行结构，不能省略。其中（62）是通过排比强调人生的演变过程，（63）也通过列举强调了念佛时念法不同的缘由。而在例（64）和（65）中，前置词"为"或"在"出现一次和出现三次，句子都成立，如何选择只由说话人的个人喜好、语气或是语用目的所决定。

四、其他制约

除了上述句法、语义和语用的制约，还有一些因素也能影响框式介词的隐含，例如音节制约。当框式介词所介引的成分是单音节词时，即便位于句首，前置词也必现。如：

（66）从古以来，北极光就引起了人们的注意。

——* 古以来，北极光就引起了人们的注意。

——* 从古，北极光就引起了人们的注意。

（67）对此而言，推行企业股份化当以存在对巨额投资的需要为前提。

——* 此而言，推行企业股份化当以存在对巨额投资的需要为前提。

——* 对此，推行企业股份化当以存在对巨额投资的需要为前提。

除了音节制约，韵律制约也是框式介词，尤其是后置方位词隐现现象产生的原因之一。根据韵律的和谐性，如果框式介词所介引的 NP 是两个或两个以上的音节，那么在韵律上无论是对前置词还是后置方位词的隐现都不会产生强制性的影响，如"在食堂里"和"在他住的小区里"，"在"和"里"的隐现都是自由的。但是如果 NP 和方位词的配置是"1+1"的话，方位词不能隐去，而此时前置词虽然可以隐去，但隐去以后有可能会引起意义的改变。例如"在院里"和"从地上"，方位词一定不能隐，"在院"和"从地"都是不符合语法的。虽然隐去前置词后的"院里"和"地上"是成立的，但是"地上"只表示具体位置，而不能表示这种空间关系的类型，也就是前置词"从"所表达的一种趋向性，或是时间发生前的一种位置。

这里所归纳的框式介词隐现制约因素，有的是表层的，它们背后可能有一些更为具体和深层的规律在起作用。例如前文所提及的，框式介词位于句首时，前置词通常可以隐去，这仅仅是对于表面现象的一种陈述。句法位置以及句式变化的影响之外，很有可能还关乎话题化以及相关的语法过程。袁毓林（1996）就曾指出，主谓句中的二价名词可以充当主语或宾语，从属于二价名词的降级宾语往往由介词引导充当状语或定语，通过转移或者删除介词可以使得这种降级宾语成为主谓谓语句的主语，如：

（68）我对这个问题没有发言权。→（对）这个问题我没有发言权。

此外，在句子当中，处所词一般是需要由介词引导的。如果要将其话题化，那要么需要将处所词和介词一起往前移，再省去介词，如例（69）；要么仅仅将处所格前移，隐去介词，并在它留下的空位里插入代词，如例（70）中先将处所格"在学校游泳馆"

提至句首，再隐去介词前置介词"在"，并在处所格之前留下的空位里插入代词"在那儿"：

（69）他在小区里开了一家便利店。→（在）小区里，他开了一家便利店。

（70）两姐妹在学校游泳馆学过游泳。→学校游泳馆，两姐妹在那儿学过游泳。

第七章　结　　论

从类型学角度看，汉语框式介词是一种重要的类型现象，是构成汉语的类型学特征的重要参数。先秦时期的汉语是前置词为主的语言，但它远非纯前置词语言，正如它并非纯 SVO 语言，这两者本身又是同时在类型上和历史来源上密切相关的。先秦时期复杂的介词语序格局充分体现了联系项居中原则的重要性，而框式介词在这一时期的出现，本质上是一种为了弥补某些情况下联系项不居中时的策略。虽然框式介词不一定都看作固定的词项，但它们作为一种句法现象、作为汉语的一大类型特点，其重要性是非常值得汉语学界注意的。

目前在框式介词问题上的研究，无论在广度还是深度上，都还有广阔的空间可以开拓，对于现代汉语语法研究的进一步深入也有着重要意义。因此本研究试图在前人研究的基础上，借鉴语言类型学、语法化和三个平面等理论和方法，对介词框架的句法、语义和语用功能进行一番全面系统的考察，并力求对介词框架的形成机制以及它的形成同语序类型和语序演变的关系做出合理的解释。本研究希望能通过对前人在这个领域还未涉及或还未深入涉及的某些方面做一些探讨，从而达到深化对框式介词了解的目的。

框式介词作为介词中非常特殊的一类，大多是句法上的临时组合，而不是固定词项，其句法功能和表意功能与介词短语是大致相同的。框式介词短语最主要的功能是充当句子中的修饰性成分，如定语、状语或补语，而不是充当句子的主干，如主语、谓语或宾语。除基本句法特征之外，结合历时和共时的视角来看，现代汉语框式介词具有一些显著且独特的句法特征。首先，框式介词中的后置方位词都曾经历句法强制性方面的历时演变，同其他类别的后置词一样，都是经过了漫长的虚化过程，从无到有的。其次，汉语后置词以及框式介词产生的主要原因是汉语语序的改变，以及由此改变带来的介词词组语序上的变化，这种变化是汉语内部为了适应语法的发展而进行调整的结果。再次，作为一项重要的语序原则，联系项句中原则不仅是介词同小句结构之间语序相关性或和谐性的深层原因，还是框式介词形成的语言学力量，并在其历时演变中起到至关重要的作用。正是由于介词词组产生了由后向前的历史性移位，才使得介词的中介位置被动摇，虚化了的方位名词成了填补这一空缺的重要手段，由此框式介词也就应运而生了。最后，框式介词中前、后置词辖域有异，句法强制性也不同。框式介词的隐现既是其重要的句法特征，也是重要的语用特征。

在语义抽象度方面，前、后置词也各不相同，这种差异直接决定了它们在各自句法辖域上的差异。语义抽象度和辖域基本成正比：语义抽象度越高，辖域就越大，反之就越小。按照以介词为标记的格的不同，现代汉语框式介词所能担任的语义角色包括标记主体、标记客体、标记邻体、标记伴体、标记时地以及标记根由。在三个平面的理论中，句法和语义是显层和隐层的关系，并且都属于静态研究，而语用是属于动态的研究。对于框式介词来说，同样具有它独特的语用功能，除了能够标记话题和凸显焦点之外，其篇章功能也是不可或缺的一个方面。

框式介词大多是前置词与后置词的临时性句法组合，它的使用与其他虚词一样，时而具有强制性，时而具有选择性。作为"前置词＋介引成分＋后置词"这样一个特殊结构，框式介词必然牵涉到前置词以及后置词各自的隐现特点。由于能够搭配的前、后置词数量和种类繁多，当两者搭配构成框架，共同介引某一成分时，必然会呈现出繁复的局面。通过对不同框式介词隐现情况的考察可以清楚看到，这些语言表象受到了来自句法、语义、语用等不同层面的共同制约。其中句法是显性因素，语义是深层因素，而语用因素是在句法和语义因素对框式介词的隐现起不到强制性作用的时候才会发挥作用。前、后置词在框式介词中是否出现，是多种因素共同作用的结果。

本研究利用当代语序类型学的研究成果来探讨现代汉语框式介词的产生背景、形成动因、形成机制、隐现机制以及它所体现出的类型学特征，试图通过这种语言类型学的视角来丰富汉语框式介词的研究。研究的进展存在一些难点，难点之一在于语言素材的搜集与分析。语言类型学作为产生并发展于国外的一项较新的理论，其成果多为英文书籍及文章。国内所见仅为基本经典论著，如 Greenberg，Hawkins 以及 Comrie 的部分著作，该领域最新的文献仍然需要借助于网络搜索和国外图书馆的馆藏信息。此外，本研究涉及大量框式介词在语言运用中的实例，因此语料的收集是关键，研究过程中出现的语料主要来源于北京大学 CCL 语料库、厦门大学语料库、人民日报检索系统等渠道。研究难点之二在于如何对现代汉语里现有的框式介词做出合理的分类，这对于接下来探讨框式介词的形成机制以及隐现机制等问题都至关重要。虽然前人的研究成果也涉及研究难点之三在于现代汉语中的介词框架表现复杂、意义灵活、且形式多样，因此在讨论一些具体问题，如框式介词的类型划分、形成动因或隐现机制时，很难找出能够涵盖所有类别的单一规律，只能够根据它们不同的特点来寻找挖掘出相应的规律特征。

本研究的研究创新点体现在三个方面。其一，研究内容新。框式介词大多是临时性的句法组合而非固定词项，其句法功能和表意功能同介词短语基本一致。框式介词在现代汉语中广泛使用，它们形式多样、意义灵活，但一直未能作为一种语法形式类型引起汉语学界的重视，这种忽视势必影响汉语其他方面的研究，也会妨碍对汉语句法特点的准确把握，成为汉语语法研究中的一大缺憾。对现代汉语中的框式介词过去还未有过系统研究，很值得进一步挖掘。目前在框式介词问题上的研究无论在广度还是深度上，都还有广阔的空间可以开拓，对于现代汉语语法研究的进一步深入也有着重要意义。

其二，研究切入点和视角新。本研究从语言类型学的角度对现代汉语的框式介词研究进行了有益的尝试。作为当代语言学的一大流派，语言类型学研究的是同一语系或不同语系的语言和方言的共同特征，并据此对这些语言进行类型上的分类。这里所关注的当代类型学，尤其是语序类型学，即由 Greenberg 所开创的当代语序类型学。类型学已不再满足于对人类语言做出简单分类，而是将目标提升为通过跨语言比较探求人类语言的共性。当代类型学已由形态主导转向句法主导，语言学界逐渐意识到句法的核心地位，形态是为句法服务的。在句法现象中，语序是最普遍存在的现象。因此在句法中，语序现象得到了最多的关注和最深入的研究，并且语序的类型学研究还进一步由句法类型拓展到语用类型。从语序类型学的视角来探讨现代汉语里的框式介词，有利于挖掘出汉语介词同其他语言之间在多个方面的共性特征以及自身独有的特点。

其三，多角度、多侧面地考察现代汉语框式介词，从一定程度上拓展了介词的研究范围。本研究在研究过程当中，除了借鉴语言类型学理论之外，还利用了语法化和三个平面等理论和方法，对介词框架的句法、语义和语用功能进行了一番全面系统的考察，并力求对介词框架的形成机制以及它的形成同语序类型和语序演变的关系做出合理的解释。本研究希望能通过对前人在这个领域还未涉及或还未深入涉及的某些方面做一些探讨，从而达到深化对框式介词了解的目的。这对汉语本体研究和对外汉语教学都将有所裨益。总体而言，本研究将丰富框式介词的理论系统，对揭示汉语介词的特征和功能，推动汉语的介词的研究，具有积极的意义。同时，本文的研究成果对语言教学，尤其是对外汉语教学，具有实践价值。

本研究同时存在着一些亟待解决的问题，需要进一步深入挖掘。首先，对框式介词的个别研究范围还不够广，目前所涉及的只有很少一部分结构，大部分的结构还未经深入探讨。其次，虽然对框式介词的定义已经有了共识，但对其种类和层次的划分等问题还存在有分歧。最后，对框式介词这一语法现象还缺乏系统的认识，研究角度也还不够多元化，这些都是以后非常值得继续深入挖掘的问题。

框式介词体现了汉语的重要类型特点，对它们的研究无论在本体研究中还是在应用研究中都是非常必要的。在普通话中，单音节的方位后置词"里、上、中"等虚化程度超过至今仍兼动词的"在、到"等前置词，但是后者因为被视为介词而出现在每一本虚词词典中，前者却因为被赋予了作为实词的"方位词"的地位而被忽略，这是非常不合理的。还有很多框式介词的组成部分因为在现有语法学框架中没有地位而成为词类中的无家可归者或身份不明者，如"从……起/来/以来""到……为止""用……来"中的后置词。这些问题随着后置词和框式介词概念的确立可以逐步解决。强调框式介词的作用也有利于对外汉语教学和汉语的计算机处理。

现代汉语虚词教学，尤其是虚词的辨析是对外汉语教学中的一个重难点。这是由于汉语是缺乏形态变化和此类标志的语言，词序和虚词是其重要的语法手段，其中虚词由于其变化多端的意义和错综复杂的差别而往往难以为留学生所掌握。国内一些具有代表性的虚词辨析的专著或论文集，大都集中在对副词的研究上，对介词的关注远远不够，例如《现代汉语虚词散论》《对外汉语教学虚词辨析》《对外汉语教学中的副词研究》《似同实异——汉语近义表达方式的认知语用分析》等。虽然有《现代汉语八百词》涉及了介词的研究，但它并非是专门针对介词进行研究的著作。此外，《介词和介引功能》《汉语介词和介词短语》以及《语序类型学与介词理论》虽然是专门研究介词，但都属于纯本体的研究。目前尚未有专门从对外汉语教学的角度来研究介词的著作。

鲁健骥先生曾在1994年发表论文阐述自己对外国人学习汉语产生偏误的看法，并且根据偏误的性质将偏误分成了四类：遗漏、误加、误代和错序。他的这种分类得到了学界的一致认可。而后崔希亮先生在《欧美学生汉语介词习得的特点及偏误分析》一文中以汉语中介语语料库为依据，探讨了欧美学生习得汉语介词的几个偏误类问题，将偏误类型详细地分为了九种情况，并提出了一些教学对策。这些偏误类型包括：介词冗余；框式介词缺少呼应词语；介词结构出现的位置不当；结构错位；结构不完整；体貌标记错误；词语搭配问题；词句意义模糊或错误；介词混用。崔先生认为，欧美学习者介词习得的偏误主要集中在三个方面：首先是结构问题，例如框式介词的问题、介词位置的问题、介词结构内在结构要求的问题、体貌标记的问题、修饰语与介词相对位置的问题、介词结构与主语的位置问题。其次是介词使用方面的问题，如介词冗余、介词混用、回避使用或过度使用某些介词的问题等等。最后是表达问题，例如词语搭配问题、语义模糊问题等。

外国留学生在使用汉语框式介词时，最容易犯的错误是不能完整准确地使用这种结构。在现代汉语的某些语法条件下，框式介词的前置词或后置词会有隐现的情况发生。例如，方所类框式介词在某些语法条件下，可以直接用前置词，不需要方位词的参与，如"我在寝室睡觉"；而在另一些语法条件下，方位词必须出现，否则就会造成语法问题，如"在纸上画画""在黑板上写字"。一般来讲，命名性处所词可以直接作介词"在"的宾语，而不需要加上方位词，但如果是普通名词，则前置词后面必须搭配以后置词。从这个意义上来讲，如何将框式介词的隐现这种现象，以及第六章第三节中隐现的制约因素问题灌输到日常的教学实践当中，具有非常重要的实践意义。

除了不能完整地使用框式介词，留学生们对于该结构究竟应该位于动词前还是动词后也常常会举棋不定，这多半是由于受到自己母语语序的影响。从类型学和语法化的角度来看，汉语是典型的孤立语，它以 SVO 为优势语序的前置词语言，同时具有很多与 SVO 语序不和谐的语法现象。日语、韩语都是以 SOV 为优势语序的后置词语言，是典型的黏着语，而英语、法语等印欧语系的语言是典型的屈折语。不同的语言类型使得它们的使用者会使用不同的语法手段来表达相同的语法意义，母语的这种类型学特点必然会影响学习者在习得目的时带有某种偏向。其使用频率、偏误率以及偏误的类型都会有很大差异。要是能获取一手的教学资料和数据，通过结合将不同类型语言作为母语的学生在使用框式介词时所出现的偏误情况，再将该类型的语言同汉语加以类比或对比分析，一定可以获得很好的研究成果，如何将这些成果应用在对外汉语教学研究当中也必定会成为今后框式介词研究的趋势之一。

参考文献

英文文献

[1] Bernard Comrie. Language Universals and Linguistic Typology[M]. Chicago: Chicago University Press, 1989.

[2] Bernd Heine & Mechthild Reh. Grammaticalization and Reanalysis in African Languages [M]. Hamburg: Helmut Buske, 1984.

[3] Christian Lehmann. Word order change by grammaticalization. In Manuel Gerzitsen & Dieter Stein (eds.), Internal and External Factors in Syntactic Change [M]. Berlin: Mouton-de Gruyter, 1992.

[4] John Hawkins. Word Order Universals[M]. New York: Academic Press, 1983

[5] Joseph H. Greenberg. Circumfixes and typological change. In E. C. Traugott, et al. (eds.), Papers from the International Conference on Historical Linguistics[C]. Amsterdam: John Benjamins, 1980.

[6] Joseph H. Greenberg. The diachronic typological approach to language. In Shibatani, M. and T. Bynon, (eds.), Approaches to Language Typology[M]. Oxford: Clarendon Press, 1995.

[7] Malchukov, Andrej L. Towards a Semantic Typology of Adversative and Contrast Marking[J]. Journal of Semantics,2004(2):177–198.

[8] Matthew S. Dryer. The greenbergian word order correlations[J]. Language, 1992: Vol. 68, Num. 1:43–80.

[9] Paul J. Hopper. On some principles of grammaticalization. In Traugott & Heine, (eds.), Approaches to Grammaticalization[M]. Amsterdam: John Benjamins, 1991.

[10] Paul J. Hopper & Elizabeth Closs Traugott. Grammaticalization[M]. Cambridge: Cambridge University Press, 1993.

[11] R. L. Trask. A Dictionary of Grammatical Terms in Linguistics[M]. London: Routledge, 1993.

[12] Ronald W. Langacker. Syntactic reanalysis. In Li, (ed.), Mechanisms of Syntactic Change[M]. Austin/London: University of Texas Press, 1977.

[13] Scott Delancey. Grammaticalization and the gradience of categories: Relator nouns and postpositions in Tibetan and Burmese. In Joan Bybee et al (eds.), Essays of Language Function and Language Type: dedicated to T. Givon[M]. Amsterdam: John Benjamins, 1997.

[14] Simon C. Dik. The theory of functional grammar. In Kees Hengeveld(ed.), The Structure of the Clause, Second Revised Edition[M]. Berlin & New York: Mouton de Gruyter, 1997.

[15] Sun Chaofen & Talmy Givon. On the so-called SOV word order in Mandarin Chinese: A quantified text study and its implications[J]. Language, 1985, 61:329–351.

[16] Tai James H-Y. Chinese as an SOV language. In C. Corum et al(eds.), Papers from the Ninth Regional Meeting of the Chicago Linguistics Society[C]. Chicago: Chicago University Press, 1973.

[17] Tsunoda, T., S. Udea. And Y. Itoh. 1995. Adopositions in word-order typology[J]. Linguistics, 1995, Vol. 33:741–761

[18] William Croft. Typology and Universals. Cambridge: Cambridge University Press, 1990.

中文文献

专著

[1] 曹伯韩 . 语法初步 [M], 北京：工人出版社，1952.

[2] 张斌，范开泰，陈昌来 . 介词与介引功能 [M]. 合肥 . 安徽教育出版社，2002.

[3] 陈承泽 . 国文法草创 [M]. 北京：商务印书馆，1922.

[4] 陈信春 . 介词运用的隐现问题研究 [M]. 郑州：河南大学出版社，1996.

[5] 储泽祥 . 现代汉语方所系统研究 [M]. 上海：华中师范大学出版社，1997.

[6] 储泽祥 . 汉语空间短语研究 [M]. 北京：北京大学出版社，2010.

[7] 丁声树，吕叔湘等 . 现代汉语语法讲话 [M]. 北京：商务印书馆，1961.

[8] 范晓 . 汉语句法结构中的主语 [M]. 上海：上海教育出版社，1998.

[9] 傅雨贤、周小兵 . 现代汉语介词研究 [M]. 广州：中山大学出版社，1997.

[10] 高名凯 . 汉语介词之真价值 [M]. 巴黎：Rodstein 书局，1940.

[11] 高名凯 . 汉语语法论 [M]. 北京：商务印书馆，1948.

[12] 管燮初 . 左传句法研究 [M]. 合肥：安徽教育出版社，1994.

[13] 郭锐 . 现代汉语词类研究 [M]. 北京：商务印书馆，2002.

[14] 何乐士 . 左传虚词研究 [M]. 北京：商务印书馆，1989.

[15] 何乐士 . 《史记》语法特点研究 [M]. 北京：商务印书馆，2005.

[16] 何乐士 . 古代汉语语法研究论文集 [M]. 北京：商务印书馆，2000.

[17] 胡裕树 . 现代汉语参考资料 [M]. 上海：上海教育出版社，1982.

[18] 胡裕树 . 现代汉语 [M]. 上海：上海教育出版社，1981.

[19] 蒋绍愚，曹广顺 . 近代汉语语法史研究综述 [M]. 北京：商务印书馆，2005.

[20] 金昌吉 . 汉语介词和介词短语 [M]. 天津：南开大学出版社，1996.

[21] 金兆梓 . 国文法之研究 [M]. 北京：商务印书馆，1921.

[22] 黎锦熙 . 新著国文语法 [M]. 北京：商务印书馆，1924.

[23] 黎锦熙 . 中国语法教材 [M]. 北京：商务印书馆，1953.

[24] 黎锦熙，刘世儒 . 汉语语法教材 [M]. 北京：商务印书馆，1957.

[25] 马贝加 . 近代汉语介词 [M]. 北京：中华书局，2002.

[26] 刘丹青 . 语序类型学与介词理论 [M]. 北京：商务印书馆，2003.

[27] 刘复 . 中国文法通论 [M]. 长沙：岳麓书社，1920.

[28] 刘月华等 . 实用现代汉语语法 [M]. 北京：商务印书馆，2001.

[29] 陆俭明 . 现代汉语虚词散论 [M]. 北京：北京大学出版社，1985.

[30] 吕冀平 . 汉语语法基础 [M]. 北京：商务印书馆，2000.

[31] 吕叔湘 . 中国文法要略 [M]. 北京：商务印书馆，1947.

[32] 吕叔湘、朱德熙 . 语法修辞讲话 [M]. 北京：开明书店，1952.

[33] 吕叔湘 . 汉语语法分析问题 [M]. 北京：商务印书馆，1979.

[34] 吕叔湘 . 现代汉语八百词 [M]. 北京：商务印书馆，1980.

[35]（美）查尔斯·李，桑德拉·汤普森 . 汉语语法 [M]. 黄宣范，译 . 台北：文鹤出版有限公司，1962.

[36] 钱乃荣 . 现代汉语 [M]. 北京：高等教育出版社，1990.

[37] 沈培 . 殷墟甲骨卜辞语序研究 [M]. 北京：文津出版社，1991.

[38] 沈阳，何元件，顾阳 . 生成语法理论与汉语语法研究 [M]. 哈尔滨：黑龙江教育出版社，2001.

[39] 孙朝奋 . 汉语发展史上的词序变化及其语法化 [M]. 旧金山：斯坦福大学出版社，1996.

[40] 太田辰夫 . 中国语历史文法 [M]. 北京：北京大学出版社，2003.

[41] 王力 . 中国现代语法 [M]. 北京：商务印书馆，1943.

[42] 王力 . 中国语法理论 [M]. 济南：山东教育出版社，1944.

[43] 向熹 . 简明汉语史 [M]. 北京：高等教育出版社，1993.

[44] 邢福义 . 汉语语法学 [M]. 长春：东北师范大学出版社，1997.

[45] 徐烈炯，刘丹青 . 话题的结构与功能 [M]. 上海：上海教育出版社，1998.

[46]（英）伯纳德·科姆里.语言共性和语言类型 [M].沈家煊，罗天华，译.北京：北京大学出版社，2010.

[47] 张斌.新编现代汉语 [M].上海：复旦大学出版社，2002.

[48] 张赪.汉语介词词组词序的历时演变 [M].北京：北京语言文化大学出版社，2002.

[49] 章士钊.中等国文典 [M].北京：商务印书馆，1907.

[50] 张谊生.助词与相关格式 [M].合肥：安徽教育出版社，2002.

[51] 张谊生，张斌.现代汉语虚词 [M].上海：华东师范大学出版社，2000.

[52] 张志公.汉语语法常识 [M].北京：中国青年出版社，1953.

[53] 赵克诚.近代汉语语法 [M].西安：陕西师范大学出版社，1987.

[54] 赵淑华.介词和介词分类 [M]// 胡明扬.词类问题考察.北京语言学院出版社，1996.

[55] 赵元任.北京口语语法 [M].北京：开明书店，1952.

[56] 赵元任.汉语口语语法 [M].北京：商务印书馆，1968.

[57] 朱德熙.语法讲义 [M].北京：商务印书馆，1982.

[58] 程湘清.两汉汉语研究 [M].济南：山东教育出版社，1992.

期刊

[1] 包文静.方位词"前、后"在时间关系介词框架中的隐喻运用 [J].语文学刊，2009（6）.

[2] 蔡淑美.框式结构语法化过程中形成和意义的互动关系：以"为……起见"的语法化过程为例 [J].北京广播电视大学学报，2011（2）.

[3] 陈昌来.汉语介词的发展历程和虚化机制 [J].柳州职业技术学院学报，2002(3).

[4] 陈昌来，段佳佳.介词框架"在 N 的 V 下"与主句的语义联系及语义特点 [J].云南师范大学学报（对外汉语教学与研究版），2007（2）.

[5] 陈昌来，杨丹毅.介词框架"对 / 对于……来说 / 而言"的形成和语法化机制 [J].华东师范大学学报（哲学社会科学版），2009（1）.

[6] 陈昌来，朱峰."除"类介词及"除"类介词框架的产生和发展 [J].上海师范大学学报（哲学社会科学版），2009（2）.

[7] 陈红燕.基于对外汉语教学的"用"字介词框架分析 [J].安徽广播电视大学学报，2011（3）.

[8] 陈全静.介词框架"PP 上"的形成及其所表语义的历史演变 [J].常熟理工学院学报，2010（3）.

[9] 储泽祥 . "在"的涵盖义与句首处所词"在"的隐现 [J]. 汉语学习，1996（4）.

[10] 储泽祥 . 汉语"在 + 方位短语"里方位词的隐现机制 [J]. 中国语文，2004（1）.

[11] 崔希亮 . 空间关系的类型学研究 [J]. 汉语学习，2002（1）.

[12] 戴浩一 . 时间顺序和汉语的语序 [J]. 黄河译，国外语言学，1988（1）.

[13] 邓永红 . "在 X 上"格式的多角度考察 [J]. 湖南教育学院学报 [J]. 1998（6）.

[14] 邓永红 . "在 X 下"格式及与"在 X 上"之比较 [J]. 湖南教育学院学报，1999（4）.

[15] 丁声树 . 现代汉语语法讲话 [J]. 中国语文，1952 年（7–11）.

[16] 范晓 . 现代汉语名词及其再分类 [J]. 语文论丛，2001（7）.

[17] 方经明 . 现代汉语方位成分的分化和语法化 [J]. 世界汉语教学，2004（2）.

[18] 冯英 . 汉语语序变异及其原因 [J]. 云南师范大学学报（哲学社会科学版），1993（6）.

[19] 付琨 . 由感官动词做后置词的介词框架结构的分布特征 [J]. 青海师专学报，2008（5）.

[20] 付琨 . 后置词"来说"的篇章功能与词类归属 [J]. 江西社会科学，2008（7）.

[21] 付琨 . 由言说义后置词构成的介词框架考察 [J]. 内江师范学院学报，2008（11）.

[22] 葛婷 . "X 上"和"X 里"的认知分析 [J]. 暨南大学华文学院学报，2004（1）.

[23] 古川裕 . "跟"字的语义指向及其认知解释：起点指向和终点指向之间的认知转换 [J]. 语言教学与研究，2000（3）.

[24] 郭锡良 . 介词"以"的起源和发展 [J]. 中国语文，1997（2）.

[25] 郭锡良 . 介词"以"的起源和发展 [J]. 中国语文，1998（1）.

[26] 何亮 . 从汉语史角度审视"来去"式时间表达的隐喻方式 [J]. 北方论丛，2007（3）.

[27] 胡附，文炼 . 句子分析漫谈 [J]. 中国语文，1982（3）.

[28] 胡附，文炼 . 词类划分中的几个问题 [J]. 中国语文，2000（4）.

[29] 胡裕树 . 试论汉语句首的名词性成分 [J]. 语言教学与研究，1982（4）.

[30] 胡裕树、范晓 . 试论语法研究的三个平面 [J]. 新疆师范大学学报（社会科学版），1985（2）.

[31] 黄芳 . 方位标"里""内""中"的历时考察 [J]. 甘肃联合大学学报（社会科学版），2007（1）.

[32] 金昌吉 . 方位词的功能及其语义分析 [J]. 内蒙古民族师院学报（哲学社会科学版），1994（3）.

[33] 金昌吉 . 谈动词向介词的虚化 [J]. 汉语学习，1996（2）.

[34] 兰英 . 介词结构"在 X 上"结构特点分析 [J]. 乌鲁木齐成人教育学院学报，

2004（2）.

[35] 李红梅，曹志希 . 汉语方所框式介词的句法推导 [J]. 四川外语学院学报，2008（3）.

[36] 李晋霞，刘云 . 从概念域看单音方位词语法化的非匀质性 [J]. 语言科学，2006（4）.

[37] 李卫中 . "由"与方位词以外的成分构成的介词框架 [J]. 和田师范专科学校学报，2007（4）.

[38] 李正花 . 作主语的"（在）+X+ 上"之结构 [J]. 语文学刊，2003（1）.

[39] 刘兵 . 汉语介词的隐现与论元标志功能的转换 [J]. 云南师范大学学报，2005（4）.

[40] 刘丹青 . 汉语中的框式介词 [J]. 当代语言学，2002（4）.

[41] 刘丹青 . 语言类型学与汉语研究 [J]. 世界汉语教学，2003（4）.

[42] 刘丹青 . 先秦汉语语序特点的类型学关照 [J]. 语言研究，2004（3）.

[43] 刘坚 . 试论"和"，附论"共"和"连" [J]. 中国语文，1989（6）.

[44] 刘坚，曹广顺，吴福祥 . 论诱发汉语词汇语法化的若干因素 [J]. 中国语文，1995（3）.

[45] 鲁川，林杏光 . 现代汉语语法的格关系 [J]. 汉语学习，1989（5）.

[46] 吕兆格 . 方位词"里""外"的语义认知基础与对外汉语教学 [J]. 云南师范大学学报，2005（5）.

[47] 马小成，鲍红霞，李云云 ．"介词 + 方位词"作状语时介词隐现情况的历史考察 [J]. 法制与社会，2008（14）.

[48] 约瑟夫·格林伯格 . 某些主要跟语序有关的语法普遍现象 [J]. 陆丙甫，陆极致，译 . 国外语言学，1984（2）.

[49] 菲尔墨 . "格"辨 [J]. 胡明扬，译 . 语言学译丛，1980（2）.

[50] 齐春红，邱渊 . 谈动词到介词的虚化和介宾短语入句的位置 [J]. 云南师范大学学报，2003（2）.

[51] 饶长溶 . 试论副动词 [J]. 中国语文，1960（3）.

[52] 沈家煊 . "语法化"研究综观 [J]. 外语教学与研究，1994（4）.

[53] 史金生 . 目的标记"起见"的语法化：兼谈汉语后置词的来源 [J]. 第十三次现代汉语语法学术讨论会论文集，2004.

[54] 史佩信 . 汉语时间表达中的"前后式"与"来去式" [J]. 语言教学与研究，2004（2）.

[55] 孙朝奋 .《虚化论》评介 [J]. 国外语言学，1994（4）.

[56] 王鸿滨 . 介词"自 / 从"历时考 [J]. 上海师范大学学报（哲学社会科学版），2007（1）.

[57] 汪树福 . 介词结构是全能结构 [J]. 安徽师大学报（哲学社会科学版），1984（4）.

[58] 王晓平 . 现代汉语介词框架"P+X+ 看来"研究综论 [J]. 现代语文（语言研究版），2008（12）.

[59] 吴福祥 . 汉语伴随介词语法化的类型学研究：兼论 SVO 型语言中伴随介词的两种演化模式 [J]. 中国语文，2003（1）.

[60] 邢福义 . 往前又是 0 起点：《汉语复句研究》自序 [J]. 汉语学习，2000（4）.

[61] 严慈 ."对（于）……"和"对（于）……来说" [J]. 徐州师范学院学报，1993（1）.

[62] 杨丽姣 . 汉语介词的主体标志功能研究 [J]. 云南师范大学学报，2006（4）.

[63] 杨子琴 . 汉德框式介词类型学的对比考察 [J]. 井冈山大学学报（社会科学版），2008（2）.

[64] 杨子琴 ."从 X 起"介词框架及"起"的隐现规律 [J]. 内蒙古农业大学学报（社会科学版），2008（6）.

[65] 余志鸿 . 元代汉语中的后置词"行" [J]. 语文研究，1983（3）.

[66] 袁毓林 . 论元角色的层级关系和语义特征 [J]. 世界汉语教学，2002（3）.

[67] 曾传禄 ."里、中、内、外"方位隐喻的认知分析 [J]. 贵州师范大学学报（社会科学版），2005（1）.

[68] 詹卫东 . 关于"NP+ 的 +VP"偏正结构 [J]. 汉语学习，1998（2）.

[69] 张宏胜 . 从汉维语的对比中看句首介词"在"的省略 [J]. 语言与翻译，1996（3）.

[70] 张寿康 . 说"结构" [J]. 中国语文，1978（4）.

[71] 张旺熹 . 汉语介词衍生的语义机制 [J]. 汉语学习，2004（1）.

[72] 张志公 . 关于暂拟的汉语教学语法系统问题 [J]. 语文学习，1957（11）.

[73] 张志连 .《儿女英雄传》中"方位式"介词框架的句法意义和功能 [J]. 连云港师范高等专科学校学报，2008（4）.

[74] 张志连 ."连动介式"介词框架的句法及语义功能探析：以《儿女英雄传为》例 [J]. 淮海工学院学报（人文社会科学版），2012（1）.

[75] 周小兵 . 介词的语法性质和介词研究的系统方法 [J]. 中山大学学报（社会科学版），1997（3）.

学位论文
[1] 陈红燕 . 现代汉语"用"字介词框架考察 [D]. 上海师范大学硕士学位论文，2008.

[2] 陈全静.介词框架"PP上"的句法位置变化及其原因 [D].上海师范大学硕士学位论文，2006.

[3] 段佳佳."在N的V下"介词框架考察 [D].上海师范大学硕士学位论文，2007.

[4] 樊海燕.现代汉语方位词隐现问题研究 [D].南京师范大学硕士学位论文，2006.

[5] 付琨.介词框架"PpAu（来说）"研究 [D].上海师范大学硕士学位论文，2004.

[6] 顾振立.介词框架"在X中"考察 [D].上海师范大学硕士学位论文，2008.

[7] 冷淑梅.介词短语"在+X"的句法位置及介词"在"的隐现问题考察 [D].北京语言大学硕士学位论文，2008.

[8] 黎氏月草."为X而Y"介词框架的多角度考察 [D].华中师范大学硕士学位论文，2008.

[9] 李卫中."由"字句和"由"字介词框架研究 [D].苏州大学硕士学位论文，2007.

[10] 麦子茵.介词"在"的隐现研究 [D].北京大学硕士学位论文，2007.

[11] 孙剑.介词框架"在X前"的考察 [D].上海师范大学硕士学位论文，2007.

[12] 王萌."里"类介词框架的句法、语义及隐现规律研究 [D].上海师范大学硕士学位论文，2006.

[13] 杨丹毅."对于"类介词框架及相关研究 [D].上海师范大学硕士学位论文，2007.

[14] 杨子琴."从X起"介词框架及相关问题研究 [D].上海外国语大学硕士学位论文，2009.

[15] 张友学.句首介词"在"的隐现及其对外汉语教学的启示 [D].上海外国语大学硕士学位论文，2010.

[16] 张志连.《儿女英雄传》介词框架考察 [D].上海师范大学硕士学位论文，2008.

[17] 朱峰.介词框架"除了……以外"考察 [D].上海师范大学硕士学位论文，2006.

[18] 朱攀.现代汉语介词框架"Px以来"考察 [D].上海师范大学硕士学位论文，2009.